Christiane Hagn

MACHT'S GUT, IHR TROTTEL!
Ich zieh dann mal ins Paradies

CHRISTIANE HAGN

MACHT'S GUT, IHR TROTTEL!

Ich zieh dann mal ins Paradies

Eden
BOOKS

Für Thomas K.
(määähhh)

*»Was ich habe, will ich nicht verlieren, aber
wo ich bin, will ich nicht bleiben, aber
die ich liebe, will ich nicht verlassen, aber
die ich kenne, will ich nicht mehr sehen, aber
wo ich lebe, will ich nicht sterben, aber
wo ich sterbe, da will ich nicht hin
bleiben will ich, wo ich nie gewesen bin.«*

Thomas Brasch

Prolog

Im Falle eines rapiden Sauerstoffverlustes werde ich alles andere tun, als ordnungsgemäß meine Sauerstoffmaske aufzuziehen. Weder zuerst mir, noch danach dem Kind neben mir, das hier nicht sitzt.

Vielleicht würde ich beten. Vielleicht würde ich aber auch einfach nur weiterhin aus dem Fenster starren und mein Leben beobachten, wie es an mir vorbeizieht, winkend, während ich gen Erdboden rausche. Wie es mir mit einem hämischen Grinsen alle meine verpassten Möglichkeiten aufzeigt. All die Fehler, die ich gemacht habe und dennoch nicht bereue. Denn die Frage aus dem *ZEITmagazin* vor mir, »Ist es prinzipiell leichter, sich für das Nichthandeln als für eine Handlung zu entscheiden?«, würde ich auch jetzt, selbst im Angesicht eines rapiden Sauerstoffverlustes, mit einem klaren »Ja« beantworten. Daher habe ich gehandelt. Weil *leichter* nicht immer *besser* ist.

So kommt es, dass ich in diesem Flugzeug sitze und mich mit tränengefüllten Augen auf der Rollbahn von Berlin-Tegel wiederfinde, während diese unglaublich gut aussehende Stewardess in einer fast schon menschenunmöglich eleganten Art und Weise die gelbe Sauerstoffmaske an ihren Mund hält. Sie deutet die Bewegung natürlich nur an. Entweder, um ihren Lippenstift zu schonen, oder aus hygienischen Gründen. Keine Ahnung. Ist mir auch egal, denn ich höre ihr nicht mehr zu. Ich genieße den Tränenfluss, der aus den kleinen Löchern schießt, die ich erst kürzlich in meinen Augen entdeckt habe.

Ich war wirklich verblüfft, als ich sie gefunden habe. Mir war auf dem Fahrrad eine Mücke ins Auge geflogen und für ein paar

Sekunden fürchtete ich um mein Augenlicht. Als ich das Ausmaß der Katastrophe zu Hause sehr genau vor dem Spiegel inspizierte, entdeckte ich das kleine Loch. Bestimmt der Mückenstich, dachte ich. Doch im anderen Auge fand ich dieselbe kleine Öffnung. Als ich wenige Stunden später ganz aufgebracht meiner Freundin Tina davon berichtete, nicht ohne sie zu zwingen, meine Augen zu begutachten, sah sie mich verblüfft an: »Was denkst du, wo deine Tränen herkommen, du alte Heulsuse?«

Ob man diese Löcher wohl einfach verschließen könnte und dann nie wieder traurig wäre? Tina meinte, das ginge nicht. Schade.

Ich liebe diesen Moment, wenn das Flugzeug Gas gibt, die Lichter auf der Startbahn an mir vorbeirasen, immer schneller werdend, bis sie eine einzige gerade Linie zu bilden scheinen. Den Moment, in dem ich in meinen Sitz gedrückt werde und es kein Zurück mehr gibt. Ausgeliefert sein – das ist vermutlich eine Art Todessehnsucht für Anfänger. Und ich bin Anfänger.

Dafür bin ich aber keineswegs ein abenteuerlustiger Mensch. Abenteuer sind nicht lustig. Sie sind abenteuerlich. Ich habe bereits vergessen, wo sich die Schwimmweste befindet und ob ich sie zuerst anziehen und dann aufblasen soll oder andersherum. In der Theorie ist das für mich schon Abenteuer genug. So abenteuerlich bin ich.

Als wir den Erdboden verlassen, weiß ich plötzlich nicht mehr, ob ich »das Richtige« tue oder ob ich gerade den größten Fehler meines Lebens begehe. War es schlau zu handeln? Bin ich tatsächlich mutig, wie ich es mir in den letzten Monaten und Wochen einzureden versucht habe? Oder vielleicht mutig, aber dumm? Ist es nicht einfach nur völlig verrückt, alles aufzugeben, um gemeinsam mit einem Mann, den ich nur zehn Tage lang kennengelernt habe, in einer Bambushütte zu leben?

Die Tränen schießen aus den kleinen Öffnungen meiner Augen, laufen über mein Gesicht und tropfen weiter auf meine Hände. Das Abenteuer beginnt. Mein Abenteuer. Unser Abenteuer. Ich mache den größten Schritt meines Lebens.

Und er? Er hat nicht mal angerufen.

TEIL I

»Nyamuk mati, gatal tak lepas.«

—

»Der Moskito stirbt, der Juckreiz bleibt.«

schamlos unbeschwert

Es war ein guter Abend. Ich war glücklich über das gerade abgegebene Manuskript und in Stimmung, einfach nur den Moment zu genießen, frei von Sorgen, Selbstzweifeln und der Angst vor berechtigter Kritik. Eine seltene Stimmung völliger Unbeschwertheit hatte mich erfasst. Und in dieser Stimmung sah ich ihn zum ersten Mal. Ich lächelte. Er erwiderte das Lächeln. Das war zwar schön, aber nicht unbedingt notwendig. Es ging mir gut, ich bedurfte an diesem Abend keiner Bestätigung durch ein Gegenüber. Ich war mir selbst genug. Ausnahmsweise.

Als er eine Stunde später nicht auf die Bühne, sondern samt Gitarre auf das Fensterbrett gegenüber der Bühne ging, sich vorstellte und zu singen begann, war es trotzdem um mich geschehen. Ich hatte mich verliebt.

Ich verliebe mich schnell und oft. Mindestens einmal pro Woche. Manchmal auch mehrmals täglich. Doch in diesem Moment war ich nicht nur verliebt, sondern wie von Sinnen. Nur ein einziger Gedanke konnte mein gerade eben noch so unbeschwertes Gemüt erreichen: Ich will ihn küssen, kennenlernen, heiraten. Nein, das ist nicht richtig. Es war vielmehr: Ich *muss* ihn küssen, kennenlernen, heiraten. Ich hatte ein neues Ziel.

Ich tat das, was man vermutlich nur in unbeschwerter Stimmung tun kann: Ich schrieb meinen Namen und meine Telefonnummer auf einen Zettel und legte diesen, als ich noch vor dem dritten Lied die Bar verließ, in seinen Gitarrenkoffer. So hatte ich gehandelt und müsste mir niemals vorwerfen, es nicht wenigstens versucht zu haben. Außerdem hatte ich nichts zu verlieren. Ich lebe in Berlin. Schämen kann man sich woanders.

Vier Tage später bekam ich eine SMS von ihm. Er unterschrieb mit seinem Namen, als ob ich nicht wüsste, wer er sei. Als ob ich darauf nicht die letzten 96 Stunden gewartet hätte. Als ob ich nicht stündlich mein Handy auf neue Nachrichten überprüft, mir selbst Test-SMS geschrieben und Schweißausbrüche bekommen hätte, sobald mein Telefon auch nur einen Ton von sich gab. Als ich nach vier Tagen nun seine Nachricht las, erschien es mir selbstverständlich, dass er sich gemeldet hatte. Natürlich würde er sich melden. Ich lächelte unbeschwert.

Wir trafen uns zwei Tage später in einer dunklen Bar, tranken Bier, stellten uns Fragen, lachten viel und oft. Mal, weil es lustig war, öfter, weil wir verlegen waren. Wir berührten uns unauffällig, absichtlich zufällig. Nach vier Bier und einer Schachtel Zigaretten wechselten wir in eine noch dunklere Bar. Nach fünf Bier küssten wir uns. Unsere Lippen waren wie füreinander geschaffen. Seine Lippen, die passende Memory-Karte zu meinen.

Wir gingen getrennte Wege nach Hause, auch wenn ich mir nichts sehnlicher wünschte, als meinen Körper um seinen zu schlingen. Aber ich wollte ihn schließlich nicht nur küssen, sondern kennenlernen und heiraten. Und daher beschloss ich, mit dem Körperumschlingen noch zu warten. Ich hörte, das sei besser so. Und diesmal wollte ich alles richtig machen. Unbedingt.

Es dauerte eine ganze Woche, bis er sich wieder meldete. Diesmal tat ich am Telefon nur unbeschwert und hoffte, er würde die Aufregung in meiner überdrehten Stimme nicht bemerken. Wir gingen wieder aus und in dieser Nacht auch zusammen nach Hause. Unsere Körper umschlangen sich, ein Körper-Memory.

Als ich nachts aufwachte und ihn dort liegen sah, in seinem Bett, schlafend und friedlich wie ein Engel, da wusste ich es: Ich war nicht verliebt. Ich war verloren.

Seit dieser Nacht drehte sich all mein Denken um diesen Mann. Diesen Musiker, der plötzlich in mein Leben kam und alles relativierte, was es vorher gegeben hatte. Liebe hatte eine neue Dimension erreicht. Alles, was ich bisher erlebt hatte, war nichts im Vergleich zu meinen Gefühlen für diesen Mann. Diesen Mann, den ich nicht wirklich kannte.

Das zu erleben, war wunderschön und grauenhaft zugleich. Denn tief in meinem Innersten spürte ich, dass meine Gefühle nicht erwidert wurden. Ja, er mochte mich. Ja, er genoss die Zeit, die wir zusammen verbrachten. Ja, er sehnte sich nach meinen Armen und meinen Schenkeln. Aber er fürchtete sich vor meinem Herzen. Und er ließ keine Gelegenheit aus, mir das zu zeigen und schließlich auch zu sagen: Er wollte keine Nähe, keine Verantwortung. Er wollte »frei« sein von emotionalem Ballast. Ich war der emotionale Ballast.

Ich versuchte, nicht mehr an ihn zu denken. Doch je stärker ich das versuchte, desto hoffnungsloser wurde es. Mein Denken kannte das Wort »nicht« nicht. Ich dachte einzig und allein an ihn, an meinen Musiker, der gerade versuchte, sich ein neues Leben in Berlin aufzubauen, einer fremden Stadt. Ein fremdes, freies Leben. Gern mit meinen Schenkeln, aber bitte ohne mein Herz.

Ich wusste, dass es falsch war. Aber ich konnte nicht anders, als ihn weiterhin zu treffen. Wieder und wieder. Nacht für Nacht. Zwischen Prenzlauer Berg und Neukölln. Bei ihm, bei mir oder in der Mitte, um anschließend bei ihm oder bei mir zu enden. Mal morgens um vier, an anderen Tagen schon um Mitternacht.

Am Morgen danach schleppte ich mich jedes Mal todmüde, aber überglücklich in mein Büro, begleitet von der Hoffnung, ihn immer noch in meinem Bett vorzufinden, wenn ich nach Hause zurückkäme. Oder zumindest anstatt seiner eine Nachricht zu entdecken. Zeilen auf einem Zettel oder ein paar Buchstaben auf meinem Bildschirm. Vielleicht auch nur ein Paar Socken als deutliches Zeichen, dass er wiederkommen würde. Denn bestimmt hatte er, der Musiker, nur dieses eine Paar. Aus Wolle, lebensnotwendig für einen echten Berliner Winter.

Und so lebte ich diesen Traum von der großen Liebe in ständiger Angst, geweckt zu werden. Doch es war einer dieser Träume, von denen man während des Träumens bereits wusste, dass es nur ein Traum war.

Bis ich eines Nachts aufwachte. Von ganz allein.

Ich saß auf ihm und bewegte mich nur sehr langsam. Auf und ab. Es war dunkel in seinem Zimmer. Auf und ab. Er lag unter mir, auf einer Matratze auf dem Boden. Ich kannte dieses Zimmer inund auswendig. Eine typische Berliner Künstlerbude: knarrender Dielenboden, hohe Wände, Stuck.

Der Wind zog durch die nicht isolierten Altbaufenster. Rein und raus. Auf und ab. Ich fragte mich, wo diese Altbauromantik eigentlich herkam. Mir war kalt vom Wind, der meine Brustwarzen hart werden ließ. Kein schlechter Moment für steife Brustwarzen, doch ich wünschte, es würde aus Leidenschaft passieren. Leider war ich die Einzige, die in diesem Raum in dieser Nacht Leidenschaft zu empfinden versuchte. Mit diesem Künstler, in seinem minimalistischen WG-Zimmer, in dem sich nichts befand außer einem Hut an der Wand, drei Hosen, zwei T-Shirts und einer Gitarre samt Koffer.

Dieser offensichtliche Minimalismus war nichts als heuchlerische Bescheidenheit. Künstlerattitüde. Gespieltes Understatement. Koketterie. Denn zwischen Hut, Gitarre und Hose fanden sich iPhone, iPad und iBook. I, I, I. Ich, ich, ich. Das passte.

Ich versuchte, im Dunkeln seine Augen zu finden. Doch alles, was ich entdeckte, waren zwei weiße Augäpfel, die regungslos an mir vorbeistarrten, an die Decke, ins Nichts. Er war nicht bei mir. Er war ganz woanders, nicht mal in diesem Raum, nicht in dieser Stadt, nicht in diesem Land. Er war auch nicht in Gedanken bei einer anderen Frau. Nicht mal das. Ich nahm an, er war auf iTunes.

»Soll ich aufhören?«, fragte ich und fühlte mich dabei wie ein Mann. Aber der Mann in diesem Zimmer zuckte nur mit den Schultern. Es war ihm egal. Ein »Ja« hätte weniger wehgetan. Ich überlegte, ob ich ihn einfach ignorieren und mich in Gedanken auf Youporn begeben sollte. Aber dafür war ich nicht Mann genug. Ich war schließlich nur eine verliebte, dumme Frau.

Also ging ich von ihm runter, zog mich an. Wollte mich anziehen, besser gesagt, denn ich konnte meinen Schlüpfer nicht finden. Scheißminimalistische Künstlerbude. Er war wie vom Erdboden verschluckt, zwischen den Dielen verschwunden, zusammen mit der gerade gestorbenen Hoffnung, vielleicht auch schon auf Ebay unter der Kategorie »zu verschenken an Selbstabholer«.

Natürlich fing ich an zu heulen. Aber nur ganz still. Die Dielen knarrten lauter, als meine Nase lief. Ich zog mich im Dunkeln an, ohne Schlüpfer, und wusste, dass ich ihn nicht wiedersehen würde. Den Schlüpfer auch nicht.

Nach vier Monaten des wachen Träumens gab ich es auf, um sein Herz zu kämpfen. Ein Herz wie ein kaputter Kaugummiautomat, in den man vergeblich Münze um Münze einwirft, aber nicht einmal einen steinharten, blauen Kaugummi als Gegenleistung zurückbekommt. Er liebte mich nicht. Er liebte nicht mal sich selbst. Und ich, ich konnte es ihm nicht mal verübeln. Ich mochte mich auch nicht mehr.

Enttäuschung tut weh. Schlimmer noch ist es, sich diese einzugestehen.

Getrennt nach Hause zu gehen, hat nichts genützt. Er hat sich nicht mehr gemeldet. Trotz iPhone, iPad und iBook.

Ob er jemals meinen Schlüpfer finden wird?

Atemlos

Nach dieser Nacht sah die Welt anders aus. Statt lila Wolken war alles plötzlich trist, grau, trüb und ungerecht. Dauerwolkenbruch in meinem verwirrten Kopf und keine Besserung in Sicht. Ich hatte Liebeskummer, richtig schlimmen Liebeskummer. Aber »richtig schlimmer Liebeskummer« klingt wie »echt bunte Farben«. Liebeskummer ist immer schrecklich. Das ist bekannt. Und Liebeskummer geht vorbei. Das ist auch bekannt. Allerdings nicht, wenn man, wie ich, die perfekte Methode entwickelt hat, um Liebeskummer möglichst lange aufrechtzuerhalten.

So wurde ich auch diesmal zur Königin der Selbstkasteiung, um mich lange und leidvoll in meinem Leid suhlen zu können. Ich dachte absichtlich nur an ihn und ausschließlich an die schönen Erlebnisse. Alle schlechten, traurigen und leidvollen Erinnerungen blendete ich konsequent aus.

Ich sah mir täglich Fotos von ihm an und installierte die wenigen, die ich hatte, als Diashow für meinen Bildschirmschoner. Seine Musik hörte ich rauf und runter, Tag und Nacht, natürlich auch, wenn ich nachts, anstatt in seinen Armen, allein in meinem Bett lag oder wenn ich mit dem Fahrrad zur Arbeit fuhr, der Tatsache trotzend, dass mich die eine oder andere Heulattacke in unmittelbare Lebensgefahr brachte.

Die wenigen Male, die ich mich selbst befriedigte, dachte ich natürlich nur an ihn: an seine Hände, seinen Mund, sein Gesicht, seinen Geruch. Dabei legte ich mir seinen Schal auf mein Gesicht, der das einzige Stück Textil war, das er tatsächlich bei mir vergessen hatte. Immerhin waren es keine Socken.

Im Supermarkt konzentrierte ich mich auf Essen, das wir zusammen gekocht hatten, bis mir auffiel, dass wir das ja nie getan hatten. So endeten meine Einkäufe meist mit einem Wagen voller Bier und Zigaretten, die Nahrung unserer Nächte. In dem seltenen Fall, in dem ich mich von Freundinnen überreden ließ auszugehen, um neue Bekanntschaften zu schließen, sprach ich nur von ihm. Ich kämpfte gegen alle Versuche an, mich von ihm abzulenken, brauchte den Schmerz wie der Honigdachs den Honig, das Erdmännchen die Insekten, die Termiten das Holz oder der Vampir das Blut.

An den Wochenenden suchte ich die Orte auf, die wir gemeinsam besucht hatten. Dabei handelte es sich vorrangig um Spätkäufe, die wir auf dem Weg zu mir oder zu ihm passiert hatten. Doch ohne ihn hatten sie jegliche Romantik, jegliches Spektakel verloren. Ein Spätkauf war plötzlich nur noch ein Spätkauf.

So vergingen die Wochen. Von wegen, die Zeit heilt alle Wunden! Ich war mir ganz sicher, niemals über ihn hinwegzukommen und sehr bald völlig den Verstand zu verlieren, sollte ich so weitermachen.

Bis eines Tages, wie aus dem Nichts, ein letzter Funken Selbsterhaltungstrieb in mir aufglimmte und mich anfeuerte, diesen selbstzerstörerischen Wahnsinn auf der Stelle zu beenden. Vielleicht kam er auch gar nicht aus dem Nichts, sondern vielmehr aus dem Telefon, als Tina anrief: »Wollen wir heute was machen, Heulsuse? Oder bist du immer noch auf der Suche nach deinem Selbstwertgefühl?«

Sie hatte recht. Mein erbärmliches Selbstmitleid musste endlich ein Ende nehmen. Ich wusste nur nicht, wie. Ich konnte schließlich nicht raus aus meiner Haut. Doch wenn man einfach nicht aus seiner Haut kann, so dachte ich, dann doch wenigstens aus dem Land. Denn bei Liebeskummer half nur eine einzige Sache, vorausgesetzt, man wollte ihn beenden: Abstand.

Ich musste also weg aus Berlin, wo mich jede Ampel, jede U-Bahn-Station, jeder Pflasterstein, jeder Dönerstand und eben jeder verdammte Spätkauf an ihn erinnerten. An ihn und all die Nächte, in denen ich auf seinen Anruf oder seine kurz angebundene Nachricht gewartet hatte, um mitten im verschneiten, eiskalten Berlin zu ihm zu wandern, bewaffnet mit Bier, Zigaretten und dem Traum von der großen Liebe. Ein Traum, den ich Nacht für Nacht gelebt hatte. In einer WG-Küche, Kette rauchend, wie in alten französischen Schwarz-Weiß-Filmen: Er als Jean-Paul Belmondo, ich als Jean Seberg. Wenn nur das Aufwachen nicht gewesen wäre ...

Ich musste raus aus dieser Stadt der anonymen Liebschaften. Weg von Distanz, von Verantwortungslosigkeit, von Ungebundenheit. Weg von Verlustangst, Bindungsangst, Überdruss, Labilität. Weg von virtuellen Freundschaften und realen Enttäuschungen. Weg von Accounts, Erinnerungen und seinem Schal in meinem Bett. Weg von der Realität.

Und weg konnte nicht weit genug sein. Das andere Ende der Welt schien mir daher gerade weit weg genug: Australien.

Mein Chef hatte wie immer Verständnis. Er meinte, ich sollte mich unbedingt mal erholen. Meine Akkuratesse hätte in letzter Zeit sowieso zu wünschen übrig gelassen. Im Gegensatz zu ihm hatten meine Eltern kein Verständnis, wie immer. Sie meinten, ständig nur vor mir selbst davonzulaufen, wäre sinnlos. Sie hatten recht und ich blieb stur. Alles wie immer.

In dem Moment, als ich samt Rucksack meine Wohnung verließ und hinter mir dreimal absperrte, um die nächsten Wochen auf der Flucht vor mir selbst im Ausland zu verbringen, beschloss ich, mein Leben zu ändern. Von nun an würde ich selbst auf mich aufpassen und mich vor Enttäuschungen schützen. Schließlich war ich keine Geisel meines Herzens. Ich hatte auch noch meinen Verstand und es war an der Zeit, davon Gebrauch zu machen.

Den Scheißschal ließ ich zu Hause.

Aus Prinzip!

Nach nur eineinhalb Tagen im Flugzeug kam ich dann auch schon in Melbourne an. Kaum hatte ich das Flughafengebäude verlassen, rauchte ich meine letzte Zigarette. Wenn ich mein Leben ändern und von nun an selbst auf mich aufpassen wollte, konnte ich keinen tödlichen Lungenkrebs gebrauchen. Wer würde mich denn pflegen und in den Tod begleiten? Den letzten Zug inhalierte ich sehr tief. Als ich gerade Gefahr lief, schwermütig zu werden, fiel mir Sanne auch schon um den Hals. Meine gute, alte Sanne, die immer ein bisschen nach Vanille duftete. Und im Auto wartete natürlich Klaus. Der liebe, treue Klaus, der immer ein bisschen nach alten Büchern roch. Alles auch wie immer. Das tat gut.

Sanne und ich hatten uns, außer auf Skype, seit einigen Jahren nicht mehr gesehen. Klaus nicht zu vergessen, den hatte ich natürlich auch seit Jahren nicht gesehen, denn Klaus war immer da, wo Sanne war. Die beiden sind das, was man eine Sandkastenliebe nennt.

Sanne und ich hatten uns allerdings etwas später kennengelernt. Während des Studiums, als wir ausgerechnet vor der Mensa mit unseren Fahrrädern zusammenknallten. Wir trugen beide blaue Flecken davon, wurden Freundinnen und Klaus, der war von da an immer mit dabei. Ich schloss Sanne schnell in mein Herz und akzeptierte Klaus an ihrer Seite wie ein lieb gewonnenes Accessoire. Vielleicht wie eine Handtasche, eine sprechende Handtasche, die immer zum richtigen Zeitpunkt ein Taschentuch, passendes Kleingeld oder einen Lippenpflegestift bereit- oder einem die Haare aus dem Gesicht hielt, wenn man es, wie Klaus sagen würde, »mit dem Piccolöchen mal wieder übertrieben hatte«.

Sanne studierte Medizin. Ich nicht. Sanne fuhr in den Semesterferien mit den Jesus Freaks zum Surfen. Ich nicht. Sanne lehnte Sex vor der Ehe ab. Ich nicht. Sanne hatte nie Liebeskummer. Ich immer. Sanne und mich verband nichts. Nichts außer unserer Gegensätzlichkeit und unserem Humor.

Nach Abschluss unseres Studiums, für das ich ein bisschen länger gebraucht hatte als Sanne, ging ich nach Berlin und sie nach Ulm. Danach folgten für sie Heidelberg, München, Paris, Melbourne. Und Klaus folgte ihr, natürlich nicht ohne sie vorher zu heiraten. Klar, Klaus wollte endlich ran an den Speck. Wer könnte es ihm verdenken?

Und jetzt war ich hier. Bei den beiden in Melbourne, was mir als die ideale Ausgangsstation erschien, um meine Liebeskummerreise zu beginnen. Als Erstes musste ich wieder auf die Beine kommen und das würde nirgendwo besser funktionieren als im geborgenen Hafen von Sanne und Klaus. Dort, wo es keinen Kummer gab.

Der Plan ging auf. Ich genoss die Zeit mit Sanne und Klaus. Wir verbrachten Nachmittage in der Sonne von St. Kilda Beach, gingen in den Luna Park und fuhren mit dem Scenic Rollercoaster, einer Achterbahn mit Aussicht. Sanne und ich fanden das furchtbar aufregend und klammerten uns bei jeder Kurve aneinander. Wir kreischten wie hysterische Italienerinnen im Sommerschlussverkauf. Klaus fuhr nicht mit. Er wartete unten, las sein Buch und hielt unsere Handtaschen.

Unsere Gegensätzlichkeit war wie immer eine Quelle der Herausforderung. Ein Crashkurs zum Thema Kompromisse. Ich gab nach und trank mit Sanne in der mir verhassten Starbucks-Kette

Kaffee, weigerte mich aber, »Latte« zu sagen und meinen Vornamen zu nennen. Aus Prinzip. Sanne gab auch nach und bestieg mit mir einen Touristen-Sightseeing-Bus, weigerte sich aber, das »I love Melbourne«-Käppi aufzusetzen und das Erinnerungsfoto für zehn Dollar zu kaufen. Aus Prinzip. Klaus verstand nicht, was es hier und da nachzugeben gäbe. Man könnte nicht »aus Prinzip« einen bestimmten Kaffee nicht trinken oder bestimmte öffentliche Verkehrsmittel nicht benutzen. »Aus Prinzip« sollte man nur Dinge tun oder eben nicht tun, die Relevanz hätten, fand Klaus. Und wir gaben ihm recht. Aus Prinzip. Damit er endlich die Klappe hielt, was wir ziemlich relevant fanden.

An jenen Tagen, an denen Sanne und Klaus keine Zeit hatten, zog ich allein los, um die Stadt zu erkunden. Und nach nur wenigen Tagen in Melbourne gewöhnte ich mich nicht nur an die übermenschliche und damit schon unheimliche australische Freundlichkeit, sondern auch an Standard-Redewendungen, die ich beherzt in meinen eigenen Wortschatz aufnahm. Ich antwortete fast nur noch mit »No worries« oder »Fair enough«. Das passte irgendwie immer.

Außerdem machte ich es mir zur Gewohnheit, morgens an der Strandpromenade von St. Kilda »poached eggs« zu frühstücken. Dort erlebte ich zum ersten Mal seit Langem auch allein ein Gefühl der Erleichterung. Der Schmerz ließ nach, auch wenn der fahle Nachgeschmack enttäuschter, unerwiderter Liebe immer noch wie ein Belag, der nach totem Biber schmeckte, auf meiner Zunge klebte. »Poached eggs« konnten ihn ein wenig überdecken und mich wieder atmen lassen.

Nach diesem Seelenfrühstück ging ich los, die Stadt erkunden. Ich schlenderte die Swanston und Bourke Street entlang, fuhr auf den Eureka Tower und bewunderte Melbourne aus der Vogelperspektive, 297 Meter über dem Meeresboden. Auf dem Queen Victoria Market aß ich das beste Sushi meines Lebens und probierte Kurzhaarperücken auf. Obwohl sich viele Frauen mit Liebeskummer die Haare abschneiden, entschied ich mich gegen eine neue Frisur. Doch ich ließ mir tatsächlich die Spitzen schneiden. Das war für mich schon Abenteuer genug.

Geteilte Leidenschaft

An meinem letzten Abend in Melbourne lernte ich ein befreundetes Pärchen meines Pärchens kennen und konnte mich nicht sattsehen an diesem ungleichen Paar, das in ein paar Wochen heiraten wollte. Sie war wunderschön: groß, schlank, porzellanfarbene Haut, dunkelblondes, glattes und sehr langes Haar. Er war mindestens zwei Köpfe kleiner als sie, stark übergewichtig und hatte derart verkniffene Augen, dass er immer irgendwie aussah, als würde ihn die Sonne blenden. Er vergötterte diese Frau und sie schien sich an seiner Seite sehr wohl zu fühlen. Ich konnte nicht ausmachen, ob ich verblüfft oder ratlos war. Fest stand, dass ich schwer damit beschäftigt war, mir meine oberflächliche Beurteilung ihrer Liebe nicht anmerken zu lassen.

Wir tranken Aperitifs, machten Pizza und mixten Cocktails. Das ungleiche Paar schlug vor, anschließend zu einer Tango-Milonga zu gehen, die in einer alten Kirche stattfinden würde. Ich war mir sicher, dass mein Tangotalent stümperhaft war, und konnte mir außerdem nicht vorstellen, wie man so eine Tanzveranstaltung in einer Kirche – und daher vermutlich ohne Bar – abhalten und genießen könnte. Aber trotzdem war ich neugierig genug, um mich vom Gegenteil überzeugen zu lassen.

Und es war wunderschön. Die Erhabenheit und Kälte, die das steinerne, schlichte Gebäude ausstrahlte, unterlegt mit den melancholisch anrührenden Tangoklängen, gefüllt mit all diesen Menschen, die wie in Trance versunken Tangokreise drehten, einander berührend, ohne sich zu umschlingen, faszinierten mich. Ungeniert staunte und beobachtete ich die Paare, wie sie ihre

Runden drehten. Mein Blick blieb immer wieder an dem ungleichen Paar hängen.

Ihrer Unterschiedlichkeit trotzend, verschmolzen sie tanzend zu einer einzigen Person. Und plötzlich verstand ich es: Es war die Leidenschaft für Tango, die sie teilten. Das war ihre Gemeinsamkeit, die sie eins werden ließ. Sie mussten sich beim Tanzen ineinander verliebt haben. Als dieser kleine, dicke Mann sie das erste Mal so sicher durch den Raum schweben ließ, da war es um sie geschehen, dafür liebte sie ihn. Und er liebte sie dafür, dass sie ihn liebte. Nicht weil sie so schön war, sondern eher obwohl sie so schön war und dennoch in ihm den richtigen Mann für sich erkannt hatte. Der Mann, der er war: Ein kleiner, dicker Mann, der mit einer Ernsthaftigkeit seine Schritte vollführte, die ihr das Gefühl gaben, eine Prinzessin zu sein und von ihm sicher durch das ganze Leben geführt zu werden. Der sie zum Lachen brachte. Der sie auf Händen trug und all ihre Bedürfnisse ernst nahm.

Wie ich die beiden so sah, war ich mir ganz sicher, dass er genau das für den Rest seines und ihres Lebens auch wirklich tun würde. Das zu beobachten, war wie ein Wunder, wäre da nicht dieses unangenehme Gefühl in meinem Inneren gewesen. Es fühlte sich ein bisschen an wie Neid. Nein, ich wollte nicht mit ihr tauschen, so erhaben war ich nicht, aber ich wollte mich gern so fühlen wie sie: sicher, geborgen, ernst genommen und bedingungslos geliebt.

Doch ich konnte mich beim besten Willen nicht daran erinnern, jemals eine Leidenschaft mit einem Partner geteilt zu haben. Vorlieben, ja. Aber »ins Kino gehen« zählt nicht wirklich als eine das Gemüt völlig ergreifende Emotion. Ich war mir nicht mal sicher, ob ich selbst überhaupt eine Leidenschaft hatte. Außer leidenschaftlichen Liebeskummer. Vielleicht hieß es ja daher Leidenschaft, weil es Leiden schafft.

Von nun an beobachtete ich Sanne und Klaus, die sich noch etwas unsicher mit Anfängerschritten durch den Raum bewegten. Es sah ein wenig so aus, als hätte Sanne die Führung übernommen, aber Klaus war Mann genug, sich von seiner Frau durch den Raum führen zu lassen.

Um nicht nur den ganzen Abend vor mich hinzustarren und womöglich wieder melancholisch zu werden, entschied ich mich bald, auch ein Tänzchen zu wagen. Dafür wählte ich die Person, die mir am fähigsten schien, einen starrköpfigen Esel durch den Raum zu schieben: Sanne. Wir tanzten und tanzten und tanzten, bis ich alles um mich herum fast vergaß.

Doch schon am nächsten Morgen war das Fast-Vergessen vergessen. Denn der Abschied, der anfangs noch in weiter Ferne gelegen hatte, klopfte erbarmungslos an die Tür. Mit gepacktem Rucksack. Sanne und Klaus brachten mich zum Flughafen. Anders als bei meiner Ankunft war es diesmal Klaus, der im Auto ununterbrochen redete, in dem kläglichen Versuch, die traurige Stimmung zu vertreiben. Der Abschied fiel uns allen schwer. Als ich spürte, dass die beiden wirklich traurig waren, fing ich doch noch an zu heulen. Vielleicht auch deshalb, weil ich selbst immer eher froh bin, wenn Besuch – so schön er auch gewesen sein mag – wieder Adieu sagt.

Wir drückten uns zum Abschied. Als ich mich ein letztes Mal umdrehte, bevor ich den Check-in-Bereich passierte, und Sanne dabei erwischte, wie sie sich verstohlen ein Tränchen wegwischte, bemerkte ich, wie sehr ich sie all die Jahre wirklich vermisst hatte.

Ich spürte, dass mein Aufenthalt bei den beiden nicht alle Wunden geheilt, aber zumindest die schlimmsten Blutungen gestoppt hatte. Vor dem unvermeidlichen Alleinsein, das nun folgen würde, fürchtete ich mich. Aber ich wusste auch, dass es jetzt an der Zeit war, mich mit mir selbst auseinanderzusetzen, um den Rest des Heilungsprozesses auf mich zu nehmen. Und in diesem Moment fiel mir auf, dass ich doch eine Leidenschaft hatte: das Reisen.

Seelenverwandt

Sydney war gut zu mir. Denn diese Stadt gab mir kaum Gelegenheit, trübsinnig zu sein. Nachdenklich ja, trübsinnig nein. So saß ich am ersten Tag stundenlang vor der weißen Oper, die wie eine überdimensional große Muschel aus dem Meer ragte. Ich staunte und konnte mich an diesem Gebäude einfach nicht sattsehen. Ähnlich wie vor wenigen Wochen noch an ihm. Er, der immer noch und immer wieder in meinen Gedanken herumschwirrte und ein unangenehm zärtliches Gefühl in meiner Herzgegend hinterließ. Ein leichtes Stechen, manchmal nur ein Ziehen. Nicht mehr der tief eingerammte Dolch, der mehrmals umgedreht wurde, wie in jener Nacht, in der mein Schlüpfer verschwand.

Wenn ich nicht gerade die Oper anstarrte, machte ich Spaziergänge durch den botanischen Garten, schlenderte die Oxford Street entlang oder verbrachte Stunden in der Sonne liegend in Manly. Dieser Strand sagte mir weitaus mehr zu als der mit Hipstern übersäte Bondi Beach, an dem sich dem Körperkult erlegene Australier und Touristen tummelten. Da hätte ich auch in Berlin bleiben können, auf dem Badeschiff.

Ich sah mir Darling Harbour an und verbrachte einen halben Tag im Taronga Zoo auf der Suche nach meinem ersten lebendigen Wombat. Über eine Stunde blieb ich nur am Wombat-Gehege stehen und versuchte, trotz der dunklen Höhlen ein Exemplar zu erspähen. Eigentlich bin ich kein großer Tierfreund, aber als ich schließlich kleine Knopfaugen im Dunkeln erblickte, schmolz mein Herz dahin. Ich fühlte mich diesen höhlengrabenden Pflanzenfressern irgendwie nahe. Erst recht, als ich die Tafel am Gehege las, die erklärte, warum die meisten Wombats es vorzogen, allein zu leben: »In freier Wildbahn leben Wombats allein. Sie können miteinander verbundene Höhlen teilen, vermeiden sich aber gegenseitig auf ihren Reisen. Im Zoo können Wombats sich aneinander gewöhnen und manchmal auch kurze Zeit miteinander verbringen.« Jetzt war es offiziell. Die Wombats und ich: Wir waren seelenverwandt.

Nach meinem Aufenthalt in Sydney flog ich nach Coolangatta an die Gold Coast. Ich war mir bis zu diesem Zeitpunkt nicht sicher gewesen, ob ich per Greyhound-Bus weiterreisen oder mir einen Wagen mieten und selbst fahren sollte. Immerhin herrschte hier Linksverkehr, ich war kurzsichtig und nachtblind. Nicht zu vergessen: allein unterwegs. Es schien mir weitaus vernünftiger, den Bus zu nehmen. Aber dann musste ich an Sanne denken, die aus Prinzip keine Touristenbusse nahm. Und damit hatte sie irgendwie recht, schließlich war ich auf der Suche nach mir selbst. Nach Abenteuer. Nach Freiheit. Nach der Möglichkeit anzuhalten, wann immer ich wollte. Nicht, wenn mir der Kaugummi kauende Greyhound-Busfahrer eine Pinkelpause genehmigte. Allein, mit geöffneten Fenstern statt Klimaanlage, mit meinem iPod statt dem TV-Unterhaltungsprogramm, an der Ostküste entlangzufahren, schien mir gerade unvernünftig und abenteuerlich genug, um meine Sehnsucht zu stillen. Sehnsucht wonach, das konnte ich nicht genau sagen, vermutlich danach, etwas zu tun, was ich mich eigentlich gar nicht traute. Es war Zeit, meine Komfortzone zu verlassen. Es war an der Zeit für einen echten Roadtrip.

Ich entschied mich für einen Hyundai in Blau. Viertürer, Automatik und alle Kilometer frei. Ich wählte die Versicherung mit der geringsten Selbstbeteiligung, verzichtete aber aus Abenteuer- und Kostengründen auf das Navigationssystem. Meinen Scherz, dass es in Australien doch eh immer nur geradeaus gehen würde, fand die Dame am Car-del-Mar-Schalter allerdings gar nicht witzig. Mit einem für australische Verhältnisse eher bescheidenen Lächeln, heißt: ohne Zähne, überreichte sie mir die Autoschlüssel. Ich hielt die Freiheit quasi in meinen Händen und konnte es kaum erwarten, die läppischen neunzig Kilometer nach Byron Bay sofort anzutreten.

Mein Hyundai begrüßte mich mit einem freundlichen Piepton und zwinkerte mir mit den Scheinwerfern zu. Ich brauchte dringend einen Namen für dieses Gefährt, schließlich würde es in den nächsten Wochen mein treuester und vermutlich einziger Begleiter sein. Also stellte ich mich dem Wagen formvollendet vor und schämte mich sofort ein bisschen, als ich den Parkwächter entdeckte, der mich mit meinem Auto sprechen sah. Dann erinnerte ich mich meiner Wurzeln (»Ich komm aus Berlin, du Muschi!«) und beschloss ein für allemal, mich von nun an wirklich nicht mehr zu schämen. Auch dann nicht, als ich beim Ausparken fast einen Unfall verursacht hätte, weil dieses Arschloch in dem Geländewagen von der völlig falschen Seite kam.

Als ich das Parkgelände verließ, hörte ich noch, wie er mir »Linksverkehr!« hinterherbrüllte. Ich bedankte mich mit einem kurzen Gruß in den Rückspiegel und machte bei dieser Gelegenheit auch die Scheinwerfer an.

Für die neunzig Kilometer brauchte ich fast zwei Stunden. Und das lag mehr an der Dunkelheit und dem strömenden Regen als an den Geschwindigkeitsbegrenzungen. Außerdem hielt ich vor jedem Kreisverkehr an, um noch einmal in mich zu gehen. Ich habe seit klein auf eine Rechts-Links-Schwäche, auch bekannt als Angularis-Syndrom. Allerdings treffen bei mir nicht alle Symptome zu: Schreiben und Lesen ist kein Problem, Rechnen geht auch, wobei ich jedoch schon meine Finger zu Hilfe nehmen muss, nur rechts und links bereitet mir große Schwierigkeiten und erfordert immer einen kurzen Moment der Besinnung. Ebenso machte ich das Angularis-Syndrom verantwortlich für meine Unfähigkeit zur Abstraktion. Und die Fähigkeit zur Abstraktion galt als wichtige Grundlage, um Lernerfolge verzeichnen zu können. Im Grunde konnte ich also gar nichts dafür, dass ich immer wieder die gleichen Fehler machte. Vermutlich sollte ich das meiner nächsten Bekanntschaft gleich zu Beginn mitteilen: »Hallo, mein Name ist Christiane und ich leide am Angularis-Syndrom. Also erwarte nicht, dass ich aus meinen Fehlern lerne oder den Ehering an der richtigen Hand trage. Aber Lesen und Schreiben ist kein Problem. Soll ich dir meine Nummer aufschreiben?«

Mein Hyundai war sehr geduldig mit mir und den vielen Runden, die wir im Kreisverkehr drehten, bis uns schwindelig wurde. Zum Dank parkte ich ihn, in Byron Bay angekommen, nicht im Parkverbot und warf ausreichend Münzen ein, damit er dort in aller Ruhe die Nacht zubringen könnte. Ich selbst entschied mich für das Nomades-Hostel und zahlte wie immer ein Vermögen für ein Vierbettzimmer. Zum Glück hatte ich das Zimmer diesmal die halbe Nacht für mich allein. Denn meine ungefähr 17-jährigen Bettgenossinnen aus den Niederlanden waren damit beschäftigt, im Erdgeschoss in einem aufblasbaren und mit Wackelpudding gefüllten Swimmingpool im Kämpfen gegeneinander anzutreten. Im Bikini versteht sich. Während sie also versuchten, sich gegenseitig die Augen auszukratzen, um die Preisprämie in Höhe von fünfzig australischen Dollar, circa 38 Euro, zu gewinnen, dämmerte ich in einen tiefen, erschöpften Schlaf und träumte von Jelly Wrestling an meinem Arbeitsplatz. Meinen Chef hatte es in jener Nacht wirklich übel erwischt.

Der Rosenkavalier

Byron Bay und ich wurden keine Freunde. Ich fühlte mich wie ein »fish out of water«, wie die Leute vom Fernsehen wohl sagen würden, da ich mit Abstand die Älteste und die Einzige war, die allein reiste und kein Interesse daran hatte, nach Nimbin zu fahren, eine kleine Stadt mit 350 Einwohnern, in der man angeblich das beste Gras ganz Australiens kaufen konnte. Mein Argument, mit Kiffern abhängen könnte ich auch zu Hause, wurde nur mit großen Augen und der interessierten Frage aufgenommen, wo ich denn herkäme. Bei »aus Berlin« rasteten alle aus vor Freude und versicherten mir, dass das wohl die coolste Stadt der Welt sei. Ja, »cool« traf zu. In jeder Hinsicht.

Tagsüber ging ich am Meer spazieren und bewunderte ehrfürchtig die Aussicht an Australiens östlichstem Punkt. Ich knipste ein paar Pflichtfotos und machte selbstverständlich den »Look Out«-Spaziergang bis zum Leuchtturm. Gegen Nachmittag verwarf ich den Plan, meine Angst zu überwinden und endlich im Meer zu schwimmen, und kaufte stattdessen eine Eintrittskarte zum örtlichen Schwimmbad. Womöglich fing ich tatsächlich an, mich zu akzeptieren.

Obwohl mich meine holländischen Mitbewohnerinnen reichlich komisch fanden, luden sie mich am zweiten Abend ein, mit ihnen im »coolsten Club von Byron Bay« und vermutlich auch dem einzigen, dem legendären Woodys, tanzen zu gehen. Es käme, so müsste ich wissen, die »coolste Band der Welt«. Nämlich De La Soul! Daraufhin kreischten alle los und ich verkniff mir die Frage, ob De La Soul nicht so ein Compilation-Album aus den Neunzigern wäre.

Zugegeben, die Musik war gut. Wir tranken Bier und tanzten stundenlang. Ich fühlte mich fast auch wieder 17 Jahre jung. Aber nur fast, denn ich musste mich nicht nach dem zehnten Bier übergeben. Vermutlich, weil ich nach dem fünften auf Cola umgestiegen war. Tja, Ladys. Mit dem Alter kommt eben auch die Weisheit.

Nachdem ich die Holländerin Carline auf der Toilette mit Wasser und ein paar Sauftipps für die Zukunft versorgt hatte (man muss schließlich sein Wissen an die nächste Generation weitergeben), kehrte ich schnurstracks auf die Tanzfläche zurück. Und plötzlich stand er vor mir: mein Musiker! Er stand vor mir und sah mich an. Diese Augen. Dieser Mund. Dieses Lächeln. Dieses Grübchen. Direkt vor mir. Keine zwanzig Zentimeter entfernt. Als wäre er nie weg gewesen. Und er sagte: »Hi!«

Hi? What the fuck! Hi? Zugegeben, dieses »Hi!« klang ein wenig hoch für seine Stimme, aber ich fragte mich, ob es tatsächlich möglich wäre, ihm hier zufällig über den Weg zu laufen, und falls ja, ob ich mich bei dieser Gelegenheit wohl nach meinem Schlüpfer erkundigen sollte.

Doch dann fragte er: »Kennen wir uns?«, und ich versuchte, nicht mehr so zu starren.

Nun gut, er war es also nicht, aber die Ähnlichkeit war verblüffend.

»Noch nicht!«, gab ich verwirrt und ziemlich plump zurück. Jeder Typ hätte mir jetzt wohl schon eine Abfuhr gegeben, aber der Doppelgänger wusste darauf nichts mehr zu sagen. Ich half ihm aus der Situation und sprach das Zauberwort: »Bier?« Er nickte, nahm ganz selbstverständlich meine Hand und führte mich zur Bar.

Johnny war nicht mein Musiker. Johnny war nicht mal Musiker. Nein, Johnny war Johnny und Tattookünstler. Auf dem Gebiet auch selbst äußerst aktiv, wie sein Unterarm deutlich bewies. Johnny war 27 und seit drei Jahren in Australien unterwegs, wie er mir bei einem Bier erzählte. Er lebte aus einem Rucksack, jobbte hier und da, meistens als Burgerwender, und schlief bei Leuten auf der Couch, auch mal im Auto oder eben auf der Straße. Je nach Wetterverhältnissen. Johnny war Lebenskünstler und hatte das zweitsüßeste Grübchen, das ich je gesehen hatte. Meine Holländerinnen beobachteten mich kichernd aus der Ferne und waren sichtlich beeindruckt von meinem »Aufriss«. Schon allein deshalb konnte ich es mir nicht verkneifen, Johnnys Angebot, mit ihm noch auf eine andere Party zu gehen, anzunehmen.

Er griff nach meiner Hand und ich zwinkerte »meinen Mädels« noch mal im Sinne von »Wartet nicht auf mich!« zu.

Die »Party«, zu der Johnny mich führte, fand in dem Burgerladen statt, in dem er tagsüber arbeitete. Als wir ankamen, war gerade eine Eierschlacht in vollem Gange. Ich sah mich suchend nach einem mit Wackelpudding gefüllten Plastikpool um, wurde aber von dem Inhaber des Burgerladens abgelenkt. Er rief einen Waffenstillstand aus, um lallend eine flammende Rede auf seine loyalen Mitarbeiter, aber vor allem auf sich selbst zu halten. Leider wurde ihm ausgerechnet beim dramaturgischen Höhepunkt, nämlich den 350 verkauften Burgern in nur einer einzigen Nacht, furchtbar übel und er übergab sich kurzerhand in die Frittenschale neben sich. Ohne lange zu fackeln, verließen alle ach so loyalen Mitarbeiter unter Ekelschreien die »Party«. Alle außer Johnny und mir. Ich fand das zwar auch furchtbar ekelhaft, aber irgendwie tat dieser kleine, verschwitzte Mann, der eben noch so fröhlich mit Eiern um sich geworfen hatte, mir leid.

Während ich unbeholfen in der Gegend herumstand, wusste Johnny, was zu tun war. Den eigenen Ekel unterdrückend, brachte er dem Spucker ein Geschirrtuch und ein Glas Wasser. Dann klopfte er ihm, wie Männer das wohl so machen, kameradschaftlich auf die Schulter und versprach, ihm morgen beim Aufräumen zu helfen. In diesem Moment wusste ich, Johnny war ein guter Kerl.

Als sich der arme Tropf daraufhin dankbar zeigte und wenigstens beim zweiten Mal schon in die Spüle kotzte, war dennoch mein Bedarf an sich übergebenden Menschen für den Abend gedeckt.

Johnny und ich verbrachten die restlichen Stunden der Nacht Arm in Arm am Strand. Die Möglichkeit, zu ihm oder zu mir zu gehen, bestand nicht, wurde von uns aber auch gar nicht in Erwägung gezogen. Nicht deshalb, weil ich keinen Mann in mein Vierbettzimmer einladen oder die Nacht auf einer verwanzten WG-Couch verbringen wollte, sondern weil wir das Meer hatten. Das Meer, den Strand, den Sternenhimmel und die Wärme einer australischen Nacht. Und trotz dieses Romantik-Klischees und der auf Beidseitigkeit beruhenden Anziehung spielten wir nicht mal mit dem Gedanken, zwischen Felsen versteckt mit Sand im Po miteinander zu schlafen. Wir lagen einfach nur da, eng aneinandergedrückt, küssten und unterhielten uns oder starrten schweigend in den Himmel.

Es fühlte sich gut an und ich war sehr erleichtert, dass er nicht anfing, mir Sternengebilde zu erklären, denn dafür war ich seit jeher zu kurzsichtig und seit Langem zu alt. Ich amüsierte mich lieber über Johnnys Revolver-Tattoos links und rechts von seinem

Bauchnabel und schwor ihm, dass er das spätestens, wenn er in meinem Alter wäre, bitter bereuen würde. Johnny nahm es mir nicht übel und musste selbst ein bisschen schmunzeln über seine Revolver, die von Rosen umrankt direkt auf sein bestes Stück zeigten. Dann flüsterte mir Johnny ins Ohr, wie hübsch er mich fände. Und ich, ich hörte einfach nur sehr aufmerksam zu.

Als die ersten Surfer in den frühen Morgenstunden den Strand stürmten, verabschiedete ich mich von Johnny. Wir tauschten Nachnamen aus, um über Facebook in Kontakt zu bleiben, aber ich wusste, dass wir uns nicht wiedersehen würden. Johnny war der erste Mann, dessen Aufmerksamkeit ich seit langer Zeit genießen konnte. Nicht mehr und nicht weniger.

Ich schlenderte zurück in mein Hostel, nahm eine heiße Dusche, packte meine Sachen und schlich mich davon, bevor eine der drei holländischen verkaterten Grazien ihre Augen öffnen würde.

In dem Moment, in dem ich die Autotür hinter mir zufallen ließ, fing es an in Strömen zu regnen und ich fühlte mich in meiner Entscheidung, keine weiteren Stunden mit Eierschlachten oder Jelly Wrestling zu verbringen, bestätigt. Außerdem kannte ich mich: Noch zwei weitere Nächte mit dem unkonventionellen Johnny und ich würde mich doch nur wieder verlieben.

Ob das mein Verstand war, der da zu mir sprach?

Im Angesicht des Kängurus

Meine nächste Etappe führte mich nach Brisbane, auch zärtlich »Brissy« genannt. Und der *Lonely Planet* hatte wirklich recht: »It's just another city.«

Ich blieb eine Nacht in einem Hostel in Chinatown, das alle 15 Minuten per Lautsprecherdurchsage die Party des Abends mit dem fragwürdigen Motto »Do you have tits?« ankündigte. Schnell flüchtete ich in eine Jazzbar, trank Rotwein und schwelgte in süßen Erinnerungen an Johnny und »meinen« Musiker. Wobei Johnny seltsamerweise häufiger vorkam. Egal, ob die Zeit doch alle Wunden heilte, ein Flirt war definitiv der beste Verband für Liebeskummer, vor allem für ungeduldige Personen wie mich.

Am nächsten Tag brach ich nach einer Bootsfahrt über den Brisbane River wieder auf. Weiter Richtung geradeaus. Ich fuhr und fuhr und fuhr. Dabei sang ich *Highway to Hell* zusammen mit AC/DC und nahm mir fest vor, erst anzuhalten, sobald ich ein Känguru gesehen hätte. Doch nach vielen Stunden war mir immer noch keines über den Weg gehüpft. Da legte man Tausende von Kilometern zurück, nur um mit sich, der Natur und den Kängurus eins zu sein, und dann so was: nichts als Verkehrsschilder, die vor angeblich vorbeihüpfenden Kängurus warnten. Auch beliebt war der Hinweis am Straßenrand: »Don't sleep and drive!« Das konnte mir nicht passieren, nicht mit AC/DC im Ohr.

Zwischendurch legte ich auch »seine« Musik ein und heulte dann doch, während die Sonne am Horizont den Himmel orange färbte. Ein bisschen Selbstmitleid durfte schon noch sein. Immerhin musste ich mich nicht auf den Verkehr konzentrieren, denn es gab keinen.

Nach über fünfhundert Kilometern hielt ich schließlich in dem kleinen Städtchen Agnes Waters an und entschied mich für das Hotel mit dem mutigsten Namen: das Cool Bananas. Den nächsten Tag verbrachte ich ausschließlich am Strand. Im Schatten. Ich beobachtete junge Menschen beim Flirten und Surfen, wie sie sich bis zur Erschöpfung in der Sonne räkelten und danach todesmutig und den gefährlichen Meerestieren trotzend in die Wellen stürzten. Vom Ozonloch hatten die wohl noch nie gehört.

Zugegeben, in diesem Land fühlte ich mich jeden Tag ein bisschen älter. Mir kamen schreckliche Gedanken in den Kopf wie »Ich kann mit der Jugend nicht mehr mithalten!« und anstatt abends alle wie geplant unter den Tisch zu trinken, war ich nach zwei Gläsern Goose-Wein, der literweise im Tetrapak abgefüllt wurde und daher genauso erschwinglich wie unerträglich war, völlig hinüber.

Ich wollte schleunigst weiterziehen. Nicht mehr auf der Suche nach Kängurus, vielmehr auf der Suche nach Menschen, die mehr im Sinn hatten als Trinkspiele am Lagerfeuer, Wackelpudding-Wrestling und Eierschlachten. Also verließ ich auch diesen seltsamen Ort noch in den frühen Morgenstunden. Im Verlassen erschien mir der Ort wie eine Filmkulisse aus Pappmaché. Als wäre ich am Set von *Cowboys and Aliens* gelandet. Alles schien so friedlich, aber man hatte ständig das Gefühl, dass irgendetwas faul war. Ich zog weiter, bevor das Raumschiff zur Landung ansetzte. Sicher war sicher.

AC/DC und ich fuhren weiter, vorbei an diversen Denkmälern, die alle Captain Cook huldigten. Es schien, als ob Captain Cooks Schiff, die Endeavour, alle hundert Meter auf Grund gegangen war, dennoch hatte sich dieser Mann nicht aufhalten lassen, die Welt zu entdecken und zu kartografieren. Was für ein Mann! Captain James Cook war von nun an mein neues Vorbild und endlich hatte ich einen passenden Namen für meinen blauen Hyundai: Endeavour II – die Anstrengung, die Bemühung, das schien mir gerade passend für meine Unternehmung.

Ich fuhr stundenlang durch die australische Wildnis und nahm mir vor, erst anzuhalten, sobald es mir irgendwo gefiel. Sechshundert Kilometer und drei Schinkenbrote aus dem Handschuhfach später kamen die Endeavour II und ich kurz vor Mitternacht und etwas erschöpft endlich zum Stehen: im Cape-Hillsborough-Nationalpark.

Meine Campinghütte mitten im Regenwald war idyllisch und unheimlich zugleich. Ich parkte mein blaues Schiff direkt daneben, um im Falle eines Skorpionangriffs möglichst schnell flüchten zu können. Aber vermutlich hätte ich das gar nicht mehr geschafft, denn ich fiel sofort in einen tiefen und entspannten Schlaf.

So entspannt, dass ich am nächsten Morgen prompt verschlief. Ich verpasste den Sonnenaufgang und damit auch die Kängurus, die laut *Lonely Planet* in diesen Morgenstunden am Meer entlanghüpften, um ihren Wasservorrat aufzufüllen. Zur Strafe verbrachte ich den Rest des Tages damit, so viele »Look Out Points« wie möglich aufzusuchen. Ich traf auf ein paar Hundert Spinnen und eine Schlange. Eine Schlange zu viel, die mich zum Umkehren bewegte.

Dabei stieß ich endlich auf mein erstes Känguru. Es saß zwischen Parkplatz und Toilette unter den Wäscheleinen und fraß Gras. Als ich mich langsam, mit Kamera bewaffnet, darauf zubewegte, sah es auf und glotzte mich an. Ich glotzte zurück. So lange, bis zwei

Wallabys unseres Weges hüpften und wir beide zusammen denen hinterherglotzten.

Die »Mission Regenwald« und »Mission Känguru« waren somit erfüllt. Ich packte meine Sachen und nahm die »Mission Strand« in Angriff. Es war höchste Zeit, nicht immer nur hinter dem Steuer zu sitzen, sondern endlich ein paar Tage lang unvernünftig in der Sonne zu liegen. Es war Zeit für eine Insel.

Abenteuer für Anfänger

Die Endeavour II war ein wenig eingeschnappt, als ich sie nach nur läppischen 130 Kilometern allein in Airlie Beach zurückließ und einen Katamaran Richtung Whitsunday Islands bestieg. Aber auf Boot und Insel war einfach kein Platz für ein Auto.

Im Gegensatz zu allen anderen Touristen dachte ich gar nicht daran, von diesem Katamaran aus in die Fluten zu springen, um zu schnorcheln. Meine Furcht vor dem um diese Jahreszeit aktiven »Box Jellyfish« war viel zu groß. Und berechtigt, denn diese Qualle gilt als das giftigste Meerestier der Welt. Das Gift ihrer Nesselzellen in den drei Meter langen Tentakeln (ekelhaft!) reicht für gut zweihundert Menschen. Jedes Jahr sterben mehr Menschen an dieser gemeinen, weil durch ihren durchsichtigen Körper auch im klaren Wasser gut getarnten Qualle als durch Haiangriffe. Wusste das hier denn keiner außer mir?

Diese Frage schien Matthew, den ersten Matrosen (glaube ich zumindest, denn er schrie immer am lautesten), sehr zu amüsieren. Er lachte laut auf und versicherte mir, dass mir im sogenannten »Stinger Suit«, einem atmungsaktiven Ganzkörperanzug, der sogar mit Kapuze und Handschuhen versehen war, rein gar nichts passieren könnte. Als ich immer noch den Kopf schüttelte, erinnerte er mich daran, dass ich sogar für die Schnorcheltour bezahlt hätte.

Was war das hier? Geld oder Leben? Inklusive oder nicht, ich wollte nicht von einer Qualle ins Jenseits befördert werden. Außerdem war es unmöglich, so nahe am Great Barrier Reef eine Bootstour *ohne* Schnorcheltrip zu buchen. Ich wollte nicht ins Wasser, Liebeskummer hin oder her, auf Suizid hatte ich keine Lust. Dazu war ich bei Weitem nicht abenteuerlustig genug.

Matthew wiederum fand, das hätte nichts mit abenteuerlustig zu tun. Es wäre völlig verantwortungslos, am Great Barrier Reef gewesen zu sein, ohne sich das Unterwasserparadies angesehen zu haben. Er lächelte mir mit den typisch strahlend weißen Zähnen zu und schloss seine Rede sehr vorhersehbar mit: »No worries!« War ja klar. Ich hätte wirklich gern nachgegeben, aber wie sollte ich einem Mann vertrauen, der sich mit »Nenn mich Matt, mate!« vorstellte?

Ich sagte erneut »Nein, danke« und schob auch ein »No worries« hinterher, vorsichtshalber und weil »Fair enough« gerade irgendwie nicht passte. Matt lächelte jetzt nicht mehr, sondern sagte: »Geh und hol deine Ausrüstung!« Das klang gar nicht mehr australisch, sondern sehr bestimmend. Und nachdem ich inzwischen die Einzige war, die noch im Trockenen saß, während alle anderen schon im Unterwasserparadies tollten und mit Quallen kämpften, beschloss ich trotz all meiner Bedenken, ganz deutsch, mich der Mehrheit anzuschließen. Unter einer Bedingung: »Matt mate« müsste mitkommen. Und meine Hand halten.

Und so geschah es. Matt und ich schnorchelten Hand in Hand über bunte Korallenriffe, bewunderten Seesterne, Fische, große, kleine und vermutlich ein paar giftige, die uns überraschenderweise nicht töteten. Fair enough!

Zurück im Trockenen bedankte ich mich bei Matt dafür, dass er mir in den Arsch getreten hatte. Stolz auf meinen neu entdeckten Mut holte ich mir zur Belohnung einen Weißwein aus der Kühlbox, der ebenso inklusive war. Wenn schon, denn schon.

Auf dem Weg zurück ins Trampolin des Katamarans rutschte ich aus, flog vor versammelter Mannschaft auf die Nase und verstauchte mir den Knöchel. Matt kam ganz aufgeregt herbeigeeilt. Ich lächelte nur und sagte: »No worries!« Das Leben steckt wirklich voller Gefahren. Meistens da, wo man sie nicht erwartet.

Mit einer Kühlbandage um den Knöchel stieg ich als Einzige auf Long Island aus. Der Name sagte mir zu. Genau dort wollte ich einfach nur ein paar Tage in der Sonne verbringen. Möglichst liegend und ohne große Abenteuereinlagen, einfach nur ein bisschen meine Wunden lecken, körperlich wie seelisch.

Ich brachte die Tage damit zu, in der Sonne zu liegen und zu lesen, Cocktails am Pool zu trinken oder vorbeihüpfende Wallabys zu beobachten. Abends trank ich Bier oder, weil der Name nun mal Programm ist, zwei bis fünf weitere Long Island Cocktails. Dabei betrachtete ich den Sonnenuntergang, der aussah wie eines dieser Motive, die man früher in der *Bravo* als Poster oder Bettwäsche bestellen konnte.

Nach einer Woche auf diesem Kleinod der Whitsunday Islands war nicht nur mein Knöchel längst wieder in Ordnung, sondern ich auch schon fast überhaupt nicht mehr unglücklich. Schweren, aber geheilten Herzens verließ ich die Insel.

Die Endeavour II und ich feierten das Wiedersehen mit AC/DC und fuhren weiter Richtung Norden. In den nächsten Tagen schaffte ich es noch an Cairns vorbei, nach Port Douglas bis zum Cape-Tribulation-Nationalpark, in dem ich meinen ersten Kasuar, den größten flugunfähigen Vogel, sah. Ein Einzelgänger, außer zur Paarungszeit. Verwunderlich, dass die nicht in Berlin lebten.

Zurück in Cairns gab ich mein lieb gewonnenes Auto ab, das mir zum Abschied noch ein letztes Mal per Scheinwerfer samt Blinker und Scheibenwischer zuzwinkerte. Dann flog ich zurück nach Sydney und hakte den finalen Punkt auf meiner »*must do* trotz Liebeskummer«-Liste ab: die Blue Mountains. Leider erwischte ich für diesen Tag einen unerträglichen Reiseführer, der keine fünf Sekunden mal die Klappe halten konnte.

Am Abend ging ich in Kings Cross aus. Ich flirtete ein bisschen, mit Frauen und Männern, und ging allein nach Hause. Schließlich war ich gerade dabei, mein Leben zu ändern, und es reichte mir völlig aus, von Johnny zu träumen oder wegen des Musikers ab und an ein paar Tränchen zu verdrücken, die allerdings schon nicht mehr so recht fließen wollten.

Dann hatte ich endgültig genug von Australien, der Einöde, den 18-jährigen Backpackern, dem ewig eintönigen »No worries« und dem ganzen »Fair enough«. Auch von dem Dauergrinsen und den spärlich vorhandenen Kängurus, die nur irgendwo vor Toiletten herumsaßen, Gras fraßen und glotzten, anstatt zu hüpfen, nicht einmal, um mir eine Freude zu machen. Noch dazu war mein Konto kümmerlich geschrumpft und schon deshalb war es an der Zeit, von nun an nur noch von ein paar Euro am Tag zu leben. So flog ich am nächsten Tag, Jetstar sei Dank, weiter nach Indonesien.

Super BH!

In Jakarta angekommen, verstand ich zum ersten Mal, was es mit dem Wort »Verkehrsinfarkt« auf sich hatte. Für nur wenige Kilometer vom Flughafen zu meinem Hostel in der Jalan Jaksa brauchte ich mit dem Taxi geschlagene zweieinhalb Stunden. Hätte ich kein Gepäck dabeigehabt, wäre ich zu Fuß gegangen und schneller gewesen. Oder überfahren worden. Diese Stadt trieb mich nach nur einer Stunde bereits völlig in den Wahnsinn. Von insgesamt 48 Stunden in Jakarta verbrachte ich mindestens 24 Stunden im Stau.

Nach zwei Tagen stieg ich auf Schienen um, um diesen Moloch so schnell wie möglich zu verlassen. Nach vielen Stunden im Expresszug samt indonesischem Karaoke-Unterhaltungsprogramm auf einem lautstark eingestellten Fernseher, der niemanden außer mich zu stören schien, erreichte ich das friedliche Örtchen Yogkakarta. Es war ruhig hier. Doch selbst New York hätte im Vergleich zu Jakarta wie ein verschlafenes Kaff gewirkt.

Ich ließ mich in einem Becak, einer Art Beiwagen, der vor ein Fahrrad gespannt wurde, zum Lotus-Hostel fahren. Es befand sich direkt hinter einer Moschee. Die wenigen Stunden Schlaf, die ich gehabt hätte, wurden mir von Moskitos und dem Imam zunichte gemacht. Dieser Mann betete nicht, sondern schrie seine Koranverse geradezu in die Nacht hinaus, wobei er nach jedem dritten Wort niesen musste. Das war irgendwie lustig und angesichts meiner traurigen Unterkunft mit dem verblassten Obstkorbplakat, das lieblos und viel zu hoch an die schlecht gepinselte blaue Schimmelwand geklebt war, konnte ich nicht anders, als mich einem befreienden Lachanfall hinzugeben.

Um vier Uhr morgens stand ich auf, packte meine Kamera und eine Flasche Wasser ein und fuhr mit einem Sammeltaxi zum Borobudur, einer der größten buddhistischen Tempelanlagen Südostasiens.

Aus der Ferne wirkte die Anlage wie ein Raumschiff aus einem Science-Fiction-Film, gelandet mitten im grünen Tropenherz Indonesiens. Ein hochhausgroßer Koloss aus dunkler Materie, pockennarbig übersät mit Kanten, Löchern und Rissen. Ich schleppte mich die Treppen durch die engen Gänge nach oben, bis in das neunte Stockwerk. Auf meinem Weg begegnete ich zahlreichen wunderschönen, aus Stein geschlagenen Buddhastatuen. So manche kopflos. Andere schienen zu schlafen, mit geschlossenen Augen zu beten, in die Ferne oder direkt in meine Augen zu blicken.

Oben angekommen, ließ ich mich neben einem kopflosen Buddha nieder, beobachtete, wie sich der Morgennebel langsam verzog und die Sonne das steinerne Gebäude, umgeben von zwei Vulkanen, in ein goldenes Licht tauchte. Zum ersten Mal hatte ich so richtig Lust auf eine Zigarette.

Ich überlegte, mir eine zu schnorren, wurde aber in meinem perfiden Plan gestört, als mich eine Gruppe indonesischer Schulmädchen bat, ein Foto mit mir schießen zu dürfen. Mit mir? Nicht mit dem wunderschönen kopflosen Buddha neben mir? Ich nahm ihn wenigstens mit auf das Foto und schmiss mich in Pose, umklammert von einer kichernden Indonesierin. Eine kleine Blondine, allein auf dem Borobudur, schien hier die weitaus größere Attraktion für die einheimischen Besucher zu sein. Doch mit *einem* Foto war es nicht getan. Ich stand mindestens eine halbe Stunde Model und legte Klick für Klick meinen Arm um ein schüchternes

Mädchen nach dem anderen. Dabei fühlte ich mich ein bisschen wie Bridget Jones und fragte mich, ob diese Indonesierinnen wohl auch jemals Liebeskummer hätten oder ich ihnen mal meinen BH zeigen sollte. »Super BH!«, würden sie sagen und dann würden wir alle zusammen *Like a Virgin* singen und tanzen.

Oder auch nicht.

Trotzdem. Irgendwie war ich gerade glücklich. Und im Gegensatz zu Bridget nicht im Gefängnis. Das war gut.

Nachdem ich mich irgendwann loseisen konnte, drehte ich meine eigenen Runden durch die schmalen Gänge und verliebte mich in die fein geschliffenen steinernen Reliefs, die es nach über 1200 Jahren auch längst satt haben mussten, ständig fotografiert zu werden. Aber darauf konnte ich jetzt keine Rücksicht nehmen. Mit Rücksicht nehmen war es ab sofort vorbei.

Bevor ich zurückfuhr, nahm ich all meinen Mut zusammen und aß eine ganze Portion Nasi Guri. Reis, toter Fisch, gepresste Sojabohnen, ein hart gekochtes Ei, eingelegt in Sambal-Chili-Sauce, die mir die Tränen in die Augen trieb. Ja, die kleinen Tränenöffnungen waren weiterhin fleißig, aber nicht mehr aus Kummer. Ich hatte sogar Schwierigkeiten, mir *sein* Gesicht in Erinnerung zu rufen. Vielmehr tauchte dann das Gesicht von Johnny auf, wie es gerade einem vorbeifliegenden Ei auswich.

Ich kann mir grundsätzlich keine Gesichter merken. Möglicherweise hängt das auch mit dem Angularis-Syndrom zusammen? Zumindest konnte ich mich nach diesen Wochen des Reisens nicht mehr wirklich an das Gesicht »meines« Musikers erinnern. Sobald ich es versuchte, sah ich nur zwei Augen, die als weiße Punkte im Dunkeln an mir vorbeisahen, mit einer Denkblase, in der stand: »Möchten Sie Ihre iTunes-Mediathek aktualisieren?«

Anfangs spionierte ich noch auf Facebook, um mir sein wunderschönes Antlitz wieder in Erinnerung zu rufen und mich selbst ein wenig zu quälen, doch irgendwann hatte ich genug davon und beendete mit zwei Klicks unsere »Freundschaft« auf virtueller Ebene. »Als Freund entfernen« – ärgerlich, dass es so etwas nicht in meinem Kopf gab. Ein Klick und alles weg, das wäre praktisch, aber auch irgendwie traurig, denn allmählich fing ich an, all die Erinnerungen an ihn zu genießen. Dabei musste ich an den Spruch denken, den Tina in der Grundschule in mein Poesiealbum geschrieben hatte: »Sei nicht traurig, dass es vorbei ist, sei froh, dass es gewesen ist.« Tina war damals acht und schon immer etwas anders als die anderen Kinder gewesen.

Noch am selben Tag flog ich weiter nach Bali. Es war Zeit, wieder unter Leute zu gehen, unter Touristen, die sich amüsierten. Es war Zeit zu feiern, Zeit, Spaß zu haben.

Wer hat Angst vorm weißen Hai?

Kaum gelandet, nahm ich ein Bluebird-Taxi nach Kuta, dem Sodom und Gomorra von Bali. Da endlich mein Buchhonorar überwiesen war, gönnte ich mir eine Übernachtung in einem wunderschönen steinernen Bungalow, im Hotel Mimpis Bungalows, mit einem kleinen Pool direkt vor meiner Tür. Statt abends auszugehen und mich wie geplant besinnungslos zu betrinken, schwamm ich und schwamm ich, so wie Forrest Gump gelaufen war. Ich schwamm mir alles von der Seele und war anschließend so kaputt, dass ich noch im Bikini auf meinem Doppelbett einschlief. Mittig. Ich legte mich mittig, denn ich wusste, dass die andere Hälfte nicht mehr belegt werden würde, und das war in dieser Nacht nicht nur völlig in Ordnung, sondern großartig. Denn ich hatte es so entschieden.

Kuta und ich wurden nicht warm miteinander. Ich gab mir reichlich Mühe, unsinnige Sachen zu tun, wie High Heels und bunte Taschen zu kaufen, mich bei der Ladies Night auf der Dachterrasse des Skygarden zu betrinken oder mit muskelgestählten Surfern zu flirten. Aber das alles machte nicht wirklich Spaß. Ich bevorzugte es stattdessen, ausgiebig in meinem Pool zu schwimmen und in meinem großen Bett zu liegen. Allein und mittig.

Nach drei Tagen und Nächten dieser Art war es Zeit weiterzuziehen. Ich nahm ein Speedboot auf die Gili Islands und genoss, auf dem Dach liegend, den Ritt über die Wellen. Der blonde Schwede neben mir versüßte mir diese Fahrt, als er begann, mir voller Elan Lieder von Pinocchio und Pippi Langstrumpf vorzusingen. Ich kannte den Text dieser Lieder nicht, sang aber lautstark mit.

Dabei erwischte ich mich für einen kurzen Moment bei einem sehr verführerischen Gedanken: dem Gedanken, gerade unbeschwert zu sein. Allerdings war ich mir nicht sicher, wie unbeschwert man sein kann, wenn man zeitgleich darüber nachdenkt, ob man unbeschwert ist. Das ist ähnlich wie mit dem Glück: Die glücklichsten Menschen fragen sich nie, ob sie glücklich sind. Daher nahm ich an, von Unbeschwertheit wohl noch einen ganz großen Schritt entfernt zu sein.

Ich lehnte das verführerische Angebot des Schweden ab, mit ihm zusammen auf der Partyinsel Gili Trawangan auszusteigen, und fuhr weiter nach Gili Air, der ruhigeren Alternative, die aber im Gegensatz zu Gili Meno zumindest noch Internetzugang und ein paar Lokale versprach.

Die Gilis waren leider auch enttäuschend. Von wegen Ruhe und Einsamkeit. Ich fand mich wieder in einer Miniaturausgabe von Kuta Bali, mit Magic-Mushroom-Drinks, Tauchschulen und Pancakes an jeder Ecke.

Irgendwie hatte ich das Gefühl, das echte Indonesien würde sich vor mir verstecken. Nach ein paar Tagen und 15 Pancakes hatte ich das Inselleben endgültig satt und nahm ein Boot nach Lombok. Auch eine Insel, aber durch ihr Ausmaß als solche nicht erkennbar. Ich fuhr nach Kuta Lombok, verlängerte mein Visum um weitere dreißig Tage und entschied mich für das Hotel Indah Inn – »Schönes Inn«, nicht aufgrund des einfallsreichen Namens, sondern wegen des großen Pools vor dem Bungalow.

Auch wenn ich nach wie vor versuchte, mich all meinen Ängsten zu stellen, war ich noch nicht so weit, allein Bahnen im Meer zu ziehen, zumindest nicht ohne »Matt mate« an meiner Seite.

Ich fürchtete mich nicht nur vor Quallen und Haien, sondern vor Fischen aller Art, sogar vor Algen und Steinen. Doch am meisten vor Haien. Schuld daran war mein Vater, der mir mit acht Jahren fatalerweise erlaubt hatte, *Der weißen Hai* im Fernsehen anzusehen. Sein Versuch, mir noch Jahre später die Angst vor Haifischen zu nehmen, scheiterte. Er meinte, wenn der Hai käme, würde ich die Filmmusik schon rechtzeitig hören.

Im Bungalow links von mir wohnten ein Kanadier, ein Norweger und ein Engländer. Rechts von mir zwei nicht weniger attraktive Australier. Vor mir lag der Pool. Ich war im Paradies, konnte mich aber nicht entscheiden, welchen Apfel der Versuchung ich pflücken sollte.

So trieben die Herren und ich Nacht für Nacht mit Bintang-Bierdosen im Pool, ohne es zu treiben. Mal angezogen, mal nackt, irgendwie schien das völlig normal zu sein. Tagsüber erkundeten wir auf Mopeds die Umgebung und aßen gemeinsam in Warungs, einfachen Essensständen am Straßenrand, bis wir Nasi Goreng, Nasi Gurih oder Nasi Mie endgültig satt hatten. Dann gingen wir wieder über zu Bier und rauchten einheimischen Tabak, den ich mir selbst als »zählt nicht« genehmigte: Ein in Bananenblatt eingewickelter Tabak ohne Filter galt einfach nicht als Zigarette, das fiel unter »interkultureller Austausch«.

Es waren gute Tage auf Lombok, trotzdem ließ mich das Gefühl nicht los, immer noch nicht das echte Indonesien kennengelernt zu haben. Ich hatte nicht mehr viel Zeit, bevor ich wieder nach Deutschland zurückkehren müsste und mich, wie mein Vater sagen würde, »dem Ernst des Lebens« zu stellen hätte. Daher entschied ich, noch weiter zu reisen. Meine spontane Wahl fiel auf Sumatra.

Das klang so schön grün und außerdem nach einem abenteuerlichen Duschgel. Und noch viel abenteuerlicher klang Banda Aceh. Aceh, die Region, die im Jahr 2004 traurige Berühmtheit erlangte, als der Tsunami diese komplett verwüstete und allein dort über 170.000 Menschen starben, von insgesamt über 230.000 Todesopfern weltweit. Der Norweger erzählte mir später, dass in der Provinz Aceh das Scharia-Gesetz immer noch praktiziert wurde. Ich wusste nicht genau, was das bedeutete, nickte aber wissend. Schließlich kannte ich den Begriff »Scharia« aus den *Tagesthemen* und soweit ich mich erinnerte, waren das immer die Bösen. Wie auch immer: Sumatra klang exotisch und irgendwie spannend. Es klang nach einem Abenteuer und schließlich war ich inzwischen ein mutiger Mensch geworden. Außerdem entdeckte ich auf der Karte, dass es nördlich von Banda Aceh eine kleine Insel gab, die ein paradiesisches Beach Resort versprach. Die Bilder in meinem Reiseführer waren zumindest mehr als vielversprechend.

So verabschiedete ich mich am nächsten Morgen schweren Herzens von meinem Männerpool und flog von Lombok über Jakarta nach Medan und weiter nach Banda Aceh, in der Hoffnung, dass man sich auf den Reiseführer verlassen konnte.

Hey Mister!

Ich kam spät abends am Flughafen von Banda Aceh an und nahm ein Taxi zu dem Hotel, das im *Lonely Planet* unter den günstigen Unterkünften als »unsere Wahl« aufgelistet war: Hotel 61.

Es war deprimierend. Der Eingangsbereich ging über in eine Art indonesisches McDonald's, das man durchqueren musste, um überhaupt zu den Zimmern zu gelangen. Mein Zimmer glich dann auch einem Kühlschrank: Es hatte Minusgrade, kein Fenster, war komplett weiß gekachelt und hatte als einzige Lichtquelle eine Neonröhre an der Decke. Wenn das der Favorit des *Lonely Planet* war, wollte ich gar nicht erst wissen, wie die anderen Hotels aussahen.

Ich war seit meiner Abreise aus Lombok über 15 Stunden unterwegs. Zweimal musste ich umsteigen und bei meiner Ankunft auch noch eine Zollkontrolle über mich ergehen lassen, bei der ein unfreundlicher Beamter nicht davor zurückschreckte, sich durch meine Schmutzwäsche zu wühlen. Jetzt war ich erschöpft, aber noch lange nicht bereit, schlafen zu gehen. Ich musste unbedingt raus aus dieser Zelle und beschloss, zumindest noch irgendwo ein Bier zu trinken. So wanderte ich, begleitet vom Geschrei des Imam, die Straßen Banda Acehs entlang und fragte an verschiedenen Straßenständen nach Bintang-Bier.

Die meisten Angesprochenen sahen mich nur verständnislos an und schüttelten den Kopf. Vielleicht gab es in Nordsumatra kein Bintang? Vielleicht hieß es hier Aceh-Bier? Vielleicht gab es aber auch überhaupt kein Bier. Auf diesen Gedanken kam ich allerdings nicht, weil mir zum wiederholten Mal alkoholfreies Bier unter die Nase gehalten wurde, sondern erst, als mir ein zahnloser Straßenstandverkäufer flüsternd anbot, mir bis morgen Bier besorgen zu können.

Ich wusste nicht, ob ich irritierter darüber war, dass er mich die ganze Zeit mit »Mister« ansprach oder dass er so ein Theater wegen einer Flasche Bier veranstaltete. Spontan entschied ich mich für Cola, trottete zurück in die Zelle und nahm mir noch mal meinen Reiseführer vor.

Und da stand es, schwarz auf weiß: In Banda Aceh herrscht strengstes Alkoholverbot. Pro Person dürfte maximal nur ein Liter Alkohol eingeführt werden. Einheimischen, die Alkohol verkauften, drohten nach dem Scharia-Gesetz hohe Geld- und sogar Gefängnisstrafen. Ebenso untersagt waren Glücksspiel, Drogenkonsum oder -verkauf, Pornografie und Ehebruch. Laut Scharia-Gesetz stand auf Ehebruch Steinigung. Ach du liebes Bisschen!

Vermutlich war es nicht besonders schlau gewesen, als Frau nachts allein durch die Straßen zu ziehen und nach Bier zu fragen. Nach dieser Erkenntnis war ich froh über meine Zelle und fiel in der Geborgenheit der vier gekachelten Wände in einen tiefen Schlaf.

Bereits am frühen Morgen wurde ich endlich mit dem echten Indonesien konfrontiert, allerdings auf brutale Art und Weise: Hotelfrühstück.

In einem beige gefliesten Raum, natürlich auch wieder ohne Tageslicht, teilten drei verschleierte Frauen Frühstück vom Büfett an die Gäste aus. Ich hatte die schwere Wahl zwischen Hühnersuppe und braunen Erbsen mit Reis. Ich fragte nach Toast, kam mir sofort blöd vor und entschied mich für die Hühnersuppe.

Um mich herum saßen vereinzelt Indonesier, die sich die Lunge aus dem Leib qualmten. Dabei löffelten sie lautstark Hühnersuppe, zogen die Nase hoch, rülpsten und starrten mich an. Erst jetzt wurde mir bewusst, dass ich neben den drei verschleierten Grazien die einzige Frau hier war. Ich trug zwar eine lange Hose, aber dazu ein Tanktop und keinen BH. Die Männer starrten und ich starrte zurück, wie mit dem Känguru.

Nicht nur das Rauchen im fensterlosen Frühstücksraum machte mich als frisch geborene Nichtraucherin einfach fassungslos, sondern auch die Hühnersuppe, in der kleine Krähenfüße schwammen. Aber die Blöße, nicht aufzuessen, wollte ich mir als weiße Frau auf keinen Fall geben. Ohne eine Miene zu verziehen, zwang ich mir Löffel für Löffel der Suppe hinein. Als es geschafft war, überlegte ich, mir zur Überraschung aller noch einen Nachschlag zu holen, aber das Interesse an mir, dem »Mister«, war schnell verschwunden, als jemand den Fernseher in der Ecke anmachte und das Karaokeprogramm auf volle Lautstärke drehte.

Nach diesem leckeren Mahl packte ich meine Taschen, zog mir einen super BH an und warf mir ein Tuch um die Schultern. Ich hatte noch ein paar Stunden Zeit, bis meine Fähre auf das paradiesische Inselchen ablegen würde, und entschied mich daher für eine Banda-Aceh-Tsunami-Tour. Das klang zwar makaber, schien aber das Einzige zu sein, was man hier machen konnte. Traurig, aber wahr.

Ein junger Mann namens Ari erklärte sich bereit, mich für umgerechnet vier Euro zwei Stunden mit seinem motorisierten Becak durch die Stadt zu allen »Sehenswürdigkeiten« zu bringen. In gebrochenem Englisch berichtete er mir, dass seine komplette

Familie – Eltern, Geschwister und seine erste Frau – bei dem Tsunami 2004 ums Leben gekommen waren. Er hatte Glück gehabt, weil er in den Bergen war, um Bäume zu fällen. Während er mir diese traurige Geschichte erzählte, lächelte er immerzu und schloss nach meinen diversen Fragen mit: »Jetzt bin ich glücklich. Weil ich wieder Liebe gefunden habe.« Er zeigte mir seinen Ehering, strahlte mich an und ich fing an zu heulen.

In dieser seltsamen Stimmung besuchte ich das Tsunami-Museum. Das Erdgeschoss entsprach einer Art Mahnmal: dunkle Gänge mit beleuchteten Monitoren, die zahlreiche Bilder der Katastrophe von damals zeigten, verwüstete Häuser, weinende Menschen, Zerstörung, soweit das Auge, der Verstand aber nicht reicht. Das Ausmaß dieser Katastrophe vermochte ich trotz all dieser Bilder nicht zu begreifen. All die Toten. Und all die Hinterbliebenen, die damals so plötzlich vor Trümmerhaufen standen. Trümmer, in denen sich einst all ihr schwer erarbeitetes Hab und Gut befunden hatte, in dem die eigenen Kinder geboren und aufgewachsen waren. Trümmer, aus denen sie nun geborgen werden mussten.

Seit diesem Tag, dem 26.12.2004, zwei Tage nach Heiligabend, war für all diese Menschen die Welt nie mehr wie zuvor. Und sie hatten keine Zeit zu trauern. Alles lag begraben unter Schlammlawinen: Weihnachtsgeschenke, Ehepartner und Kinder. Boote wurden auf Hausdächer gespült und ein Elektrizitätsschiff wurde vier Kilometer landeinwärts geschwemmt, wo es auch heute noch steht. Es zerstörte alles, was in seinem Weg stand: Bäume, Häuser, Tiere, Menschen. Platt gewalzt von Stahl und Beton.

Ich erinnerte mich, wie ich damals die Katastrophe zusammen mit meinen Eltern im Fernsehen verfolgte. Bei uns gab es Gans, die keinem mehr so recht schmecken wollte. Meine Mutter überwies Spendengelder auf ein Konto, das permanent eingeblendet wurde. Ich erinnerte mich an die schrecklichen Bilder der Verwüstung, die diese Katastrophe in Thailand und Japan angerichtet hatte. An Banda Aceh konnte ich mich nicht erinnern. Doch nirgendwo sonst hatte dieser Tsunami so viel Zerstörung und Tod verursacht wie hier, nur die deutschen Touristen, die befanden sich woanders.

Als ich mit einem klammen Gefühl in das nächste Stockwerk ging, kamen mir ein paar Schulmädchen entgegen und lächelten mich an. Sie baten um Fotos, hier, mit mir, zwischen Schautafeln, die auf unterschiedlichste Weise versuchten, das Ausmaß der Zerstörung zu illustrieren. Ganz automatisch nahm ich eine Pose ein. Foto für Foto. Und ganz plötzlich schämte ich mich furchtbar.

Zuerst dachte ich, mein Schamgefühl rührte daher, dass ich mich zwischen all diesen Bildern lächelnd ablichten ließ – irgendwie war das pietätlos –, doch dann bemerkte ich, dass die Ursache für mein plötzliches Schämen eine ganz andere war: Mein eigenes Leid, mein Liebeskummer und meine Einsamkeit erschienen mir plötzlich das Belangloseste auf der ganzen Welt zu sein. Liebeskummer – wie lächerlich! Wie konnte ich mich nur so wichtig nehmen?

Diese Menschen hatten alles verloren und alles wieder aufgebaut. Sie hatten ihre Toten, zumindest die, die sie finden konnten, geborgen, begraben und weitergemacht. Und nicht nur das: Sie hatten neuen Lebensmut gefasst. Manche legten die Naturkatastrophe als ein Zeichen Gottes aus. Allahs, um genau zu sein. Als einen Hinweis, dass sie bestraft wurden, da sie den richtigen Weg verlassen hatten. Demütig nahmen sie diese Warnung an und gelobten Besserung. Somit leitete der Tsunami in der Provinz im Norden Sumatras Friedensverhandlungen ein, die ein Jahr später zur Beendigung eines schon dreißig Jahre anhaltenden Bürgerkrieges zwischen der Regierung und der Rebellenorganisation GAM, »Bewegung Freies Aceh«, führten.

Und ich? Ich war traurig wegen eines barfüßigen Gitarrenspielers. Obwohl ich auch schon vorher wusste, dass Leid relativ ist und auch mein lächerlicher Kummer Berechtigung hatte, wenn es auch weitaus Schlimmeres auf der Welt gab, schämte ich mich. Und ich wollte mich doch nicht mehr schämen. Nie mehr. Also gelobte ich Besserung.

Das süße Nichts

Die Fährüberfahrt von Banda Aceh auf die Insel war wunderschön. Ich stand zusammen mit einer Gruppe rauchender indonesischer Männer im Freien auf Deck und beobachtete, wie das Festland immer kleiner wurde und der einst kleine Fleck am Horizont zu einer wuchtigen grünen Fläche heranwuchs. Von allen Seiten spürte ich Blicke. Schultern und Knie hatte ich zwar brav bedeckt und ich hielt auch kein Bier in der Hand, dennoch war ich als Einzige weiß, weiblich und allein. Es machte mir nichts aus. Vermutlich würde ich an deren Stelle auch starren. Schließlich war ich ja auch ein lustiger Anblick, eingewickelt in meine Tücher, mit dem Rucksack neben mir, der fast meiner eigenen Körpergröße entsprach, und außerdem strahlte ich etwas aus, das ich längst verloren geglaubt hatte: Unbeschwertheit. Ich war zurück. Bei mir und zugleich frei von mir und meiner Belanglosigkeit.

Auf der Insel angekommen, nahm ich trotz des strömenden Regens ein Becak zum Strandresort. Dem Fahrer schien die Nässe nichts auszumachen und ich wollte nicht verweichlicht wirken.

Ich kam völlig durchnässt an, checkte ein und bezog sofort meinen Bungalow. Mit Absicht hatte ich mir die Honeymoon-Suite reserviert. Wenn schon kein Honeymoon, dann wenigstens die Suite. Und das hatte sich gelohnt. Die Hütte war wie alle Strandhütten relativ einfach ausgestattet: kein Schnickschnack, ein großes Bambusbett, ein Regal für Kleidung und ein Bad mit Warmwasser, was genauso wie der kleine Kühlschrank und der Wasserkocher für mich schon in die Kategorie »Luxus« fiel. Doch der absolute Wahnsinn war der Ausblick von meinem Balkon auf den von Palmen gesäumten Sandstrand und das türkisfarbene Wasser. Im Regen wirkte er unheimlich und heimlich zugleich.

Die Geräuschkulisse passte zum Zwiespalt meines Ausblicks: Statt beseeltem Meeresrauschen hörte ich die ohrenbetäubende Macht der Brandung. Aber davon hatte ich schon im Internet gelesen. Da schrieb tatsächlich jemand: »Die Bungalows sind schön, aber das Meer ist zu laut.« Das muss man sich mal auf der Zunge zergehen lassen. Da könnte man ja gleich sagen: »Das Wasser ist zu nass«, »der Regenbogen zu bunt«, »die Auswahl zu vielfältig«, »die Torte zu sahnig« oder »der Mann zu nackt«.

Natürlich war das Meer zu laut. Aber nur, wenn man jemand anderem anstatt des Meeres zuhören wollte. Vorausgesetzt, jemand würde etwas sagen. Ich sagte nichts. Ich hörte zu. Und dabei beobachtete ich die Palmen, die vor meinem Balkon mit wehender Mähne Limbo tanzten und ab und an eine Kokosnuss fallen ließen, um auf sich aufmerksam zu machen. Vergeblich. Diese zersprangen auf den Felsen, lautlos, da sie vom Meer übertönt und dann von der nächsten Welle erbarmungslos verschluckt wurden.

Ich zog die nassen Klamotten aus, nahm eine heiße Dusche und befriedigte mich auf dem riesigen Doppelbett erst mal selbst. Zum ersten Mal seit vielen Wochen. Irgendwie hatte ich vergessen, mich selbst zu befriedigen, und ich war froh, dass es mir wieder eingefallen war. Ich hatte es vermisst.

Ich weiß nicht mehr genau, wie ich die nächsten zwei Tage verbracht habe. Erinnern kann ich mich an den permanenten Regen, an die tanzenden Palmen, an die Nässe, an das schaukelnde rote Boot, das ich Tag für Tag von meinem Balkon aus beobachtete. Es hörte einfach nicht auf zu schütten. Fast schien es, die Welt würde sich mal so richtig auskotzen. Detoxen. Alles Schlechte und Ungesunde loslassen. Raus damit. Ich konnte mir gar nicht vorstellen, dass an diesem Ort jemals die Sonne scheinen würde, und es war mir auch egal. Ich saß auf meinem Balkon und tat das, was ich schon lange nicht mehr getan hatte: Nichts.

So lag ich einfach nur da, in meiner Hängematte auf dem Balkon, und starrte vor mich hin. Ich war weder melancholisch noch nachdenklich. Ich war nicht traurig oder glücklich. Auch nicht gleichgültig. Ich genoss es, nichts zu tun. Nichts tun zu müssen. Ich hatte keinen Druck, keinen Kummer. Ich war einfach nur da.

Ab und an knurrte mein Magen. Oder war es wieder das Meer? Verrückt, über was man sich so Gedanken macht, wenn man sich keine Gedanken mehr machen muss.

Nach zwei Tagen des schlichten Daseins beschloss ich, meine Hütte nicht nur zum Essen zu verlassen. Ich sprang durch den Regen nach unten ins Restaurant und setzte mich mit einem Stift und einem Blatt Papier an einen Tisch. Ich wollte schreiben. All die Gedanken aufschreiben, die ich nicht hatte, aber vielleicht hätte haben sollen. Oder haben würde, wenn ich anfinge, sie aufzuschreiben. Gedanken über die Zukunft oder zumindest über die Vergangenheit. Über Erkenntnisse, Vorsätze, Pläne oder einfach nur Träume. Wenigstens Fantasien, darüber, was ich vom Leben wollte. Ich war über dreißig. Und ich hatte keinen Plan.

Mit Stift und Zettel bewaffnet im Regenschauer Sumatras war ich mir sicher, einen klaren Gedanken fassen zu können. Zu müssen. Darüber, wie es »zu Hause« – zurück in Deutschland, beim Ernst des Lebens – weitergehen würde oder sollte. Zumindest darüber, wie es nicht weitergehen würde oder sollte. Nach fast drei Monaten des Alleinreisens, nach all den Eindrücken, den – wenn auch nur oberflächlichen – Bekanntschaften, wollte ich etwas mitnehmen. Etwas, das ich nicht vergessen und daher vorsichtshalber aufschreiben wollte, schwarz auf weiß. Von mir aus auch in Regen getränkt.

Aber mir wollte einfach nichts einfallen. Nichts. Ich saß bestimmt eine Stunde vor einem leeren Blatt Papier. Vielleicht auch zwei. Es war hoffnungslos. Nach über zwei Stunden bestellte ich mir einen Wein, den es zu meiner Erleichterung hier auch gab. Schließlich musste ich mir die bittere Wahrheit eingestehen: Ich hatte nichts gelernt. Ganz im Gegenteil: Ich war einfach nur davongelaufen, vor dem Kummer, dem Leid, der Realität, vor den anderen, vor mir selbst. Aber das Schlimmste an dieser Erkenntnis war, dass meine Eltern mal wieder recht gehabt hatten.

Ich trank das Glas auf ex und bestellte ein zweites. Vielleicht würde es dann gehen. Hemingway hatte das genauso gemacht. Jack London auch. Und Bukowski. Doch über dem leeren Blatt Papier kam ich nach wie vor zu der Erkenntnis, dass meine einzige und wichtigste Erkenntnis war, nichts gelernt zu haben. Vielleicht hätte ich auch zu Hause bleiben können. Aber dann hätte ich nicht mal *nichts* gelernt.

Die Killernuss

Ich erwachte mit einem schlimmen Kopfschmerz. Immerhin ein Schmerz und damit ein Gefühl. Das war gut. Um noch mehr zu spüren, zwang ich mich, nun endlich meine Weiße-Hai-Phobie zu überwinden, und sprang bei strömendem Regen in die Fluten. Ich schwamm meine Kopfschmerzen einfach weg. Trotz Todesangst teilte ich mir das Wasser mit bunten Fischen, die ich namentlich aufgrund meines Halbwissens nicht benennen konnte. Nur den Clownfisch erkannte ich dank *Findet Nemo*. Dieser Ausblick war allemal besser als im Stadtbad Mitte, in dem ich die Wochen vor meiner Abreise schweren Herzens meine Bahnen gezogen hatte. Nicht ohne dabei an ihn zu denken. An wen eigentlich?

Ihn hatte ich schon vergessen. Er fiel in die Kategorie »belanglos«. Und dieser Gedanke zauberte ein Lächeln auf mein Gesicht. Denn das war eine wirklich gute Erkenntnis. Mein Glück war nicht von ihm oder sonst jemandem abhängig. Ich hatte es selbst vermasselt. Und das wiederum war gar nicht schlecht, denn wenn ich es selbst vermasselt hatte, könnte ich es auch selbst wieder richten.

Als ich aus dem Wasser stieg, nicht ohne mir an den spitzen Felsen eine blutende Wunde am Zeh zuzuziehen, beschloss ich, dass endlich Schluss sei mit der Opferhaltung. (Und dass es Zeit für Badeschuhe war.) Ich wollte kein Opfer mehr sein. Kein Opfer des gebrochenen Herzens oder der gemeinen anonym bleiben wollenden Berliner Subkultur-Männer. Wenn ich von nun an leiden sollte, dann weil ich es so beschlossen hatte. Aktives Leiden statt passivem Verkümmern. Dieser Gedanke gefiel mir. Und mit etwas Geschick könnte ich aus dieser neuen Einstellung vielleicht nicht nur kein Leid gewinnen, sondern möglicherweise sogar Glück.

Das war vielleicht ein wenig zu dreist für den Anfang. Ich wollte meine Ziele nicht gar so hoch stecken, damit meine Chance, diese auch zu erreichen, größer blieb. Spontan entschied ich mich für das Ziel »Unbeschwertheit erlangen«.

Also ignorierte ich den blutenden Zeh und setzte mich ganz unbeschwert an den Strand. Da saß ich nun und starrte auf den Horizont, auf die immense Weite des Meeres. Es sah aus, als würde die Welt dahinter einfach aufhören oder in eine neunzig Grad tiefe Schlucht übergehen. Der Anblick war faszinierend. Trotzdem, nach zwei Minuten des Starrens wurde mir das dann auch schon wieder zu langweilig. Also stand ich auf, griff mein Handtuch und ging los in Richtung Honeymoon-Hütte.

In dem Moment, als ich den ersten Schritt tat, ertönte ein unglaublich lauter Knall. Direkt hinter mir. Zu Tode erschrocken drehte ich mich um und starrte auf eine aufgeplatzte Kokosnuss, die genau dort lag, wo ich vor einer Sekunde noch gesessen hatte. Es war kaum zu fassen. Aber es schien, als hätte meine Unfähigkeit, länger als zwei Minuten still zu sitzen und unbeschwert zu tun, gerade mein Leben gerettet. Ob das ein Zeichen war? Von – im wahrsten Sinne – ganz oben? Was wollte »er« oder »sie« oder »es« mir damit sagen? Vielleicht: »Unbeschwertheit ist überbewertet bis lebensgefährlich«? Oder eher: »Egal was du tust, es liegt eh in meiner Hand, über dein Leben zu entscheiden.«

Ich konnte den Gedanken nicht zu Ende spinnen, da plötzlich ein aufgebrachter junger Mann vor mir stand, der geschockter zu sein schien als ich selbst.

»Bist du in Ordnung?«, fragte er mich in perfektem Englisch, das ich spontan keiner Nationalität zuordnen konnte. Dabei sah er ein bisschen blass aus, was irgendwie lustig wirkte: dieser blutleere Kopf auf dem sonnengebräunten Körper. Dann entdeckte er meinen blutenden Zeh und beugte sich sofort nach unten, um das Unglück zu begutachten. Er entschuldigte sich tausendmal und bat mich, an Ort und Stelle Platz zu nehmen. Ich antwortete ihm, dass ich nicht, beziehungsweise nicht mehr, lebensmüde wäre und daher einen überdachten Sitzplatz vorziehen würde. Dann humpelte ich in Richtung Restaurant davon, mehr um Mitleid zu erzeugen als wegen der Schmerzen. Der junge Mann eilte mir hinterher, nahm mich kurzerhand auf seine Arme und trug mich zu einem Stuhl. Ich protestierte zwar gegen diesen abrupten körperlichen Übergriff, aber zugegebenermaßen nicht sonderlich vehement. Seine warme Haut fühlte sich unverschämt gut an.

Kaum hatte er mich abgesetzt, verschwand er wieder. Ich starrte auf die Palme, die eben versucht hatte, mich umzubringen, und erinnerte mich, dass die Wahrscheinlichkeit, von einer herabfallenden Kokosnuss getötet zu werden, viel größer war als die, durch einen Haiangriff zu sterben. Um genau zu sein, beträgt die Wahrscheinlichkeit, von einem Hai angegriffen zu werden, nur eins zu zehn Millionen. Und von weltweit 76 Haiangriffen jährlich endeten nur fünf tatsächlich tödlich. Dagegen wurden jedes Jahr etwa 150 Menschen an Stränden von Kokosnüssen erschlagen.

Dennoch: Die Furcht vor Haien überwiegt. Schließlich gibt es auch fünf Teile von *Der weiße Hai* und zwei Teile *Open Water*, doch keinen Film namens *Die Killernuss* oder *Der Tod lauert unter der Palme*. Selbst Menschen, die in der »Gefahrenzone Strand« lebten, schätzten die tödliche Bedrohung offensichtlich falsch ein. So zum Beispiel auch die Fischer von Sumatra: Diese würden, wie ich von einem dieser aufdringlichen Pärchen, die sich nach nur wenigen Tagen Zweisamkeit im Paradies gegenseitig zu Tode langweilen, beim Abendessen ungefragt erfuhr, niemals ohne Socken zum Nachtfischen hinausfahren. Das taten sie aus folgendem Grund: Falls sich der Anker verhaken und sie in das schwarze Wasser springen müssten, um ihn zu lösen, würden sie sich ihre vorab mitgebrachten Socken anziehen. Reine Vorsichtsmaßnahme, um den Hai nicht mit ihren weißen, zappelnden Fußsohlen zum Angriff zu ermutigen. Nachvollziehbar. Doch kein Mensch trägt am Strand einen Helm. Grob fahrlässig, wie ich nun feststellen musste.

Diese Kokosnuss-versus-Hai-Statistik hatte ich im Zuge meiner Reisevorbereitungen recherchiert, aber aufgrund von Unglaubwürdigkeit ignoriert. Wie absurd das wäre, wenn man auf seiner Liebeskummer-Reise durch eine Kokosnuss zu Tode käme. Nicht gerade ein Märtyrertod. Und genau das erzählte ich dem jungen Mann, der inzwischen zurückgekehrt war, um meinen Fuß professionell mit einem Erste-Hilfe-Set zu verarzten.

»Du hast wirklich Glück gehabt, dass die Kokosnuss nur deinen Fuß getroffen hat. Das hätte übel ausgehen können«, meinte er, während er meinen Zeh sehr zärtlich mit höllisch brennender Jodsalbe eincremte.

Doch ich klärte das Missverständnis sofort auf. Nämlich, dass ich mir diese Verletzung selbst verschuldet an dem Felsen zugezogen hatte. »Und mein Überleben hatte außerdem auch rein gar nichts mit Glück zu tun«, fügte ich erklärend hinzu. »Das Leben habe ich mir nämlich selbst gerettet, denn unbeschwertes Sitzen finde ich nach zwei Minuten einfach schrecklich langweilig. Ich bin schließlich kein Opfer, auch nicht des Schicksals. Zumindest nicht mehr.«

Er sah mich verwirrt an und lächelte. Dann meinte er, meine Gedanken wären etwas sehr »random«, also »zufällig«. Ich wusste zwar nicht, ob das nett gemeint war, lächelte aber sicherheitshalber zurück.

Nachdem er meinen Zeh fachkundig verbunden hatte, entschuldigte er sich ein weiteres Mal für den Kokosnussanschlag. Ich nahm die Entschuldigung gern an, versicherte ihm aber, dass es bestimmt nicht in seiner Hand gelegen hätte, ob mich diese Kokosnuss umbringen wollte oder nicht. Aber er sah das anders. Schließlich wäre »Opa« dafür verantwortlich, die Kokosnüsse hier rechtzeitig vom Baum zu schütteln, bevor sie zur Lebensgefahr werden konnten. Und er wiederum wäre verantwortlich dafür, dass »Opa« seinen Job machte. Opa? Ich verstand gar nichts mehr.

»Was kann denn dein Opa dafür?«, fragte ich und brachte ihn damit unbeabsichtigt zum Lachen. Er klärte die Situation umgehend auf: »Opa ist der Spitzname für Pa Wayan, den ältesten Mitarbeiter hier im Resort. Und es gehört nun mal auch zu seinen Aufgaben, wöchentlich die Palmen zu erklimmen und abzuernten. Und ich bin dafür verantwortlich, dass Opa seinen Job macht, anstatt den ganzen Tag Touristinnen auf den Po zu glotzen.«

»Also arbeitest du auch hier?«, fragte ich verwundert nach. Bisher hatte ich nämlich nur einheimische Angestellte gesehen, die kein Wort Englisch verstanden oder sprachen. Und der junge Mann hier war hellhäutig und sprach fließendes Englisch, das eindeutig seine Muttersprache zu sein schien.

»Ich glaube schon«, sagte er, als hätten ihn meine Zweifel selbst zum Zweifeln gebracht. Um seine Aussage zu bekräftigen, fügte er hinzu: »Schließlich bekomme ich jeden Monat ein paar Rupien ausgezahlt, schlafe und esse umsonst. Das bedeutet, ich arbeite hier, oder? Auch wenn ich das mit den Kokosnüssen diese Woche echt vermasselt habe.« Jetzt musste ich lachen.

Nachdem alle Missverständnisse aufgeklärt, Arbeitsverhältnisse erläutert und Zehen verbunden waren, bot er mir an, mir zur Entschädigung ein Getränk zu bringen, ein Essen auszugeben oder mir einen anderen Wunsch zu erfüllen. Ich entschied mich spontan für den Wunsch.

»Spielst du Schach?«

In Filmen spricht man bei solch einer Begegnung zwischen Mann und Frau von einem »Magic Moment«, in seichter, aber dafür nicht weniger lebensnotwendiger Frauenliteratur von »Liebe auf den ersten Blick«. Mein Verstand, den ich seit Neuestem zu gebrauchen gedachte, nannte es »die Liebeskummerfalle« und ich schwor ihm und mir, während ich debil vor mich hinlächelte, diesmal nicht hineinzutappen. Allerdings sprach nicht wirklich etwas dagegen, diesen jungen Mann nur so zum Zeitvertreib und wegen des schlechten Wetters zu einer Partie Schach herauszufordern. Mein Verstand rief zwar irgendetwas, aber ich konnte ihn nicht hören. Das Meer war zu laut.

Er lächelte. Und ich, ich dumme Kokosnuss, ich war verliebt.

Unentschieden

Meine Mutter sagte immer, wenn man einen Menschen wirklich kennenlernen möchte, sollte man mit ihm in die Berge fahren. Bestimmt ist da was Wahres dran. Ich hatte allerdings die Erfahrung gemacht, dass man, wenn man einen Menschen wirklich kennenlernen wollte, gegen ihn Schach spielen musste. Das hat auch den Vorteil, dass man nicht ein Wochenende mit einem Mann, der sich womöglich als Vortrottel herausstellt, in den Bergen festsitzt.

Eine Partie Schach konnte in der Tat sehr viel über den Charakter eines Menschen aussagen. Da Männer, wie ich behaupten möchte, grundsätzlich eher ein Problem damit haben, bei Spielen oder Sportarten zu verlieren, im Besonderen, wie ich wiederum behaupten möchte, gegen Frauen, weil diese ja angeblich das schwächere Geschlecht sind, ist so eine gegengeschlechtliche Partie Schach unter dem Kennenlern-Aspekt äußerst aufschlussreich.

Schon die Eröffnung verrät sehr viel über seinen Charakter. Ist er eher offensiv oder defensiv? Entwickelt er seine Figuren und geht dabei auf Nummer sicher oder stürzt er sich tollkühn mit einem Springerangriff im Alleingang auf die andere Seite? Ist er ein Sicherheitstyp, rochiert er meist relativ früh und entwickelt seine Dame erst gegen Ende des Spiels. Ist er mutiger bis hin zu übermütig, riskiert er ein Bauernopfer, um einen Angriff einzuleiten oder einen Entwicklungsvorsprung zu erzielen.

Unabhängig von der strategischen Spielweise ist es äußerst interessant, das Spielverhalten des Gegenübers außerhalb des Spielbretts zu beobachten. Spricht er während der Partie? Und wenn ja, über was? Lobt er gute Züge seines Gegners oder gar seine eigenen? Flucht er, wenn er einen fatalen Fehler gemacht hat? Und sucht er anschließend nach lächerlichen Ausreden oder hat er die Größe, sich eine Unaufmerksamkeit einzugestehen? Schaut er seinem Gegenüber ab und an in die Augen? Googelt er Regeln wie das »en passant«, falls er sie nicht kennt? Sagt er höflichkeitshalber »gardez«, wenn er die gegnerische Dame bedroht? Wie lange nimmt er sich Bedenkzeit? Neigt er dazu, einen Zug zu machen und die Figur erst dann loszulassen, wenn er sich ganz sicher ist, dass sie richtig steht? Dann fällt er für mich in die Kategorie »ängstlich«, »verunsichert« oder »zögerlich«. Nimmt er sich ausreichend Bedenkzeit und zieht anschließend entschlossen seine Figur, ohne lange daran rumzufingern, fällt er in die Kategorie »konsequent«, »entschieden«, »selbstbewusst«. Scheint er dahingegen auf Bedenkzeit völlig zu verzichten, fällt er, falls er gewinnt, in die Kategorie »Profi« bis hin zu »Angeber«. Falls er verliert, in die Kategorie »Hitzkopf« bis hin zu »Depp«.

Neben all diesen Feinheiten ist es immer am interessantesten zu beobachten, wie Männer sich verhalten, die zu ihrer Überraschung gegen eine Frau verlieren. Meine Top drei auf dieser Liste sind bisher:

1. Ein Klassenkamerad, der mich erst in den Unterarm biss und dann das Schachbrett aus dem Fenster warf.

2. Ein Liebhaber, der sich entschied, die Nacht doch lieber allein anstatt nackt in meinen Armen zu verbringen.

3. Ein fester Freund, der mich anschließend darauf hinwies, dass ich fett geworden sei.

Ich selbst flippe nur aus, wenn ich – wie immer – gegen meinen Vater verliere, der dann großartig rumposaunt, dass ich endlich lernen müsse, die Einzüger zu erkennen. Dann würde ich ihm am liebsten auch den Arm abbeißen, das Schachbrett auf seinen Mercedes knallen und behaupten, dass ich von einem Obdachlosen schwanger wäre.

Aber meistens stehe ich dann einfach nur auf, mache eine Faust und bedanke mich für das »Lehrspiel«, wie mein Vater unsere Partien zu bezeichnen pflegt. Mit David, wie sich der junge Mann namentlich vorstellte, Schach zu spielen, warf mich allerdings etwas aus der Bahn. Sein eigenes Spielverhalten war nicht wirklich aufschlussreich. Er war weder zu defensiv noch zu aggressiv. Er stierte weder verbissen vor sich hin, noch spielte er den leichtfüßigen Schachspieler, der nebenher noch ein Sudoku lösen könnte. Er nahm sich durchschnittlich viel Bedenkzeit, die kontinuierlich in etwa der meinen entsprach. Seine Figuren zog er sicher, aber nicht zu energisch über das Spielfeld. Ab und an sah er mich an, lächelte oder zündete sich eine Zigarette an, die mehr nach Nelken als nach Tabak roch.

Ich konnte nicht wirklich in seine Seele schauen. Ich konnte ihm nicht mal in die Augen sehen, denn David schien den Spieß umzudrehen: Wenn es an mir war, einen Zug zu machen, spürte ich seinen Blick auf mir. Ich tat, als würde ich das nicht bemerken, und sah besonders konzentriert auf das Spielfeld, ohne einen klaren Gedanken fassen zu können. Ab und an kommentierte er einen unserer Züge, ohne den Klugscheißer oder den Ironiker zu geben. Ansonsten verlief unsere Partie weitestgehend schweigend. Ab und an stellte er mir eine Frage oder erkundigte sich, ob ich etwas essen oder trinken wollte. Ich antwortete knapp und versuchte, mich nicht aus dem Konzept bringen zu lassen und besonderes Augenmerk auf die Einzüger zu legen, zumal die Stimme meines Vaters nicht müde wurde, mich in meinem Kopf anzubrüllen.

Unsere erste Partie endete überraschenderweise in einem Unentschieden, obwohl er einen klaren Vorteil in Form eines Springers mehr hatte.

David reichte mir die Hand, bedankte sich für das interessante Spiel und fragte, ob ich Lust auf eine Revanche hätte. Ich wollte ihn nicht weiter von der Arbeit abhalten und damit das Leben anderer Touristen gefährden und vertröstete ihn daher auf eine Partie nach dem Abendessen. Vielleicht. Dieses »vielleicht« konnte ich mir nicht verkneifen. Ich fürchte, damit wollte ich mich interessant machen, redete mir aber ein, eventuell andere Pläne zu haben. Zum Beispiel, unbeschwert auf das Meer zu starren.

Zurück in meiner Hütte setzte ich mich samt Herz und Verstand auf den Balkon und genoss den Ausblick. Wie wir drei da so saßen, stellten wir fest, dass die Welt – abgesehen von der unkalkulierbaren, wenn auch geringen Gefahr durch Haiangriffe oder Kokosnüsse und der Belästigung durch das viel zu laute Meer – wirklich schwer in Ordnung ist. Nein, sogar ganz wunderschön. Und von Liebeskummer sollte ich mich von nun an einfach fernhalten, riet mir mein Verstand, der links neben mir im Schatten mit einem alkoholfreien Bier saß. Dann könnten wir uns zukünftig nämlich auch diese anstrengenden Reisen ersparen, schob er flüsternd hinterher, mit konspirativem Blick und sehr auffälliger Kopfbewegung in Richtung Herz, das vergnügt und inzwischen völlig genesen auf der Balkonbalustrade herumturnte.

Ich nickte zustimmend und versprach, mich fernzuhalten von Männern, die mein Herz stahlen, von Versprechen, die gebrochen wurden, und von Zukunftsfantasien, die sich als romantische Illusion einer Überdreißigjährigen entpuppten, die nicht erwachsen werden wollte und zu viele amerikanische Vampirgeschichten gelesen hatte. Ich versprach, mich von der Vorstellung zu verabschieden, dass es da draußen Edward, den Vampir, Jacob, den Werwolf, oder wenigstens einen Gale oder Peeta geben könnte, die im unwahrscheinlichen Fall von »Hungerspielen«, ohne zu zögern, ihr Leben für mich opfern würden. Denn Männer, die *keine* Verwendung für Worte wie »beziehungsunfähig«, »Polygamie« oder »Freiraum« hatten, gab es nur im Film. Männer, deren Wortschatz die Ausdrücke »bedingungslose Liebe«, »keine Angst vor Nähe« und »Verantwortung« umfasste, waren bereits im Paris der Zwanzigerjahre ausgestorben.

Ich beschloss, einfach hier sitzen zu bleiben, unter meinem Dach, wo weder Helm noch Socken erforderlich waren. Sicher ist sicher.

Schachmatt

Da saßen wir also, wir drei, in Sicherheit auf unserem Balkon, konfrontiert mit den Naturgewalten. Und während mein Verstand vom Bier müde geworden war und ein Nickerchen machte, lächelte mich mein Herz schelmisch an. Ich kannte diesen Blick. Er war eine Mischung aus Unternehmungslust und Unvernunft. Ich versuchte wirklich, es aufzuhalten, seufzte und sprang sofort hinterher, als es trunken vor Lebensmut durch die Bambushüttentür entkam. Doch das Herz war mal wieder schneller als ich und mein Verstand, der von all dem noch nicht mal etwas mitbekommen hatte. Und als ich es endlich zu fassen bekam, war es schon zu spät. Da saß es, versteckt hinter einem Regenschleier, auf seinem Schoß: mein Herz und David. Was für ein Paar. Und beide lächelten mich an. Wie hätte ich anders gekonnt, als zurückzulächeln?

So folgte noch am selben Abend die »vielleicht« versprochene Revanche. Ich gewann, überraschenderweise. Am nächsten Tag ging unser Schachwettbewerb über in ein gemeinsames Abendessen, gefolgt von weiteren Tagen, in denen das Schachspiel mehr und mehr zu einem schwarz-weiß karierten Alibi wurde, damit wir uns stundenlang gegenübersitzen, uns in die Augen sehen, ab und an versehentlich mit unseren Beinen unter dem Tisch aneinandergeraten oder beim Aufbau der Figuren unsere Finger einander berühren lassen konnten.

Am vierten Tag gingen wir zusammen schwimmen. David hatte gerade eine Art Floß aus Bambus fertiggestellt, das gute hundert Meter vom Ufer entfernt im Wasser verankert war. Dort angekommen, legten wir uns rücklings auf das von der Sonne aufgeheizte Holz.

Seite an Seite starrten wir in den inzwischen wolkenlosen Himmel und ließen unsere Haut von der Sonne trocknen. In diesem Moment war ich so was von unbeschwert, dass es leicht mit Glück zu verwechseln gewesen wäre. Möglicherweise war es sogar Glück.

Als seine Hand nach einer gefühlten Ewigkeit die meine berührte und er sachte anfing, meine Finger zu streicheln, konnte ich nicht anders, als diese Berührung zu erwidern. David drehte seinen Kopf zur Seite und sah mich lange an. Er sah mich einfach nur an. Und ich sah einfach nur zurück. Doch es war anders als mit dem Känguru, damals, im Regenwald. Während das Känguru sich fragte, wer um alles in der Welt ich sei und was ich von ihm wollte, und ich mich fragte, ob ich diesem Känguru vertrauen könnte, war der Blickkontakt mit David sonnenklar. Wir wussten beide, dass wir nicht wirklich wussten, wer der andere war. Doch wir wussten, dass wir uns vertrauten. Wir wussten, dass wir beide das Gleiche füreinander empfanden, und auch, dass das nicht gut war. Wir waren verliebt.

David drehte sich auf die Seite und beugte sich über mich. Ich streichelte über seinen Hinterkopf und ermutigte ihn, das zu tun, wonach ich mich seit dem ersten Moment sehnte: mich zu küssen. Und genau das tat er dann auch. Er gab mir einen vorsichtigen, zärtlichen Kuss. Seine Lippen schmeckten nach Salz und Freiheit. Dem ersten Kuss folgte ein zweiter und schon bald spielten unsere Zungen miteinander, konnten nicht genug voneinander bekommen. David küsste mein Gesicht, meinen Hals, meine Wangen. Seltsamerweise dachte ich in diesem Moment nicht viel. Die einzigen Worte, die in meinem Kopf kreisten, waren: »Gardé. Dame in Gefahr!« Und als ich erneut meine Augen öffnete und David über mir sah, wusste ich, was gerade passiert war. Ich war »schachmatt«.

Nachtfischen

Von da an verbrachte ich Tag für Tag und Nacht für Nacht mit David, einem 28-jährigen Südafrikaner, über den ich nicht mehr wusste, als dass er seit drei Jahren an diesem Ort lebte. Dass er seinen Lebensunterhalt im Resort mit dem Fischen verdiente. Dass er aber am liebsten Fleisch aß und nicht bei Facebook war. Dass er bis über beide Ohren in mich verliebt war und ich in ihn.

Aus ein paar Tagen auf dieser Insel wurden zehn. Ich stornierte meinen eigentlich geplanten Trip in den Dschungel von Sumatra. Denn Orang Utans könnte ich auch zurück in Deutschland im Berliner Zoo bewundern. Auch die Fahrt an den Toba See schien mir nicht mehr unbedingt notwendig. Ich hörte, dieser sei dem Gardasee sehr ähnlich, und den konnte ich noch nie leiden. Außerdem würden die Leute am Toba See Menschen fressen. Zumindest hätten sie das wohl früher getan, so vor grob tausend Jahren.

Obwohl Kannibalismus ein verdammt gutes Argument war, brauchte ich eigentlich keine Ausrede, um länger auf dieser Insel und damit bei David zu bleiben. Ich war glücklich, einfach nur glücklich.

Tagsüber fuhren wir mit Davids Motorrad über die Insel, fütterten Affen am Straßenrand und kletterten durch den Dschungel zu den Wasserfällen. Diese Wasserfälle, die größten auf der Insel, waren nichts weiter als ein kleiner Sturzbach, der allerdings in eine Art blaue Lagune mündete. Wir sprangen ins Wasser, umklammerten einander und küssten uns. Doch als ich vorsichtig an seine Hose griff, hielt er mich zurück.

»So leid es mir tut, aber das ist hier zu gefährlich.« David erklärte mir, dass wir in der Öffentlichkeit – und sei es an einem noch so versteckten Wasserfall – sehr vorsichtig sein müssten. Die Scharia würde in Fällen von »Erregung öffentlichen Ärgernisses« nicht scherzen. David trug mich aus dem Wasser und setzte mich auf dem einzigen sonnigen Fleckchen auf einem Felsen ab, dann verschwand er im Urwaldgestrüpp. Nach einigen Minuten kam er mit einem dünnen Zweig einer Kletterpflanze zurück, den er vorsichtig, aber sehr straff um mein Fußgelenk wickelte.

»In meiner Heimat gibt es einen Brauch«, sagte David. »Man wickelt ein solches Fußkettchen um den Knöchel der Frau, die man heiraten möchte.« David hielt einen Moment inne und sah mir in die Augen. »Allerdings muss man sie heiraten, noch bevor sich der Zweig vom Fuß gelöst hat«, fuhr er ganz selbstverständlich fort und zog die Fußfessel zu.

Ich wurde kreidebleich. Sollte das eben ein Antrag gewesen sein, kam er ziemlich überraschend. Noch dazu fand ich es ziemlich unfair, mir ein Stück Zweig um den Fuß zu wickeln, das ich vermutlich noch auf dem Weg zurück zum Motorrad wieder verlieren würde. Und falls das wirklich ein Antrag gewesen sein sollte, hatte ich irgendwie die Stelle verpasst, an der ich Ja oder Nein hätte sagen müssen. Außerdem, was sollte der ganze Unsinn? Ja, wir waren verliebt. Aber ich war über neuntausend Kilometer von zu Hause entfernt, wir kannten uns gerade mal seit ein paar Tagen und kämpften zudem immer noch damit, uns den Vornamen des anderen zu merken. Manchmal nannte ich ihn »Daniel« und er mich »Christina«.

Auch wenn ich von beziehungsunfähigen Männern, die sich nicht entscheiden konnten und keine Verantwortung übernehmen wollten, die Schnauze gestrichen voll hatte, war mir das hier doch eine Nummer zu groß. Das hier war ein Urlaubsflirt, nicht mehr und nicht weniger. Heiraten? Also wirklich!

Ich stellte ein paar Verlegenheitsfragen über südafrikanische Bräuche und drängte anschließend zum Aufbruch. Heute Nacht, so nahm ich es mir vor, würde ich allein schlafen, um aus diesem Traum wieder aufzuwachen. Das war nicht nur vernünftig, sondern auch längst überfällig. Schließlich hatte ich mir vorgenommen, die Liebeskummerfalle nicht nur zu erkennen, sondern auch zu umgehen. Wenigstens dieses eine Mal.

Doch aus der Nacht allein wurde nichts. David und ich trieben stattdessen auf offenem Ozean in seinem roten Holzboot, das ich bereits am ersten Tag von meinem Balkon aus beobachtet hatte. Wir fuhren raus zum Nachtfischen. Getrieben von der Strömung, mit Herz und ohne Verstand. Der kann nämlich nicht schwimmen.

Als David auf offenem Meer anhielt und den Anker warf, zog ich mich unbemerkt splitternackt aus und wickelte mich in die Decke, die er eingepackt hatte, um mich gegen die Kälte der Nacht zu schützen. Es war nicht kalt.

Ungesehen von den anderen Nachtfischern, öffnete ich, als David sich schließlich zu mir umdrehte, die Decke und ließ meinen nackten Körper vom Vollmond bescheinen. Meine weißen Körperstellen strahlten David entgegen.

»Oh mein Gott«, war alles, was ihm dazu einfiel. Und das hielt ich für ein gutes Zeichen. Ich streckte ihm meine Arme entgegen. Er beugte sich über mich und küsste mich. Dann nahm er behutsam die Enden der Decke und wickelte mich wieder ein. Verblüfft über diese Aktion, sah ich ihn fragend an.

»Lass mich raten? Es gibt eine Scharia-Wasserpolizei?«

David lachte und verneinte

»Ich würde jetzt nichts lieber tun, als sofort hier mit dir zu schlafen. Aber ich habe versprochen, heute Nacht mindestens 22 Fische zu fangen. Für jeden Mitarbeiter im Resort einen. Und glaub mir, sobald das geschafft ist, werde ich diese Decke über Bord schmeißen und mit dir schlafen, bis die Sonne aufgeht.«

Meine erste Reaktion war, eingeschnappt meinen Kopf abzuwenden, dann musste ich jedoch lachen und bewunderte seine Prioritätensetzung. Klar, wir waren Nachtfischen, nicht Nacktficken.

Und ich habe noch nie einen Mann so schnell 22 Fische fangen sehen wie in dieser Nacht.

Abschied ist ein Arschloch

Unsere letzte gemeinsame Nacht war alles – außer unbeschwert. Die Tatsache, dass ich am nächsten Morgen die Insel verlassen musste, um nur wenige Tage später von Singapur aus wieder nach Hause zu fliegen, fühlte sich unerträglich gemein an. Ich spielte mit dem Gedanken, dem »Ernst des Lebens« einfach einen Arschtritt zu verpassen. Ich könnte meinen Flug verfallen lassen. Ich könnte so tun, als würde es den Ernst des Lebens gar nicht geben, und für den Rest meiner Tage mit David *Die blaue Lagune* nachspielen. Mit dem klaren Vorteil, dass wir nicht verwandt waren und ich wusste, was eine Periode war.

Während wir auf seiner achtzig Zentimeter breiten Matratze lagen und dem ohrenbetäubenden Meeresrauschen nicht wirklich lauschten, schwante mir, dass mein Verstand längst am Packen war. Ihm war völlig klar, dass es sich hier um einen klassischen Urlaubsflirt handelte. Zugegeben, um einen äußerst romantisch-klassischen Urlaubsflirt, der aber nichtsdestotrotz vermutlich schon nach wenigen Tagen zurück in der Heimat vergessen sein würde. Schließlich war das die Natur eines klassischen Urlaubsflirts. Vermutlich würde noch die eine oder andere E-Mail folgen, vielleicht in diesem Fall auch mal ein in Regen getränkter Brief.

Ja, David tat mir gut. So wie jeder Mann einer Frau guttat, der sie nach einer enttäuschten Liebe begehrte und auf Händen trug. Aber wir hatten keine Zukunft. Ausgeschlossen, dass ich auf dieser Vulkaninsel in der Andamanensee mit gerade mal 37.000 Einwohnern leben könnte. Ich lebte seit sieben Jahren in Berlin, du Muschi! Ich war eine von über dreieinhalb Millionen Einwohnern der deutschen Hauptstadt. Ich war ein Großstadtmensch, der abends mit Freunden oder allein in Bars herumlungerte und sonntags auf den Flohmarkt ging.

Hier auf dieser Insel gab es nicht eine einzige Bar. Gut, es gab ein paar heruntergekommene Orte, an denen man Kaffee bestellen konnte, aber Frauen hatte ich dort nie gesehen. Es gab nichts außer dem Meer, dem Sand, den Palmen, den Affen und David. Warum mich ausgerechnet das so glücklich machte, konnte ich mir selbst nicht erklären. Vermutlich fand ich, der Großstadtmensch, das alles faszinierend, weil es so exotisch war. Ich Klischee.

David strich mir eine Haarsträhne aus dem Gesicht und sah mich an. Mit seinen Knopfaugen, die tagsüber blau wie das Meer und abends grün wie Palmenblätter waren. Er war das reinste Chamäleon. Ich berührte vorsichtig sein Tattoo am Oberarm. Es war ein Text, verfasst in Großbuchstaben und ohne Leerzeichen. Obwohl ich aus Prinzip keine Tattoos mag, fand ich es wirklich schön. Auch wenn ich es nicht lesen konnte.

»Was steht auf deinem Oberarm?«, fragte ich David, wobei ich versuchte, das Meeresrauschen zu übertönen.

»Das ist ein Versteil aus der Bibel, den ich mag«, erklärte David. »1. Korinther 13,4–7.«

Da ich alles andere als bibelfest war, bat ich ihn, mir vorzulesen. Ohne hinzusehen, legte David los:

»Die Liebe ist langmütig und freundlich, die Liebe eifert nicht, die Liebe treibt nicht Mutwillen, sie bläht sich nicht auf, sie verhält sich nicht ungehörig, sie sucht nicht das Ihre, sie lässt sich nicht erbittern, sie rechnet das Böse nicht zu, sie freut sich nicht über die Ungerechtigkeit, sie freut sich aber an der Wahrheit; sie erträgt alles, sie glaubt alles, sie hofft alles, sie duldet alles.«

Er sah ernst aus, als er mir das alles sagte, was mich ziemlich verlegen machte. Es machte mich immer verlegen, wenn jemand in einem Moment der Nähe ernst wurde. Und grundsätzlich hasste ich es, wenn mich jemand fragte, was ich gerade dachte. Denn falls ich meine Gedanken mitteilen wollte, würde ich sprechen. Doch in diesem Moment wollte ich nichts lieber wissen, als was gerade in Davids Kopf vorging. Er musste das gespürt haben, denn er räusperte sich erneut und sagte etwas, womit ich nie im Leben gerechnet hätte.

Er sagte: »Ich liebe dich.«

Zu meiner allergrößten Verwunderung erwiderte ich: »Ich liebe dich auch.« Und das tat gar nicht weh. Es war auch nicht schwer. Es ging mir von den Lippen, als hätte ich gesagt: »Ich habe Hunger.«

Vielleicht gingen mir diese vier Worte so leicht von den Lippen, weil es auf Englisch passierte. Vielleicht auch, weil es keinen besseren Ort und Zeitpunkt gab, so etwas zu sagen. Kurz vor dem Abschied, auf einer »einsamen« Insel. Es war unverfänglich. Und trotzdem echt. Ich liebte ihn. Ich liebte ihn dafür, dass er die letzten Tage zu den schönsten seit langer Zeit gemacht hatte. Dafür, dass er mir das Gefühl gab, etwas ganz Besonderes zu sein. Dafür, dass er mich beim Schach gewinnen ließ, ohne, wie er zumindest dachte, es mich merken zu lassen. Dafür, dass ich mich mit ihm sicher, geborgen, ernst genommen und bedingungslos geliebt fühlte, so wie ich es damals bei dem ungleichen Paar in Melbourne zu beobachten geglaubt hatte. Dafür, dass er hier lag und »Ich liebe dich« sagte. Einfach so. Einfach, weil er es fühlte. Ich liebte ihn dafür, dass er keine Angst hatte, das zu sagen.

Allerdings hatte ich keine Ahnung, wie viel von dieser heute Nacht ausgesprochenen Liebe noch übrig sein konnte, sobald ich neuntausend Kilometer von ihm entfernt sein würde. Was mein Verstand dazu sagen würde, war mir völlig klar: »Pustekuchen.« Das sagte er immer gern.

Nachdem wir ein letztes Mal miteinander geschlafen hatten, ließ ich alle meine Vorsätze fallen und zündete mir eine dieser Zigaretten an, die so lecker nach Nelken rochen und, wie ich feststellte, auch schmeckten. Gott, tat das gut. Dann fuhr ich mit meinen Fingern seine Gesichtszüge entlang, in der Hoffnung, diese länger als gewöhnlich in Erinnerung behalten zu können.

Weil ich die Stille, die über unserem Abschied lag, nicht länger ertrug, fing ich an zu reden. Ich fragte ihn, ob er schon mal in Deutschland gewesen wäre. David verneinte. Er hätte fast überall auf der Welt gelebt, aber in Europa nur ein Jahr, in England. Allerdings wollte er alle diese Länder noch besuchen, denn seine einzige große Leidenschaft wäre das Reisen. Volltreffer, dachte ich und grinste.

Als David da so lag und rauchte, fiel mir auf, dass ich unsere gemeinsame Zeit nicht wirklich genutzt hatte, um mehr über ihn zu erfahren. Ich wusste rein gar nichts über diesen Mann, zu dem ich vor wenigen Minuten noch »Ich liebe dich« gesagt hatte. Möglicherweise war es deshalb so einfach. Möglicherweise konnte ich mich immer nur in Männer verlieben, die ich gar nicht kannte. So wie damals mit dem barfüßigen Musiker.

Vielleicht spielte seine Vergangenheit aber auch einfach keine Rolle. Ich forderte David auf, mir mehr über sich und sein Leben zu erzählen, im kläglichen Versuch, meine verpassten Möglichkeiten nachzuholen.

»Was willst du wissen?«, fragte David und lachte, als ich »Alles!« sagte. Er meinte, dafür würde uns die Zeit fehlen. Ich gab nicht nach und bat wenigstens um eine kurze Zusammenfassung. Als er schließlich zu erzählen begann, verstand ich, warum unsere Zeit zu knapp war.

David war in Südafrika geboren worden. Er war Einzelkind. Seine Eltern ließen sich scheiden, als David fünf war. Da seiner Mutter die finanziellen Mittel fehlten, wuchs er bei seinem Vater auf, der beruflich viel unterwegs war. David musste mindestens einmal pro Jahr umziehen und besuchte insgesamt elf Schulen auf vier Kontinenten. Die Schule interessierte ihn jedoch nicht mehr, nachdem er Schreiben und Lesen gelernt hatte, das reichte ihm aus. Alles andere lernte er aus Büchern oder von seinem Vater. Im Alter von 18 Jahren begann er, in Südafrika als »Game Ranger« zu arbeiten. Er fuhr sieben Jahre lang Touristen durch den afrikanischen Busch und zeigte ihnen die »big five«: Elefanten, Nashörner, Büffel, Löwen, Leoparden und was ihnen unterwegs sonst noch so über den Weg lief. Giraffen, Zebras, Erdmännchen, Schlangen und Spinnen standen auf der Tagesordnung. Während dieser Zeit lernte er seine Freundin kennen, eine Frau, die zehn Jahre älter war als er und mit ihm im »Busch« arbeitete. Als das Verantwortungsgefühl nach sieben Jahren Beziehung größer wurde als die Liebe, die schließlich beidseitig ganz unbemerkt verschwand, trennten sie sich voneinander und David versumpfte im Drogenmoloch Südafrikas.

Er nahm alles außer Heroin. Meistens war er bekifft oder betrunken.

Bis er eines Tages einen schweren Verkehrsunfall hatte, bei dem er sein Motorrad völlig bekifft gegen den einzigen Baum auf weitem Feld setzte. Er wurde schwer verletzt und begriff das als Zeichen, sein Leben zu ändern. David flog nach Indonesien, eigentlich nur, um etwas Abstand von seiner Vergangenheit zu gewinnen und um seine Wunden zu lecken, was mir bekannt vorkam. Als er schließlich auf dieser Insel hier ankam, gönnte er sich, den Boden unter den Füßen gerade zurückgewonnen, einen einzigen Joint am Strand, in einer Hängematte. Er war unvorsichtig, dumm und wurde im Gegensatz zu allen anderen Touristen auch noch erwischt. Die Scharia machte keine Ausnahmen und verpfiff ihn bei der Polizei, die sich im Gegensatz zu ihren Kollegen auch nicht-muslimischer Straftäter annehmen konnte. David wurde verhaftet.

Nach drei Monaten in Untersuchungshaft und zig Verhandlungen bis hin zum obersten Gerichtshof in Jakarta kam er für neun Monate ins indonesische Gefängnis und anschließend vier Monate in die Psychiatrie, zur Rehabilitation.

15 Monate unter Einheimischen eingesperrt, lernte er die Sprache und schloss Land und Leute, seltsamerweise, in sein Herz. Ohne das Gefängnis, so sagte er, wäre er niemals aufgewacht. Das Tattoo ließ er sich an dem Tag stechen, an dem er entlassen wurde.

Seit seiner Entlassung vor circa eineinhalb Jahren lebte und arbeitete David nun in diesem Resort. Er bekam etwas Taschengeld, verdiente aber offiziell kein Geld, da er immer noch auf Bewährung war. Seinen Pass würde er frühestens in einem Jahr zurückbekommen. Dann könnte er entscheiden, ob er dieses Land wieder verlassen wollte oder nicht. Er fühlte sich wohl hier, aber sein Herz, das war immer noch in Afrika, im Busch. Zumindest war es das, bis er – so schloss David seine Erzählung – mich kennengelernt hatte.

»Warum hast du mir das nicht früher schon erzählt?«, fragte ich schockiert über die »Kurzzusammenfassung« einer solchen Lebensgeschichte. Er sah mich an, lächelte und sagte: »Du hast nicht gefragt.«

Da hatte er allerdings recht. Ich wusste nicht, ob ich geschockt oder fasziniert war. Dieser Mann hatte wirklich einiges erlebt und nicht alles davon war ruhmreich. Aber mit einer ruhmreichen Vergangenheit konnte ich mich auch nicht gerade schmücken. Ich war zwar nicht im Gefängnis gewesen, aber nicht jede Dummheit wurde bestraft. Im Gegensatz zu mir hatte David offensichtlich aus seinen Fehlern gelernt. Er litt eindeutig nicht am Angularis-Syndrom.

Ich umarmte ihn und bedankte mich für seine Aufrichtigkeit. Er lachte und fragte, warum er nicht aufrichtig sein sollte. Es gab keinen Grund, mich anzulügen. Seine Vergangenheit hätte ihn zu der Person gemacht, die er heute war. Bei mir wäre das bestimmt auch nicht anders, sagte er und hatte schon wieder recht. Wir waren alle ein Produkt unserer Vergangenheit.

David und ich redeten noch die ganze Nacht hindurch. Schließlich auch über die große Frage, die schon seit Tagen über uns schwebte. Die Frage, ob es für uns irgendeine gemeinsame Zukunft geben könnte. Nun wussten wir immerhin *beide,* dass es für ihn nicht möglich sein würde, nach Deutschland zu kommen. Selbst wenn er seinen Pass in einem Jahr zurück hätte, müsste er eine Menge Fische fangen, bis er sich das Ticket leisten konnte. Und David war sich sicher, dass eine Frau wie ich niemals auf einer Insel wie dieser leben könnte, umgeben von verschleierten Frauen, die – wie er sagte – hier weniger wert wären als »Kuhscheiße«. Obwohl wir all das wussten, träumten wir noch stundenlang weiter von einem gemeinsamen Leben. Hier auf der Insel, im südafrikanischen Busch oder in Berlin. Allerdings wäre es dann für ihn wirklich an der Zeit für einen Pullover.

Der nächste Tag war mehr als schwierig. David begleite mich auf der Fähre bis nach Banda Aceh und ließ es sich nicht nehmen, auch noch mit bis zum Flughafen zu kommen.

»Ich hasse Abschiede«, versuchte ich zu protestieren.

»Das ist mir egal. Ich will jeden Moment, den ich mit dir haben kann, auskosten.«

Am Sicherheitsbereich angekommen, umarmten und küssten wir uns ein offensichtlich letztes Mal. Ohne Zunge, versteht sich. Ich murmelte, dass ich versuchen würde, ihn irgendwann, vielleicht um Weihnachten herum, wieder besuchen zu kommen, und glaubte mir selbst kein Wort. Und weil ich Abschiede so sehr hasste, da sie mich so verlegen machten, heulte ich mehr aus Unbeholfenheit und Wut als aus Trauer. Ich winkte ihm ein letztes Mal zu, bevor ich nach dem Check-in um die Ecke verschwand, und war mir sicher, David, den Fischer aus Südafrika, nie wiederzusehen.

TEIL II

»Jauh di mata, dekat di hati.«

—

»Dem Auge fern, dem Herzen nah.«

Auf Sumatra gibt's keinen Döner

Kaum in Berlin gelandet, wurde ich sofort mit der Grausamkeit einer deutschen Großstadt konfrontiert. Nieselregen am Taxistand, Menschen, die in unsichtbare Handys sprachen, die in aller Öffentlichkeit ihren Frust, ihren Seelenmüll und ihre Belanglosigkeit hinausposaunten, aber nicht dem alten Mann beim Einsteigen behilflich waren, geschweige denn der überforderten Mutter mit zwei schreienden Kindern den Vortritt ließen.

Da stand ich also in Berlin-Tegel und konnte mich nicht entscheiden, ob ich nun ein Taxi mit dem Fahrtziel »Ernst des Lebens« nehmen oder doch besser umkehren wollte. Wieder zurück zum Check-in. Richtung Paradies.

Irgendetwas zerrte mich ins Taxi, setzte sich neben mich und nannte meine Adresse. Es war mein Verstand, der sich während des Fluges geweigert hatte, neben mir zu sitzen. Nun zeigte er sich doch erfreut, mich zu sehen, und befand meine Entscheidung, dieses lästige, sich ständig gegen ihn behauptende Herz bei diesem Fischer zurückgelassen zu haben, für richtig. So hatten wir beide jetzt endlich mehr Zeit füreinander. Und auf dieser »sandigen Insel« hätten wir seiner Ansicht nach eh nicht überleben können.

»Sumatra. Dass ich nicht lache!«, rief er und hielt sich dabei seinen vom alkoholfreien Bier dick gewordenen Bauch. Eine Insel ohne Spätkauf, ohne Kino, ohne Bars, Cafés, Clubs oder eine einzige Ampel, dafür mit verschleierten Frauen und islamischem Rechtssystem wäre nicht der richtige Ort für mich und schon gar nicht für meinen Verstand. Doch mein Herz schien sich wohlzufühlen, wie es mir auf einer lustigen Postkarte versicherte, die ich zu Hause aus dem Briefkasten fischte.

Bei genauerer Betrachtung war es dann doch nur ein Urlaubsgruß meiner Eltern. Sie waren, wie alle zwei Monate, gerade in ihrem Ferienhaus. Das Wetter wäre hervorragend, aber sie freuten sich auch schon wieder auf zu Hause, wo es doch am schönsten wäre. Ich stellte mir die beiden vor, wie sie mir diese Postkarte schrieben, wie sie bei einem großen Eisbecher an einem wunderschönen See saßen und sich ins Fäustchen lachten. »Komm, schreib was über das Wetter!«, würde meine Mutter vorschlagen. »Oh ja!«, würde mein Vater sagen. »Und dann schreiben wir noch, dass es zu Hause am schönsten ist!« Sie hatten bestimmt tierische Freude daran, ausgerechnet die Sätze zu schreiben, die mich immer in den Wahnsinn trieben. Ach, irgendwie vermisste ich sie aber doch ein bisschen, also nahm ich mir vor, die beiden bald zu besuchen. Dort, wo es am schönsten und das Wetter scheißegal war: zu Hause.

Die Wiedersehensfreude meiner Freundinnen war groß. Wir verbrachten den ganzen Sonntag zusammen, gingen ausgiebig frühstücken und schlenderten anschließend über den Flohmarkt, wie wir es sonntags immer zu tun pflegen. Am Abend gingen wir zu unserem Lieblingsitaliener in der Oderbergerstraße und tranken literweise Hauswein rot. Ich erzählte ihnen von meinen bescheidenen Abenteuern, von meinem geheilten und schon wieder vergebenen Herz.

Die überwiegende Reaktion war genervtes Augenrollen oder ein Schlag an die eigene Stirn, gern auch mal an meine. Sie freuten sich, dass ich wieder ganz die Alte war, redeten mir aber gut zu, mich jetzt bloß nicht wieder in irgendeine romantische Idee hineinzusteigern. Denn wir wüssten ja alle, wo das hinführte: weit weg.

Bestimmt wäre David ein ganz toller Mann, exotisch, romantisch, abenteuerlustig, leidenschaftlich. Und natürlich diese tollen blauen Augen, die abends grün wurden, nicht zu vergessen! Aber an schönen Augen würde man sich sattsehen, an Fisch überfressen und an einem Ort wie jenem vermutlich nach vier Wochen an Langeweile sterben.

»Auf Sumatra gibt es nicht mal Döner!«, schloss Tina ihre lange Rede über die Aussichtslosigkeit einer solchen Liaison. Ich verstand das Argument nicht ganz, noch dazu, wo Tina Vegetarierin und auch ich kein großer Dönerfreund war. Doch was sie mir mit diesem rabiaten Beispiel sagen wollte, erklärte Tina, war, dass alles, was ich kannte und an was ich gewohnt war, was hier in unseren Breitengraden selbstverständlich und im Überfluss vorhanden war, dort fehlen würde. Und von Luft und Liebe könnte schließlich niemand leben. Ach, mein Vater wäre in diesem Moment sehr stolz auf meine Freundinnen gewesen, die alles, was er vertrat, in eine Sprache übersetzen konnten, die ich verstand: »Döner« statt »Ernst des Lebens«.

Wir stießen noch einmal auf meine Rückkehr an und beschlossen, tanzen zu gehen. Der Ernst des Lebens musste wohl noch ein wenig warten.

Als ich morgens um vier betrunken in meine Wohnung torkelte, war es, als wäre ich nie weg gewesen. Meine Wohnung roch nach meiner Wohnung, nach Feuerholz und nach mir. Ich war nicht müde. Vielleicht lag es am Jetlag, vielleicht am Gin Tonic. Ich war immer noch aufgedreht und ich vermisste David. Das lag bestimmt auch am Alkohol, der mich für gewöhnlich noch emotionaler werden ließ, als ich es ohnehin schon war. Fatal emotional.

In meinem Schlafzimmer entdeckte ich sofort den vor knapp drei Monaten zurückgelassenen Schal des Musikers, den ich kurzerhand und weil ich gerade so in Stimmung war, im Mülleimer verschwinden ließ. Statt schlafen zu gehen, begann ich, meinen Rucksack auszupacken. Auspacken hieß sortieren in hell und dunkel. Der ganze Berg Klamotten musste dringend in die Waschmaschine. Als ich damit fast fertig war, zog ich ein T-Shirt aus dem Haufen, das mir bekannt vorkam, aber nicht meines war. Es war von David. Er hatte es an dem Tag getragen, an dem mich die Kokosnuss fast erschlagen hätte. An dem Tag, als wir uns kennengelernt hatten. An dem Tag, an dem ich mich verliebt hatte. Ich schloss meine Augen und roch daran. Da war es wieder: das Meer, eine Prise Salz, eine zarte Note Fisch, ein Hauch Benzin und eine Spur DKNY. David.

Im Gegensatz zu meiner Unfähigkeit, mich an Gesichter zu erinnern, funktionierte der Teil meines Gehirns, der für die Speicherung von Gerüchen zuständig war, hervorragend. So hervorragend, dass ich doch noch ein paar Tränchen verdrückte, bevor ich mit Davids T-Shirt in den Armen einschlief.

Am nächsten Morgen erwartete mich die nächste Überraschung auf Facebook. David hatte sich einen Account eingerichtet und mir eine Nachricht geschrieben: »Du bist der einzige Mensch, der mich dazu bringen konnte, dieser ›Sekte‹ beizutreten«, schrieb er. Und auch, dass er sich sehr freuen würde, wenn ich sein erster Freund werden könnte. Als PS fügte er hinzu: »Hast du es gefunden? PPS: Ich liebe dich.«

Himmel, was war ich verliebt.

Skype sei Dank

Von diesem Tag an schrieben David und ich uns täglich. Mehrmals. David ging nach wie vor seiner Arbeit im Resort und als Fischer nach, mich dagegen hatte das Arschloch »Ernst des Lebens« wieder zurück. Und ich damit auch meinen Chef. Zur Begrüßung meinte er, ich hätte mir ganz schön ordentlich das Dekolleté verbrannt und ob ich Zigaretten hätte. Er hoffte, dass ich meine Reise genutzt hätte, um mich zu erholen, und dass er sich von nun an wieder auf meine Akkuratesse verlassen könnte. Heißt, ihn jeden Morgen daran zu erinnern, welcher Wochentag war, ob er demnach ins Büro kommen müsste und wo das gleich noch wäre. Ja, wenn man so viel im Kopf hatte, dann konnte man sich ja nicht alles merken.

Die Alltagsroutine brach somit schneller über mich herein als ein Regenschauer auf Sumatra und eh ich mich versah, war ich wieder gefangen in meinem alten Trott aus Outlook-Terminen und Freizeitstress. Mit dem Unterschied, dass die Zeit dazwischen, die ich mit David im Chat oder auf Skype verbrachte, zu den Höhepunkten meines Alltags wurde.

Wir standen in ständigem Kontakt und begannen schon bald, jeden Tag morgens und abends zu skypen. Aufgrund der Zeitverschiebung von sechs Stunden mussten wir kreative Wege der medialen Kommunikation finden.

Meistens weckte mich David und wir sprachen eine Stunde, bevor ich ins Büro fuhr. Dabei trank ich meinen Morgenkaffee und löffelte einen Joghurt, während David Nasi Goreng oder frisch gefangenen Fisch zu Mittag aß. David legte sich oft nachmittags schlafen, damit er abends noch Zeit mit mir verbringen konnte, sobald ich aus dem Büro kam. Dann tranken wir ein Glas Wein zusammen, spielten online Schach oder sahen gemeinsam einen Film, also: den gleichen Film zur gleichen Zeit, wobei wir uns über Skype unterhielten. Unser absoluter Favorit war *Inglorious Basterds*. Wir konnten einfach nicht genug davon bekommen, wie Brad Pitt seine »Naziskalp«-Rede hielt, lachten uns kaputt, wenn er »sound good!« sagte, und sahen uns die Szene wieder und wieder an.

Ab und an zogen wir uns auch ein bisschen aus und spielten aneinander rum. Aber Skype-Sex kann eine ziemlich deprimierende Sache sein, vor allem da man sich hinterher nicht in den Armen liegen konnte. Dann sahen wir uns traurig an und versuchten uns an den Geruch des anderen zu erinnern. Ich hatte den klaren Vorteil in Form eines T-Shirts. David war nur noch eine kleine olfaktorische Spur von meinem Haar auf seinem Kopfkissen geblieben, die schon bald von Insektenspray übertüncht sein würde.

Ich war glücklich, David von nun an doch irgendwie in meinem Leben zu haben, und strahlte jeden Tag, wenn mich der Skype-Klingelton weckte oder ich eine Nachricht von ihm auf Facebook vorfand, gerade während der Arbeitszeit. Dann konnten mich Sätze meines Chefs – wie »Kannst du mir mal meine eigene Handynummer sagen?« oder »Du musst mich daran erinnern, mehr Wasser zu trinken« oder mein Favorit: »Du musst mich erinnern, dass du mich erinnern musst« – auch fast gar nicht mehr in den Wahnsinn treiben. Aber nur fast.

David und ich verbrachten auf medialer Ebene mehr Zeit miteinander, als ich jemals mit einem Partner im echten Leben verbracht hatte. Wir lernten uns jeden Tag ein bisschen besser kennen und holten all die Fragen nach, die wir uns nicht gestellt hatten.

Ich ging mit David schlafen und stand mit ihm auf. Zumindest empfand ich das so.

»Du gehst mit einem Computer und einem T-Shirt schlafen!«, schimpfte Tina, die anfing, sich große Sorgen um mich zu machen. »Du lebst in einer virtuellen Welt mit einem virtuellen Märchenprinzen. Und das nun schon seit vier Wochen!« Tina war ganz schön sauer. Das merkte ich immer daran, dass sich ihre Nasenflügel so aufblähten wie die Nüstern eines Pferdes. Ich musste zugeben, sie sah süß dabei aus und sie hatte nicht ganz unrecht.

Seit meiner Rückkehr drehte sich alles nur noch um meinen Computer. Das ging so weit, dass ich Verabredungen nicht einhalten konnte oder gar nicht erst ausmachte, da sie in meine Skype-Zeit fielen. Tina fand das »pervers«, also bat ich sie um eine Definition von »pervers«.

»Widernatürlich. Die Grenze des Erlaubten überschreitend, absurd und höchst merkwürdig«, legte Tina los. »Absurd« sah ich aus ihrer Perspektive irgendwie ein. Aber »die Grenze des Erlaubten überschreitend«? Welches Gesetz könnte so etwas verbieten? Das Tina-Gesetz? Tina bezeichnete meine Einwände als argumentativ schwach.

»Liebe bedarf keiner Argumente.«

»Siehst du«, sagte Tina. »Argumentativ schwach!« Dann leerte sie ihr Glas Rotwein in einem Zug.

»Christiane, jetzt mal im Ernst. So kann das nicht weitergehen. Du musst das beenden und wieder anfangen zu leben. In der echten Welt. Du läufst doch schon wieder nur davon. Hör endlich auf, halbe Sachen zu machen.«

Ich hasste es, aber Tina hatte schon wieder recht. Vor allem mit dem »weglaufen« und den »halben Sachen«. So konnte es nicht weitergehen. Ich musste mich entscheiden, die Wahl treffen zwischen ganz oder gar nicht. Leider war ich eine absolute Niete in puncto »Entscheidungen treffen«. Der Fifty-Fifty-Joker blinkte vor meinen Augen und ich wünschte, ich hätte auch noch einen Telefonjoker übrig. Nur wen ich dann anrufen würde, wusste ich beim besten Willen nicht.

Keine halben Sachen

»Ich kann diese Entscheidung nicht für dich treffen«, sagte David und sah mich mit seinen heute blau-grün schimmernden Augen auf dem Bildschirm an. »Egal, wo du auf der Welt bist, ich werde dich immer lieben. Und falls ich dieses Land jemals verlassen kann, werde ich dich suchen und finden. Selbst wenn ich mit meinem Boot nach Deutschland fahren muss.«

Ich wünschte, David hätte die Schule doch etwas länger besucht und in Geografie ein bisschen besser aufgepasst. Ich konnte mir beim besten Willen nicht vorstellen, dass es einen Seeweg zwischen Sumatra und Deutschland gab. Schon gar nicht für ein Fischerboot ohne Dach, das mehr einer Nussschale als allem anderen glich.

Mein Schweigen ermunterte ihn weiterzureden: »Ich kann nicht verlangen, dass du zu mir auf diese Insel ziehst. Du hast einen super Job, einen großen und sehr engen Freundeskreis, deine Familie lebt in Deutschland. Du lebst in Deutschland. Das ist dein Zuhause. Falls du hierherkommst, hätte ich die ewige Angst, dass du unglücklich wirst. Und auch wenn ich mir nichts sehnlicher wünsche, als mit dir zu leben, dich zu heiraten und unsere Kinder großzuziehen, könnte ich es nicht ertragen, dich unglücklich zu sehen.«

David hatte in vielen Punkten recht. Ich hatte einen Job, den sich vermutlich viele andere wünschen würden. Ich hatte ein schönes großes Büro in Berlin-Mitte mit einem Kaffeevollautomaten und einer Sonnenterrasse, wenn auch mit einem Chef, den ich an seinen eigenen Namen erinnern musste, der aber dennoch ein herzensguter Kerl war. Meine Familie lebte allerdings nur zu einem Teil in Deutschland. Meine Schwester war bereits seit fast zwei

Jahren im Ausland. Sie lebte ihr eigenes Leben und hielt nur spärlich Kontakt. Meine Eltern waren sechshundert Kilometer von mir entfernt. Wir sahen uns, wenn es hochkam, dreimal im Jahr. Den Rest der Zeit telefonierten wir. Meine Freunde waren seit Jahren wie eine Familie für mich geworden. Sie waren immer für mich da, Tag und Nacht, in guten wie in schlechten Zeiten. Leider überwogen die schlechten Zeiten, denn ich war nicht gerade das, was ich glücklich nennen würde.

Mein Brotberuf ernährte, erfüllte mich aber nicht. Ich hasste die Telefonkonferenzen, kurz: Telkos, in denen stundenlang am Thema vorbeigeredet wurde und meist nur eine Person von insgesamt mindestens vier zu Wort kam. Ich wurde einigermaßen gut bezahlt, konnte aber keine Reichtümer anhäufen. Selbst wenn, hätte ich nicht gewusst, wofür. Sobald ich etwas Geld zur Seite gelegt hatte, investierte ich das in eine Reise, die mir wieder so viel Energie zurückgab, dass ich die Telefonkonferenzen bis zur nächsten Reise durchhalten konnte. Das Reisen machte mich glücklich. Das Reisen und das Schreiben, was ich in meiner freien Zeit tat. Ich schrieb meine Bücher, die mich mehr erfüllten als alles andere, aber als einziges Einkommen nicht ausreichten. Zumindest nicht, solange sie keine Bestseller wurden, die anschließend von Detlev Buck als karikierende Bilderflut in 3D verfilmt wurden, und schon gar nicht bei meinem bisherigen Lebensstil.

Ich ging fast jeden Abend aus. Mit Freunden zum Essen, ins Kino, auf Konzerte oder Lesungen. Am Wochenende gingen wir feiern. Wir tranken zu viel, tanzten zu wild, schliefen zu wenig und versuchten uns sonntags wieder so weit zu erholen, dass wir die nächste Arbeitswoche einigermaßen überstehen konnten.

Ab und an lernte ich jemanden kennen, scheiterte aber am Versuch, eine konventionelle Paarbeziehung aufzubauen, weil ich selbst davon gelangweilt war oder mal wieder einen Mann gewählt hatte, der dafür nicht bereit war. Und die Männer, die dafür bereit waren, sagten mir meistens nicht zu. Ich wusste nie genau, was ich eigentlich suchte. Ich wusste nur, was es nicht sein sollte: eine bürgerliche Zweierbeziehung, die mit Tortenheber, Kombi und Schrebergarten für die Wochenenden endete. Womöglich war ich dafür einfach noch nicht erwachsen genug. Das sollte ich mit über dreißig Jahren eigentlich längst sein.

Aber dem war nicht so. Denn seit inzwischen über sieben Jahren in Berlin hoffte ich, Tag ein, Nacht aus, doch noch erwachsen zu werden, eines Morgens aufzuwachen und plötzlich Blusen zu tragen. Aber es passierte einfach nicht. Der verführerische Gedanke, dass es noch einen anderen Lebensentwurf geben könnte, der mich glücklicher machen würde, der interessanter wäre, ließ mich daher einfach nie los. Ebenso wenig wie das Gefühl, dass es sich dabei um einen Lebensentwurf handeln würde, den mir bisher niemand vorgelebt hatte, weder Eltern noch Freunde. Ein Lebensentwurf, den ich selbst ausprobieren und an dem ich gegebenenfalls auch selbst scheitern musste. Die Frage war nur, ob es sich dabei um ein Leben auf einer kleinen Insel in Sumatra handeln könnte, zusammen mit einem Mann, den ich im »echten« Leben gerade mal zehn Tage lang kannte. Das war die Frage, die es zu beantworten galt.

Gedanklich wog ich meine Optionen ab. Ich war jung. Gut, ich war über dreißig, aber immerhin noch nicht »erwachsen«. Zumindest war »der Zug noch nicht abgefahren«, wie mein Vater immer behauptete. Und das nur, weil meine Mutter bei ihrer ersten

Schwangerschaft mit 28 Jahren bereits zu den »Spätgebärenden« gehört hatte. Aber ich wusste, dass die Zeiten sich geändert hatten: Kinder könnte ich noch in den nächsten zehn Jahren bekommen. Ich war also ungebunden und hatte keine Schulden, auch keine Vorstrafen oder Bewährungsauflagen. Ich war angestellt und hatte damit auch jederzeit die Möglichkeit, mein Angestelltenverhältnis zu beenden. Ich müsste niemanden auf die Straße setzen und kein Ladengeschäft dichtmachen. Ich müsste einfach nur kündigen.

Ich könnte in Indonesien meine Bücher schreiben und vermutlich dort sogar davon leben. Ich könnte mich mit dem, was mich beruflich erfüllte, finanzieren. Ich könnte all das tun und sogar ordentlich auf die Schnauze fallen. Denn ich könnte immer wieder zurück. Einen neuen Job würde ich wieder finden, meine Wohnung könnte ich nur untervermieten, um mir im Falle einer notwendigen Heimreise ein Dach über dem Kopf zu sichern. Es sprach nichts dagegen, einfach auszuprobieren, genau das zu tun, wovon ich immer nur geträumt hatte: mit einem Mann, der für mich und ich für ihn Respekt und Liebe empfand, eine unkonventionelle Paarbeziehung zu führen und am Meer in den Tag hinein zu leben. Natürlich würde ich dabei einen Helm tragen.

Bei diesem Gedankenspiel wurde ich völlig euphorisch. Es war ganz einfach. Ich hatte nichts zu verlieren. Ich müsste mich nur trauen. Ich müsste nur einmal das tun, was meine permanente, wenn auch nur theoretische Glücksanleitung für andere Menschen war: Ich müsste mich trauen, etwas Neues auszuprobieren, einen Traum zu leben. Ich müsste für mich selbst entscheiden, ob ich die Verantwortung und die Folgen einer solchen Entscheidung tragen könnte. Dabei könnte mir niemand helfen, weder Tina noch David und schon gleich gar nicht meine Eltern. Meine Eltern. Da war er: der Haken.

Möglicherweise würde ich mich sogar trauen, mein bisheriges Leben hinter mir zu lassen, um völlig plemplem auf einer Insel die schreibende Fischerfrau zu mimen. Ich würde es sogar wagen zu kündigen und meine an Deutschland gebundene Altersvorsorge aufzulösen. Vielleicht würde ich es sogar fertigbringen, mich von iPhone, vierzig Paar Schuhen, Bodenheizung, Geschirrspülmaschine und Freizeitstress zu trennen. Die enge Beziehung zu meinen Freunden könnte ich eine Zeit lang auch über die neuntausend Kilometer hinweg aufrechterhalten. Aber eine Sache würde ich niemals fertigbringen: es meinen Eltern zu sagen. Wie sollte das um Himmels willen ablaufen?

»Hey Mama, hey Papa! Wie geht's so? Wetter gut? Schön zu Hause? Ich hab Neuigkeiten. Ich habe gekündigt und ziehe auf eine Scharia-Insel zu David. Keine Sorge, wir kennen uns schon seit zehn Tagen und es läuft echt prima! Er ist Fischer und wir werden immer frischen Fisch zu essen haben. Und das Wetter ist auch gut. Dann könnt ihr mich bald besuchen kommen. Kann ich vielleicht vierzig Kartons mit meinen Schuhen bei euch unterstellen?«

Ausgeschlossen. Idee abgehakt. Ich wusste, ich würde das niemals in meinem Leben fertigbringen. Daher blieb nur eine einzige Möglichkeit übrig: Ich musste meine virtuelle Liebesgeschichte beenden und den Kleinmädchentraum von einer romantischen Liebe auf einer einsamen Insel begraben. *Blaue Lagune* adé. Erwachsenwerden war angesagt. Eine Bluse kaufen. Tortenheber, Kombi und Schrebergarten gleich mit dazu. Und das alles am besten schon morgen. Es war Zeit, David Lebewohl zu sagen.

Was nützt die Liebe in Gedanken?

Mein Plan, diese ganze »Sache« via Skype so erwachsen wie möglich zu beenden, scheiterte kläglich. Vor lauter Heulen konnte ich kaum sprechen. Ich versuchte, in meinem schlechtesten Englisch (das passierte immer, wenn ich aufgeregt war) David zu erklären, dass wir keinen Kontakt mehr haben könnten. Dass ich wieder anfangen müsste, in der echten Welt zu leben und mit Männern auszugehen, die man auch anfassen könnte. Dass ich mein Leben nicht mehr um unsere Skype-Termine herumleben könnte. Dass das jetzt alles furchtbar wehtun würde, aber bestimmt auch vorbeiginge. Dass wir nicht traurig sein sollten, dass es vorbei wäre, sondern glücklich, dass es gewesen wäre. Und all den anderen Unsinn, den man halt so sagt, wenn man versucht, eine erwachsene Frau zu spielen. Ich glaubte mir selbst kein Wort, hoffte aber, David zu überzeugen.

Er hörte lange einfach nur zu. Als nur noch Schluchzen und keine Worte mehr aus meinem Mund kamen, meinte er, wenn ich nicht sofort aufhören würde zu weinen, würde sein Herz ein zweites Mal brechen. Er sagte, ich müsste mich nicht erklären oder rechtfertigen. Er hätte längst von sich aus aufhören sollen, sich in mein Leben zu drängen. Auch für ihn würde es jeden Tag schwieriger werden, ohne und doch irgendwie mit mir zu leben. Aber er hätte die Hoffnung eben nicht aufgeben wollen, dass noch ein Wunder geschehen könnte.

Ich erinnerte mich an die letzte Zeile seines Tattoos über die Liebe: »... sie erträgt alles, sie glaubt alles, sie hofft alles, sie duldet alles.« David respektierte meine Entscheidung, sah aber noch lange nicht von dem Plan ab, eines Tages samt Boot und Netz vor mir zu stehen und den größten Fisch seines Lebens, den er für eine wunderschöne Zeit am Haken gehabt hatte, endgültig an Bord zu holen. Er würde kämpfen wie Hemingways Fischer aus *Der alte Mann und das Meer.* David sagte, dass er mich liebte und sich daher nichts mehr wünschte, als dass ich mein Glück fände. Ich sagte »Sound good!«, im kläglichen Versuch, Brad Pitt zu imitieren. Bevor ich wieder zu heulen anfing, legte ich schnell auf. Ich wollte sein Herz auf keinen Fall ein zweites Mal brechen.

Am nächsten Tag ging ich wie immer pflichtbewusst und ganz erwachsen zur Arbeit und kaufte mir in der Mittagspause eine scheußliche Bluse. Nicht bei H&M, sondern bei COS. Wo, wie ich annahm, erwachsene Frauen einkaufen würden. Ich sah darin aus wie ein Kind, das mit Mutters Garderobe Verkleiden spielt. Anschließend versuchte ich, so akkurat wie möglich zu arbeiten. Ich erinnerte meinen Chef ans Wassertrinken und dass ich ihn noch an etwas erinnern müsste. An was, hatte ich vergessen. Er auch. So viel zur Akkuratesse.

Auf dem Nachhauseweg kaufte ich mir erwachsene Zigaretten, die nicht nach Nelken, sondern nach Tod schmeckten. Zwischendurch überprüfte ich immer wieder, ob ich vielleicht auf dem einen oder anderen medialen Weg doch noch eine Nachricht von David bekommen hätte. Vergebens. Er ließ mich ziehen. Denn die Liebe »verhält sich nicht ungehörig«.

Ich war todtraurig und hoffte, dass sich der Kummer genauso schnell legen würde, wie die Liebe gekommen war. Ich gab mir also maximal zehn Tage.

Der Plan ging nicht auf. Am zehnten Tag war ich noch trauriger als am ersten, weil sich meine Entscheidung für die Realität so echt und schlecht anfühlte. Statt abends zu skypen und danach abgehetzt, aber glücklich und aufgedreht in einem Club aufzutauchen, ging ich überhaupt nicht mehr aus. Ich hatte keine Lust auf die Welt da draußen. Ich lag lieber mit seinem T-Shirt und meinem Stofftier »Bellini« im Bett und heulte in Davids Geruch, der allmählich, aber sicher zu meinem eigenen wurde.

Erwachsenwerden machte mir nicht nur keinen Spaß, sondern tat auch noch furchtbar weh. Ich nahm mir vor, wieder mehr zu arbeiten und bald ein neues Buchprojekt zu beginnen. Das hatte mir schon immer aus den größten Krisen geholfen. Also verabredete ich mich mit meiner Verlegerin Johanna.

Johanna war nur wenige Jahre älter als ich, allerdings für mich der Inbegriff des Erwachsenseins. Sie lebte seit sieben Jahren in einer monogamen Ehe mit einem sympathischen Amerikaner, mit dem sie zwei herzzerreißend süße Kinder hatte. Sie liebte ihren Job und hatte den Verlag in kürzester Zeit im Sturm erobert. Autoren kamen und blieben wegen ihr, nicht wegen der Verträge oder der Pressearbeit, sondern weil sie sich und ihr Werk – so unsinnig es auch sein mochte – von Johanna verstanden fühlten.

Mir ging es genauso. Ich bewunderte diese Frau und hatte sie in mein Herz geschlossen. Allerdings waren wir nicht wirklich das, was man Freundinnen nennen konnte. Ihre professionelle Art strahlte zugleich auch immer eine gewisse Distanz aus, die mir das Gefühl gab, dass wir niemals Freundinnen sein könnten, solange wir zusammenarbeiteten. Und das respektierte ich.

Jetzt wollte ich arbeiten und traf Johanna aufgrund meines Ganztagsjobs nach Feierabend in unserem Kiez. Wenn auch keine Freundinnen, so waren wir doch quasi Nachbarn. Sie war meine Verlegerin, ich ihre Autorin. Unsere Beziehung war geklärt. Immerhin. Und an diesem Abend sollte es um Geschäftliches gehen. Es war ein Geschäftstreffen, ein Geschäftsessen, allerdings nur für eine Zeitspanne von zwei Minuten. Denn als der Kellner uns freudig erklärte, dass das Angebot des Tages frischer Fisch wäre, fing ich an zu heulen. Und eine gute Verlegerin weiß, wann es an der Zeit ist, einer ihrer Autorinnen zuzuhören. Vermutlich machte das fünfzig Prozent ihrer Arbeit aus.

Und so hörte sich Johanna die ganze Geschichte an. Vom Musiker über Johnny bis hin zu meiner Erkenntnis, für mein Glück selbst verantwortlich zu sein. Sie lauschte meiner ausführlichen Erzählung darüber, wie ich David kennen- und in wenigen Tagen lieben gelernt hatte, hörte einfach nur zu, bis ich bei unserem finalen Skype-Gespräch, das nun schon über zehn Tage zurücklag, angekommen war.

Dann sah sie mich ernst an. So ernst, dass ich aus lauter Verlegenheit noch eine Flasche Rotwein bestellte. Johanna sagte kein Wort und meine Unsicherheit wuchs stetig weiter, bis ich unbeholfen versuchte, das Thema zu wechseln.

»So, und das war dann auch die ganze Geschichte. Eine Kurzgeschichte. Sozusagen. Jetzt zum Thema. Ich dachte, ich könnte ein Buch über ...«

»Stopp!«, sagte Johanna. »Bevor du jetzt wieder anfängst, deinen Kummer mit Ironie zu überspielen, hätte ich noch eine Frage an dich.« Ich sah Johanna etwas überrascht und zugegeben gespannt an. Sie ließ sich Zeit, bis sie mir schließlich eine seltsame Frage stellte: »Was machst du eigentlich noch hier?«

Damit hatte ich nicht gerechnet. Ich versuchte, erneut zu erklären, warum David und ich keine Zukunft hatten und dass ich mich wieder darauf konzentrieren wollte, Bücher zu schreiben und nicht vor der Realität davonzulaufen.

»Ist ja gut«, unterbrach mich Johanna barsch. »Jetzt lass mal den ganzen Pseudo-Erwachsenen-Scheiß weg und sag mir noch einmal, warum du noch nicht im Flieger nach Sumatra sitzt.«

»Weil ich das meinen Eltern nicht antun kann«, war meine knappe, aber ehrlich gemeinte Antwort.

Zu meiner Überraschung sagte Johanna: »Das kann ich verstehen.« Dann nahmen wir beide einen Schluck Rotwein und schwiegen für einen Moment. »Allerdings«, ergriff Johanna wieder das Wort, »kann ich mir vorstellen, dass deine Eltern nicht für dein verpasstes Glück verantwortlich gemacht werden möchten. Du musst dein eigenes Leben leben, das hast du doch selbst gesagt. Also sei einmal wirklich mutig und hör auf, nur davon zu schreiben. Hör auf, dich hinter anderen zu verstecken. Christiane, echt! Du bist erwachsen!«

Nun war ich völlig bestürzt. Diesen Satz aus dem Mund von Johanna zu hören, meinem Inbegriff des Erwachsenseins, schockierte mich. Ich widersprach: »Ich? Von wegen. *Du* bist erwachsen! Du bist verheiratet, hast zwei Kinder, leitest einen Verlag und hast bestimmt einen Kombi.«

Johanna lachte laut auf. »Von wegen. Ich kämpfe jeden Tag mit meiner Unsicherheit. Und mein Vater würde nie zugeben, dass er stolz auf mich ist. Selbst wenn ich Präsidentin der Vereinigten

Staaten werden würde, würde er vermutlich bemängeln, dass ich nicht dunkelhäutig sei! Ich will, wenn ich ehrlich bin, am liebsten mit vier Kindern in einem Bauernhaus wohnen, kochen und backen, dass die Schwarte kracht, und den Kindern alles beibringen, was die Dorfschule nicht weiß. Aber dann müsste ich zugeben, dass ich ein Hippie bin, und ich hasse Hippies. Und vermutlich will ich das auch nur, weil es das ist, was ich gerade am wenigsten mache. Außerdem fahre ich Fahrrad. Und ja, ich trage einen Helm, aber nicht, weil ich erwachsen bin, sondern ein Kontrollfreak. Fahr nach Sumatra! Probier aus, ob dich das Leben dort mit diesem Mann glücklich machen könnte. Das ist eine Chance, die du nur einmal haben wirst, und falls du sie nicht nutzt, wirst du es vielleicht später bereuen. Du hast nichts zu verlieren: Schreiben kannst du von überall aus in der Welt tun. Wenn das ein Problem darstellen würde, würde ich es dir schon sagen. Ich bin schließlich deine Verlegerin.« Johanna lachte und sagte dann sehr erwachsen: »So, und jetzt ist es Zeit für Schnaps! Schließlich wollen wir über ein neues Buchprojekt sprechen, richtig?«

Als ich an diesem Abend, den Kopf voller genialer Ideen und einem leichten Rausch, nach Hause kam und Davids T-Shirt auf meinem Bett liegen sah, wusste ich, was zu tun war. Es war plötzlich sonnenklar.

Die Liste

Oft hat man betrunken ja die absurdesten Ideen. In *Hangover II* lässt sich Stu im Vollrausch dasselbe Gesichtstattoo wie Mike Tyson stechen, in *Four Rooms* wettet Norman betrunken, dass er es schafft, sein Glücks-Zippo zehnmal hintereinander anzuzünden. Sollte er es schaffen, gewinnt er Chesters 64er Chevrolet Chevelle, falls nicht, wird ihm der kleine Finger abgehackt.

Ich war zwar nicht wirklich in der Lage, aus eigenen Fehlern zu lernen, aber durchaus fähig, aus den Fehlern anderer zu lernen. Ich wusste, dass Stu sein Tattoo am nächsten Morgen gar nicht mehr so prima fand und dass Norman schlagartig nüchtern wurde, als der kleine Finger fiel. Daher ließ ich meine Entscheidung noch so lange sacken, bis mein Kopf wieder klar und der Alkohol abgebaut war. Vorsichtshalber gab ich mir eine Frist von 24 Stunden, die ich allein überstehen und nach deren Ablauf ich ebenso allein eine Entscheidung treffen würde. Ich war schließlich erwachsen.

Am nächsten Morgen war mein Entschluss immer noch sonnenklar. Im Laufe des Tages zogen ab und an Wolken des Zweifels auf, die zu einem kleinen Gewitterbruch wurden, als meine Mutter anrief und sagte, dass sie mich vermisste. Als sie wissen wollte, wann ich mal wieder zu Besuch käme, sagte ich wahrheitsgemäß: »Wahrscheinlich schon bald.« Schließlich galt es, vierzig Paar Schuhe unterzustellen. Als sie mir dann aber erklärte, dass sie jetzt erst mal nach Österreich verreisen würden und die nächsten sechs Wochenenden schon ausgebucht wären, mit Oper, Freunden, Städtereisen, kam die Sonne wieder durch. Sie lebten ihr Leben, ich das meine.

Im Laufe des Tages lobte mein Chef mich, dass ich heute so einen aufgeräumten Eindruck machen würde. Die Reise hätte mir anscheinend wirklich gutgetan. Da würde er mich glatt öfter ans andere Ende der Welt schicken.

Dass er damit nur Öl ins Feuer goss, war ihm vermutlich nicht klar. Natürlich war ich aufgeräumt, denn ich hatte mich bereits entschieden. Ich hielt meine selbst auferlegte Frist anständig ein, wusste aber auch, dass ich diese nicht unendlich ausdehnen dürfte. Sonst würde mich der Mut verlassen.

Da mir völlig klar war, wer aus meinem Freundeskreis versuchen würde, mir dieses Vorhaben auszureden, und wer mir dazu raten würde, beschloss ich zu schweigen. Auch meine Eltern müsste ich vor vollendete Tatsachen stellen. Das Donnerwetter, die Vorwürfe und die Traurigkeit, die anschließend über mich hereinbrechen würden, galt es dann auszuhalten. Das alles wusste ich.

Was ich nicht wusste, war, ob ich David meine Entscheidung mitteilen sollte. Schließlich war er von meinem Vorhaben, auf eine Insel nach Sumatra auszuwandern, dort Bücher zu schreiben und mit einem Mann zu leben, den ich kaum kannte, unmittelbar betroffen. Einerseits fühlte ich mich verpflichtet, ihn an dieser Entscheidung teilhaben zu lassen, fürchtete aber auch, ihn unter Druck zu setzen. Andererseits hatte er seinen Standpunkt längst klargemacht: Er wollte mit mir leben, konnte mir aber die Entscheidung, mein altes Leben hinter mir zu lassen, nicht abnehmen. Falls er sich das nun in den knapp zwei Wochen, die wir nicht mehr voneinander gehört hatten, anders überlegt hätte, wäre er vermutlich eh der Falsche. Ich war mir ziemlich sicher, dass er das nicht war, wusste aber zugleich, dass dies nicht das erste Mal gewesen wäre, dass ich mich in den Gefühlen eines Mannes getäuscht hätte. Im schlimmsten Fall würde ich jedoch nicht meinen kleinen Finger verlieren, sondern nur ein paar Hundert Euro in den Sand setzen, die ich dann zusammen mit meinem Traum eines neuen Lebensentwurfes begraben könnte. Ich wäre enttäuscht. Aber eben auch *ent*-täuscht.

Dieses Risiko galt es jetzt wohl einzugehen.

Mir war klar, dass ich nicht von heute auf morgen das Land verlassen konnte. Zum einen wollte ich, erwachsen und pflichtbewusst wie ich jetzt nun einmal war, meinen Chef ohne Erinnerungsvermögen nicht einfach abrupt sitzen lassen. Er sollte ausreichend Zeit bekommen, sich ein Ersatzgedächtnis suchen zu können. Ich entschied mich für eine überaus faire Trennungsphase, die meine Kündigungsfrist sogar überschritt und mich dennoch vor dem Kälteeinbruch in Berlin bewahren würde. Fünf Monate.

Dieser Zeitraum schien mir ideal, nicht nur in Bezug auf mein Arbeitsverhältnis. Hinsichtlich meiner Sehnsucht nach David waren fünf Monate zwar eine lange Zeit, aber auch eine gute Chance, ihn mit Sicherheitsabstand noch besser kennenzulernen. Sollten wir diese Zeit der Fernbeziehung als Paar nicht überstehen, wäre unsere Liebe schon an der ersten Bestandsaufnahme gescheitert. Das wäre zwar wieder *ent*-täuschend, aber auch wiederum eine Erkenntnis.

Fünf Monate schienen mir außerdem gerade ausreichend, um meinen Rückzug strategisch, gut überlegt und nicht zu überstürzt umzusetzen. Schließlich müsste ich nicht nur meinen Schreibtisch aufräumen, sondern auch das Vertrauen meiner Eltern zurückgewinnen, die mir diese Entscheidung vermutlich nie verzeihen würden.

Die emotionalen Folgen meines Entschlusses konnte ich noch nicht wirklich überblicken. Den Gedanken, von meinen Eltern und all meinen lieben Freunden für ungewiss lange Zeit Abschied zu nehmen, von der Stadt, in der ich seit sieben Jahren lebte, von dem Luxus der Freiheit, die einer Frau in der westlichen Welt zustand, und von all den Annehmlichkeiten, über die ich dank Demokratie, Sozialstaat, regelmäßigem Einkommen und Bodenheizung verfügte, konnte ich noch nicht wirklich begreifen. Ähnlich war der Versuch, sich die Größe des Universums vorzustellen. Unmöglich. Noch dazu für eine Person wie mich, unfähig zur Abstraktion. Rein rational begriff ich das nicht. Rein emotional schwante mir Übles.

Im Versuch, mich einigermaßen zu sammeln und nicht durchzudrehen, tat ich das, was mir mein Chef so mühevoll all die Jahre lang versucht hatte einzubläuen: Ich schrieb eine Liste. Und im Gegensatz zu meinem Chef nahm ich mir vor, diese nicht nur zu schreiben und dann zu vergessen, sondern auch abzuarbeiten.

Der etwas umständliche, aber zutreffende Titel lautete: »Dinge, die ich tun muss, bevor ich das Land verlasse«. Diese Liste war rein assoziativ, nicht nach Prioritäten entstanden und sah wie folgt aus:

1. Flug buchen (mit Reiserücktrittsversicherung im Falle spontanen Entliebens oder Krankheit)

2. David informieren und bereit sein, eine *Ent*-täuschung erwachsen aufzunehmen

3. Job kündigen (in der Hoffnung, dass der Chef es gleich wieder vergisst)

4. Glossybox-Make-up-Abo kündigen (in vier Monaten reicht aus)

5. Wohnung untervermieten (vorsichtshalber)

6. Reinigungskraft informieren (und noch mal Danke sagen für die letzten Jahre Treue und Sauberkeit)

7. Nachsendeauftrag beantragen (Adresse Sumatra?)

8. Agentur für Arbeit informieren, dass ich das Land verlasse und damit keinen Anspruch auf Arbeitslosengeld I habe

9. Unnötige Versicherungen kündigen (Hausrat? Altersvorsorge? Papa fragen?)

10. Auslandskrankenversicherung abschließen (Papa sagen und auf Vertrauenspluspunkt hoffen)

11. Geld sparen

12. Fahrrad verkaufen

13. Handyvertrag kündigen

14. Verlag informieren

15. Medikamente und Tampons kaufen

16. Impfungen?

17. Therapeuten informieren (und nach der Möglichkeit einer Skype-Therapie fragen)

18. Indonesisch lernen

19. Visum?

20. Musiker treffen, um sicherzugehen, dass ich es mir anschließend nicht anders überlege

21. Friseur

22. Kleiderschrank ausmisten

23. Flohmarkt machen

24. Zahnarzt (rein präventiv)

25. Sonnencreme kaufen (wasserfest, LSF 30)

26. Mama und Papa informieren und auf bedingungslose Elternliebe hoffen

27.
28.
29.
30.

Ich ließ noch ein wenig Platz auf der Liste für die Dinge, die ich noch nicht bedacht hatte. Nun galt es, diese Punkt für Punkt abzuarbeiten und am besten sofort damit zu beginnen. Punkt 21 und Punkt 25 schienen mir ein guter Start zu sein.

24 Stunden

Die Dame vom Reisebüro am anderen Ende der Leitung war etwas überfordert mit meinem Buchungswunsch: »Irgendwann in fünf Monaten, also ab November. Gern ab Berlin, München ginge auch, aber lieber ab Berlin. Entweder nach Kuala Lumpur, Singapur, Medan oder Jakarta. Gern günstig und ohne viermal Umsteigen. Macht aber nichts, falls es dann viel günstiger wird.«

»Moment, das muss ich mir jetzt doch aufschreiben«, gab Frau Hagemeyer, wie sie sich höflich zu Beginn des Gesprächs vorgestellt hatte, geduldig zurück.

»Und wann möchten Sie zurückfliegen?«

Mmh. Zurück? Da musste ich jetzt einen Moment nachdenken. »Das weiß ich gar nicht. Muss ich denn einen Rückflug buchen?«

Frau Hagemeyer riet mir auf jeden Fall zu einem Rückflug. Das wäre viel günstiger als one way. Noch dazu müsste man, soweit sie informiert wäre, bei der Einreise in Indonesien auch ein Rückflugticket vorweisen, um überhaupt ein Visum zu erhalten. Ich freute mich, dass Frau Hagemeyer einen weiteren Punkt meiner Liste berücksichtigte, und unterstrich Punkt 19 mit dem Hinweis auf Dringlichkeit.

»Aber wenn Sie möchten, könnten wir einen flexiblen Rückflug buchen, den Sie gegen eine Bearbeitungsgebühr von hundert Euro umbuchen können.« Ich war einverstanden, wählte den Rückflug ein halbes Jahr später, wenn das Wetter in Berlin wieder erträglich wäre, und fühlte mich bei Frau Hagemeyer in guten Händen. Sie bat um etwas Zeit, versprach aber, mir noch heute ein Angebot per E-Mail zukommen zu lassen.

Bevor wir auflegten, fragte sie noch schüchtern nach, ob ich denn in Singapur, Kuala Lumpur, Medan oder Jakarta Urlaub machen wollte.

»Nicht ganz«, gab ich zurück und freute mich, dass Frau Hagemeyer endlich etwas privater wurde. Schließlich war sie der erste Mensch, der von meiner Entscheidung erfuhr. »Wissen Sie, ich habe mich verliebt und beschlossen auszuwandern. Er lebt auf einer kleinen Insel in der Nähe von Banda Aceh. Aber den Weiterflug nach Banda Aceh organisiere ich selbst. Darum müssen Sie sich nicht kümmern.«

»Ach du liebe Güte«, gab Frau Hagemeyer zurück. »Das ist aber eine sehr mutige Entscheidung.« Ich war mir nicht sicher, ob in dem »mutig« der Subtext »dumm« mitschwang, wollte aber das zarte Band unserer gerade entstehenden Freundschaft nicht mit Misstrauen belasten.

Bereits zwei Stunden später traf das Angebot von Frau Hagemeyer ein. Sie hatte mir fünf unterschiedliche Flugrouten nach Asien zusammengestellt. Ich entschied mich für Berlin–Istanbul–Singapur mit Ankunft am 7. November und teilte ihr das umgehend telefonisch mit.

Wir besprachen diverse Versicherungen, entschieden uns gemeinsam für die Reiserücktrittsversicherung, die meiner Situation angemessen war, und kamen, nachdem meine Bankverbindung geklärt wurde, schließlich zu dem Punkt, wo Frau Hagemeyer, die ich mir mit einer schlauen Lesebrille auf der Nase vorstellte, fragte: »Soll ich jetzt verbindlich ›buchen‹ klicken?«

Ich atmete noch einmal tief durch und antwortete: »Ja. Und machen Sie schnell, bevor ich es mir noch anders überlege.«

»Glückwunsch!«, sagte Frau Hagemeyer drei Sekunden später. »Ihre Buchung ist im System. Sie bekommen Ihr Ticket per E-Mail und falls noch Fragen entstehen, rufen Sie mich gern wieder an.« Ich bedankte mich für die Unterstützung und freute mich sehr über ihre herzliche Verabschiedung: »Frau Hagn, alles, alles Gute für Ihr neues Leben. Und viel Glück.«

Als wir aufgelegt hatten, überlegte ich kurz, Frau Hagemeyer erneut anzurufen und sie zu bitten, diese ganze Sache jetzt noch meinen Eltern beizubringen, doch das würde vermutlich nicht ihre Kompetenz, wohl aber ihr Buchungssystem überfordern.

Als die Bestätigungs-E-Mail kurz darauf eintraf und ich alle Angaben noch einmal überprüft hatte, nahm ich erneut all meinen Mut zusammen und leitete diese Bestätigung kommentarlos an David weiter. Schließlich könnte ich nicht einfach eines Tages vor seiner Bambustür stehen.

Als ich »senden« drückte, klopfte mir mein Herz bis zum Hals. Meine Hände waren schweißnass und plötzlich wusste ich nicht mehr, was ich da eigentlich gerade getan hatte. Möglicherweise würde er sich daraufhin nie wieder melden. Oder höflichkeitshalber zurückschreiben, dass das alles ein furchtbar großes Missverständnis gewesen wäre. Schließlich war mein Schlingpflanzen-Fußkettchen längst ab und damit, zumindest nach südafrikanischem Brauch, die Hochzeit so gut wie abgeblasen.

Um in den nächsten Stunden nicht hysterisch vor dem Rechner zu sitzen und langsam, aber sicher verrückt zu werden, erledigte ich vorsichtshalber Punkt 22 meiner Liste. Kleiderschrank ausmisten konnte nie schaden. So der so.

Ich hatte mir vorgenommen, meine E-Mails mindestens die nächsten 24 Stunden nicht zu überprüfen. Diese Fristsetzung hatte bisher ganz gut funktioniert. Außerdem, als Fischer auf so einer Insel, da überprüft man vielleicht zweimal in der Woche seinen Maileingang. Wenn überhaupt.

Ich musste jetzt einfach nur die Nerven behalten. Und selbst wenn David sich nie melden würde, könnte ich doch im November einen wunderbaren Urlaub in Singapur machen. Mein Rückflug war ja flexibel. Und Sonnencreme hatte ich jetzt auch schon. Ich hatte Mut bewiesen und nichts zu verlieren, außer einen Traum und hundert Euro Umbuchungsgebühr.

All das ging mir durch den Kopf, während ich abgewetzte T-Shirts und zu klein gewordene Hosen in einen blauen Müllsack steckte. Als ich gerade darüber nachdachte, mir in Singapur schon mal ein Hotel zu suchen, nur sicherheitshalber (es waren ja nur noch fünf Monate), klingelte mein Handy.

Bei »unbekannter Teilnehmer« ging ich eigentlich aus Prinzip nicht ran, Feiglinge wollte ich grundsätzlich nicht sprechen. Es könnte sich aber auch um meine Freundin Clara handeln, die mir nach jedem Telefonat versprach, »eigene Nummer senden« einzustellen, und es anschließend sofort wieder vergaß. Womöglich war es auch die gute Frau Hagemeyer, die vielleicht noch ein paar Ratschläge für mich hätte oder mir mitteilen wollte, dass sie aus ihrem Verantwortungsgefühl für mich heraus diesen Flug wieder storniert hätte. Oder dass meine Kreditkarte nicht gedeckt wäre. Ich hob also ab und versuchte, sehr erwachsen meinen vollen Namen zu sagen, wobei ich mir immer irgendwie dämlich vorkam.

»Ist das dein Ernst?«, fragte der unbekannte Teilnehmer, dessen Stimme ich so sehr vermisst hatte. »Versteh mich nicht falsch. Du machst mich damit zum glücklichsten Mann auf dieser Welt, aber wenn du deine Meinung noch einmal änderst, würde ich das nicht ertragen.«

Schadensbegrenzung

Auf Facebook kann man »Gefällt mir« drücken und später »Gefällt mir nicht mehr«. Seine Meinung zu ändern, wird nicht nur toleriert, sondern geradezu provoziert, zumindest auf sozialen Netzwerken, die ja irgendwie ein Spiegel der Gesellschaft sind. Oder sein sollten. Ob nun die Gesellschaft soziale Netzwerke beeinflusst oder andersherum, wusste ich nicht – ich war ja schließlich keine Soziologin –, was ich allerdings wusste, war, dass diese Unentschiedenheit gelebt wurde, zumindest in Berlin.

»Berlin ist nicht. Berlin wird.« Wer auch immer das gesagt hat, es stimmte nicht. Berlin ist eben schon. Nämlich die Metropole der Unentschiedenheit. »Das Berghain der Möglichkeiten«, diesen Ausdruck hatte ich mal in der Frankfurter Allgemeinen Sonntagszeitung gelesen. Dort ging es um die Möglichkeiten, die in Berlin nicht nur unendlich schienen, sondern es auch wären. Zwischen denen man sich nicht entscheiden könnte, weil man nicht müsste. Im Balanceakt zwischen Kurzzeitjob und Arbeitslosengeld schwankend, könnte man sich in Berlin ohne Weiteres jeden Tag neu erfinden. Eben noch Anarchopunk, jetzt schon Bioschlampe. Gestern überzeugter Single, morgen Kombi mit Schrebergarten. Der einst Tomaten anbauende Spät-68er wird zum Kapitalisten, der bei REWE einkauft. Und andersherum. Und das passiert quasi über Nacht.

»Hey Kurt! Was machen die Tomaten?«

»Sind im Sonderangebot. Aus Spanien.«

Nun denn. Im Vergleich zu Berlin war ich also ein Fels in der Brandung: niemals Punk, niemals Bio. Tomaten von Lidl, nur zur

Saison. Ich war immer pünktlich und zuverlässig, eine dieser aussterbenden Personen, die sich entschuldigten, falls sie zehn Minuten zu spät kamen, was natürlich nie passierte.

Im seltenen Fall einer radikalen Meinungsänderung meinerseits hielt ich es mit dem Satz meiner Mutter: »Ein denkender Mensch ändert seine Meinung.« Einmal Meinung ändern war okay, sogar erwachsen, da denkend, vielleicht sogar mutig, da man sich eine falsche Entscheidung eingestand und einen Fehler zugab.

David war über meine 180-Grad-Wendung sehr glücklich, aber auch verstört. Er hatte nicht damit gerechnet, dass ich es mir anders überlegen würde. David lebte nicht in Berlin. Er war bis vor Kurzem ja noch nicht einmal auf Facebook und somit ein exotisches Exemplar von Mann: Er stand zu dem, was er sagte, und nahm das genauso von seinem Gegenüber an. Er wusste, was er wollte. In diesem Fall: mich.

David hatte, wie er sagte, seine Entscheidung an dem Tag, an dem wir beim Wasserfall waren, getroffen. Da wusste er, dass er mich liebte. Allerdings behielt er es damals noch für sich, um mich nicht zu erschrecken. Schließlich lebte ich in Berlin. Erst am letzten Abend sagte er es mir, das »Ich liebe dich«. Denn er vermutete, dass es vielleicht seine letzte Chance dazu war.

Seit unserer Trennung auf Skype trieb er jede Nacht allein auf dem offenen Ozean, fernab von seinem Computer, um nicht in Versuchung geführt zu werden, mir zu schreiben, mich anzurufen, mich zu überreden, mein Leben durcheinanderzubringen. Er respektierte meine Entscheidung. Er nahm mich ernst.

Das war ungewöhnlich. Nicht weil mich bisher niemand ernst genommen hatte, sondern weil ich mich selbst nur selten ernst nahm.

Das lag auch an Berlin. Wenn man dort Dinge zu ernst nahm, fand man keine Freunde. Das wusste David natürlich auch nicht, dafür kannten wir uns zu wenig.

Überhaupt kannten wir uns zu wenig, um Entscheidungen zu treffen, wie »miteinander zu leben«. Doch diese war nun einmal gefallen und jetzt lagen fünf lange Monate vor uns, in denen wir Zeit hätten, uns kennenzulernen, bevor wir Bett, Badezimmer und Leben miteinander teilen würden.

Ich war nicht nur erleichtert, dass Punkt zwei auf meiner Liste nun abgehakt war, sondern auch überglücklich, dass David über meine Entscheidung ebenso glücklich war wie ich. Schließlich war er nach Frau Hagemeyer erst der zweite Mensch, der davon erfuhr. Und der erste, der davon auch betroffen sein würde.

David wollte wissen, wie meine Eltern reagiert hätten. Mein Schweigen verriet ihm die Wahrheit. Ich erzählte ihm von meiner Liste, deren offene Punkte mir arg aufs Gemüt drückten. Allen voran Punkt 26. Allein die Tatsache, dass ich diese Sache ohne ihr Wissen entschieden hatte, ohne sie vorab einzuweihen, ohne sie um einen Rat zu fragen, sie quasi rücklings damit erdolcht hatte, würden sie mir nicht so einfach verzeihen wie David.

David, der stattdessen zu der Erkenntnis kam, dass es wohl noch sehr viel gäbe, was er über mich lernen müsste. Doch auch, dass wir den Rest unseres Lebens Zeit dafür hätten. Und dass er es kaum erwarten könnte. Meinen Einwand, dass ihm vieles davon vielleicht nicht gefallen könnte, widerlegte er mit: »Ich liebe dich so, wie du bist. Fertig.« Eigentlich rufen derartige Disney-Film-Sätze bei mir für gewöhnlich nur Augenrollen hervor, aber bei David, der so etwas immer mit dieser ihm eigenen Ernsthaftigkeit sagte, glaubte ich es einfach. Ich nahm ihn ernst.

Zudem bot mir David seine Hilfe an. Er würde sich selbstverständlich mit meinen Eltern in Verbindung setzen, wenn ich das wollte.

»Hallo Frau Hagn, hallo Herr Hagn. Mein Name ist David. Ich liebe ihre Tochter und möchte gern mit ihr leben. Ich wohne derzeit auf einer Insel in Indonesien und verdiene meinen Lebensunterhalt mit Fischfang. Machen Sie sich keine Sorgen, der Bürgerkrieg in der Provinz Aceh ist seit 2004, also seit dem Tsunami, der Hunderttausende das Leben gekostet hat, so gut wie vorbei. Sobald meine Bewährungsstrafe abgelaufen ist und keine weiteren Naturkatastrophen dazwischenkommen, also das eine oder andere Erdbeben, können wir uns auch gern mal kennenlernen. Vielleicht sogar in Deutschland. Oder Sie kommen uns vorab einfach mal besuchen. Sprechen Sie eventuell Englisch, Afrikaans, Flämisch, Indonesisch oder Pidgeon? Und mögen Sie Fisch?«

Ich bedankte mich für Davids liebes Angebot, lehnte aber sehr bestimmt ab. Gerade in Bezug auf meinen Vater schien mir Davids Vorschlag ein allzu tollkühnes Unterfangen zu sein. Dagegen wäre Robert De Niro in *Meine Braut, ihr Vater und ich* ein Spaziergang gewesen. Mit einem Lügendetektortest wäre es bei meinem Vater längst nicht getan, vermutlich würde der ein polizeiliches Führungszeugnis, eine Schufa-Auskunft und ein Gesundheitszeugnis einfordern. Also galt es jetzt, Schadensbegrenzung zu betreiben. Mord, Totschlag und Herzversagen zu verhindern, ebenso Enterbung und den Verlust von Elternliebe, die ja, wie ich hörte, angeblich bedingungslos wäre. Ich wusste, auch da musste ich nun allein durch, so wie erwachsene Menschen das eben tun. Und zwar »asap«, wie »Young Urban Professionals« gern in Kurznachrichten, E-Mails oder auf Facebook schreiben, weil sie keine Zeit haben, »so schnell wie möglich« auszuschreiben und die Abkürzung »sswm« lange nicht so urban-professional wie »asap« klingt.

Nur schade, dass meine Eltern nicht auf Facebook waren. Dann hätte ich einfach »Macht's gut, Ihr Trottel! Ich zieh dann mal ins Paradies« posten und sie hätten »Gefällt mir nicht« klicken können. Obwohl es diesen Button ja gar nicht gab: Positive Zustimmung war erwünscht, negative unmöglich.

Fest stand, egal, welchen Weg ich wählte, um die Hiobsbotschaft zu übermitteln, es musste schnell gehen. Je mehr Zeit zwischen Flugbuchung und Abreise vergehen würde, desto größer wäre der Verrat am elterlichen Vertrauen.

Denn eines musste ich meinen Eltern wirklich lassen: Egal, welchen Vollpfosten ich nach Hause brachte und als meinen neuen Freund vorstellte, meine Eltern versuchten, sich auf seine positiven Seiten zu konzentrieren. War er verheiratet und hatte vier Kinder, lobten meine Eltern seinen mutigen Neuanfang. War er zehn Jahre jünger, seine Reife für das junges Alter. War er Inhaber einer Berliner Heavy-Metal-Kneipe, hofften sie auf seinen Unternehmergeist. Sobald sich unsere Wege allerdings wieder trennten, waren sie froh, dass ich den alten Mann in der Midlife-Crisis, den die Unterhaltszahlungen auffraßen, oder dieses »Milchgesicht« wieder los war. Und der andere? Dem Himmel sei Dank, denn: »Wer nichts wird, wird Wirt!«

Egal, wie es anfing oder kam, egal, welche Ungeheuerlichkeit ich mir erlaubt hatte an den elterlichen Abendbrottisch zu setzen, letzten Endes waren die beiden immer auf meiner Seite. Natürlich wäre ihnen ein Akademiker, gern auch mit Doktortitel und dreizehntem (bis achtzehntem) Monatsgehalt, Kombi (wahlweise Geländewagen) und Schrebergarten (oder Gartengrundstück am Wasser), lieber gewesen. Gern im zeugungsfähigen Alter, um die Enkelkinderchen zu sichern. Gern auch nicht vorbestraft. Am liebsten vielleicht sogar Richter. Aber falls es doch wieder ein »Lebenskünstler« mit schönen blauen Augen sein sollte, dann war das eben so. Sollte ich mein Leben doch teilen, mit wem ich wollte. Hauptsache, ich war glücklich.

Meine Eltern waren mein Fels in der Brandung. Und den brauchte man, gerade wenn man in Berlin zwischen Berghain, Kurzzeitjob und Agentur für Arbeit taumelte. Sie waren meine Konstante, sie waren meine Kreiszahl Pi. Eine unerschöpfliche, irrationale Konstante in Bezug auf Liebe und Vertrauen.

Doch diesmal, so wusste ich, war ich zu weit gegangen und zwar im wörtlichen Sinne, denn diese fast bedingungslose Elternliebe war neben dem Totschlagargument »Hauptsache, du bist glücklich!« nur an eine klitzekleine weitere Bedingung geknüpft: »... und in unserer Nähe.«

Im Falle von David und mir war der Punkt »Nähe« definitiv nicht gewährleistet. Und ob ich glücklich sein würde, müsste sich erst noch herausstellen.

Das Geständnis

Ich war kein »Aufschieber«, sondern ein Mensch, der immer alles sofort erledigt haben musste. Daher schrieb ich für gewöhnlich auch keine langen Listen. Statt aufzuschreiben, was ich tun müsste, ging ich lieber los und tat es. Eigentlich.

Aber im Fall »Punkt 26« brachte ich es einfach nicht fertig. Das sah man schon daran, dass sich Punkt 26 ganz hinten auf der Liste befand. Ich nahm mir jeden Tag vor, bei meinen Eltern nun endlich die Karten auf den Tisch zu legen. Aber ich wusste einfach nicht, wie. Telefonisch schien mir das zu unpersönlich zu sein, das redete ich mir zumindest ein, denn im Grunde hatte ich nur Angst, die Reaktion am Telefon nicht ertragen zu können und wie immer, wenn ich hilflos war, einfach aufzulegen. Ich war zwar kein »Aufschieber«, aber schon immer ein »Aufleger«. Und ein »Wegrenner« noch dazu. Daher fiel die Möglichkeit, mich in den Zug zu setzen und die sechshundert Kilometer zu ihnen zu fahren, um es ihnen von Angesicht zu Angesicht zu sagen, auch weg. Das schaffte ich beim besten Willen nicht. Nicht nur, weil ich Angst hatte, dann vermutlich wegzurennen oder verdientermaßen die erste Ohrfeige meines Lebens aus Elternhand zu bekommen. Ich war durchaus bereit, Schläge einzustecken, aber das enttäuschte Gesicht, das meine Mutter machen würde, die vermutlich schon Tage vor meiner Ankunft meinen Lieblings-Apfelkuchen gebacken hätte, das würde ich nicht ertragen.

Also beschloss ich, es meinen Eltern zu schreiben. Ich war schließlich Autorin und traute mir zu, meinen Eltern im feinsten Schriftdeutsch zu veranschaulichen, dass ein Leben mit einem

Unbekannten in der Ferne durchaus ein akzeptabler Lebensentwurf sein könnte. Dann konnten wir in aller Ruhe darüber sprechen, sobald sich der erste Schock gelegt hätte, ganz unaufgeregt und sachlich. Dachte ich zumindest.

Schon nach den ersten Zeilen dieser E-Mail, genauer gesagt nach »Liebe Eltern«, gab ich das Unterfangen wieder auf. Ich wusste, meine Eltern ließen sich nicht durch Worte einlullen. Sie ließen sich nicht verarschen. Und »Liebe Eltern« hatte ich noch nie geschrieben.

Ich tat das, was ich sonst nie tat, und schob mein Vorhaben also auf. Stattdessen kündigte ich mein Glossybox-Abo ab sofort, um monatlich schon mal zehn Euro einzusparen. Somit war ich wenigstens bezüglich Punkt vier und elf einen Schritt weiter gekommen.

Am nächsten Morgen wollte ich, angewidert von meiner eigenen Feigheit, wenigstens hinsichtlich meiner Arbeit klare Verhältnisse schaffen. Ich redete mir ein, es wäre sogar klüger, zuerst die Arbeitssituation zu klären, bevor ich mit meinen Eltern sprechen würde. Denn wenn mein Chef, ein vergesslicher, aber dafür erwachsener Mensch, damit einverstanden wäre, könnte mein Vorhaben doch gar nicht so verkehrt sein.

Auf meinen Chef war auch diesmal Verlass. Er hörte sich meine Kurzversion an, von »jemanden kennengelernt« über »Horizont erweitern« bis hin zu »nur für gewisse Zeit«. Dann biss er kurz auf seinen Bleistift, kaute ein bisschen darauf herum, nickte dann lange und ausgiebig, schob seine vom Nicken verrutschte Brille zurecht und sagte: »Okay.«

Fünf Monate fände er fair. Er wollte mir nicht im Weg stehen und wo wollte ich gleich noch mal hinziehen? Simbabwe?

Nach unserem Gespräch war ich zwar erleichtert, wusste aber auch, dass mein Chef darauf setzte, dass ich es mir vermutlich schon in einem Monat wieder anders überlegt hätte, dass ich ihn erneut um ein Gespräch bitten würde und irgendetwas von »zu überstürzt«, »Karriere voranbringen« und ganz kleinlaut »jemand anderen kennengelernt« murmeln würde. Denn mein Chef nahm mich leider auch nicht ernst. Und so ganz konnte ich ihm das nicht verübeln. Wie soll man denn auch jemanden ernst nehmen, der sich bei Fragen nach Gehaltserhöhungen zeitgleich entschuldigte oder bei schönem Wetter fragte, früher nach Hause gehen zu können, weil die Arbeit heute wirklich fad wäre.

Für den Rest des Tages konnte ich mich leider nicht mehr konzentrieren. Ich war stundenlang in einer dieser unsäglichen Telefonkonferenzen gefangen und hatte große Mühe, dem Gespräch zu folgen. Schließlich sprachen fünf Leute auf einmal miteinander, ohne sich gegenseitig überhaupt zuzuhören, geschweige denn ausreden zu lassen. Es ging um Charakterentwicklung der Figuren, Stärkung des Krimistranges, mehr Emotion, Emanzipierung der Nebenfigur und Quote, Quote, Quote. Ab und zu sagte ich »Sehe ich genauso«, um Geistesgegenwärtigkeit zu simulieren. Für gewöhnlich lackierte ich bei solchen Gelegenheiten nebenher meine Fingernägel, um meine Lebenszeit, wenn auch bezahlt, nicht völlig zu verschwenden. Doch heute recherchierte ich Auslandskrankenversicherungen (Punkt zehn) und Wohnungsgesuche zur Untermiete (Punkt fünf). Nach drei Stunden und dreißig Minuten vernahm ich ein Tuten in der Leitung und begriff, dass das Gespräch nun beendet war. Ich legte auf, machte meinem Chef einen Kaffee und erinnerte ihn daran, Wasser zu trinken.

Völlig erschöpft von so viel Belanglosigkeit, sackte ich auf meinem Schreibtisch zusammen, bis mich erneutes Telefongeklingel aus meiner Lethargie riss. Noch nicht ganz geistesgegenwärtig nahm ich ab. Es war meine Kollegin vom Empfang. Sie hätte meine Mutter in der Leitung. Noch bevor ich etwas erwidern konnte, stellte sie durch.

»Hallo Christiane! Wie geht's dir? Was gibt's Neues?« Und da wusste ich: Jetzt oder nie. Plötzlich wünschte ich mir, ich hätte noch vier weitere Personen in der Leitung, die das Reden für mich übernehmen könnten.

Ich machte mein Geständnis kurz und schmerzlos. Versuchte dabei, sachlich und unaufgeregt zu klingen.

Als ich schließlich fertig war beziehungsweise nicht mehr wusste, was ich noch weiter sagen könnte, sagte meine Mutter lange Zeit gar nichts. Ich fragte »Mama?«, um mich zu vergewissern, ob sie noch in der Leitung war.

»Und wer soll das jetzt deinem Vater sagen?«

Diese Frage überraschte mich ein wenig. Das war anscheinend ihr größtes Problem. Nicht die Tatsache, dass ihre Jüngste in die Ferne zog. Aber ich konnte sie verstehen, schließlich war Mutterliebe zweifellos bedingungslos, wegen des Geburtsvorgangs, wenn ich mich richtig erinnerte. Aber Vaterliebe war eben an so manche Bedingung geknüpft, außerdem müsste meine Mutter noch die nächsten dreißig bis hoffentlich fünfzig Jahre Seite an Seite mit meinem Vater leben, der all seine Frustration über die gefallene Tochter an ihr auslassen würde. Vielleicht sollte ich Mama einfach mitnehmen? Vielleicht würde das mein Vater gar nicht bemerken, der sowieso die meiste Zeit mit dem Dax verbrachte. Aber irgendwann würde er Hunger bekommen und den Dax konnte man schließlich nicht essen.

»Wenn du willst, kann ich mit ihm reden«, sagte ich und tat mutiger, als ich war.

»Lass gut sein«, beschloss meine Mutter, was für mich ein bisschen nach »Du hast schon genug angerichtet« klang. »Ich rede mit ihm und wir melden uns wieder.« Dann legte sie auf. Knallhart.

Ich wünschte, sie hätte mich wenigstens angeschrien, mir Vorwürfe gemacht oder ihrer Enttäuschung freien Lauf gelassen. Aber nichts von all dem. Ich saß an meinem Schreibtisch und fing an zu heulen. Eines war klar. Das große Donnerwetter würde erst noch folgen. Das hier war nur die Ruhe vor dem Sturm.

Eis am Stiel

In den nächsten Tagen hörte ich nichts von meinen Eltern. Kein Ton, kein Anruf, keine Mail. Es war mucksmäuschenstill geworden auf der Achse Berlin–Süddeutschland, geradezu beängstigend still. Ich fühlte mich verlassen, wie ein Waisenkind, ausgesetzt in einem Schilfkorb. Erwachsensein fühlte sich einsam an.

David und ich sprachen nach wie vor jeden Tag, mehrmals, meist morgens und abends, zum Aufstehen und Einschlafen. Zwischendurch gab es kurze Nachrichten, E-Mails und hin und wieder einen Anruf auf dem Handy. Ganz selten auch eine heimliche Partie Schach während einer Telko. Ich war schließlich multitaskingfähig.

Langsam, aber sicher weihte ich auch meinen Freundeskreis in mein Vorhaben ein. Ich begann ganz unverfänglich mit Sanne und Klaus. Da die beiden nicht wirklich davon betroffen waren, ob ich nun in Berlin oder Indonesien lebte, hoffte ich auf ihre Unterstützung. Schließlich wäre ich dann nur noch wenige Flugstunden von den beiden entfernt und vielleicht würden sie diesmal sogar mich besuchen kommen.

Sanne reagierte freundlich, aber verhalten. Sie wäre glücklich, wenn ich es auch wäre, und hoffte, dass ich diesmal nicht enttäuscht werden würde. Dann wollte sie noch wissen, ob ich denn den Musiker noch mal getroffen hätte, wegen dem ich damals so traurig gewesen war. Ich verstand den Wink mit dem Zaunpfahl, verneinte wahrheitsgemäß und machte ein Ausrufezeichen hinter Punkt zwanzig.

Klaus sagte, er wollte sich lieber eines Kommentars enthalten. Ich drängte aber darauf, seine Meinung zu hören, bis er schließlich »Schnapsidee« rauspresste und ein »aber passt zu dir« anfügte. Sanne sagte ihm, er solle die Klappe halten und nicht immer so pessimistisch sein. Ich sagte, ich fände das gar nicht so pessimistisch, und dann sagten beide nichts mehr.

Meine Freundinnen in Berlin reagierten unterschiedlich. Tina trank erst mal eine Flasche Bier auf ex und sah mich so lange komisch an, bis ich einfach ein Foto von ihrem Gesichtsausdruck schießen musste. Melanie heulte, wie immer, wenn sie sich freute und traurig zugleich war. Clara nickte bedacht mit dem Kopf und fragte: »Bist du dir da auch sicher?«, während ihr Neugeborenes an ihrer Brust schlief und sie die Sahne von meiner heißen Schokolade löffelte. Ich antwortete: »Natürlich nicht«, und wir lachten, bis das Kind zu plärren anfing.

Mein bester Freund Thomas sagte sofort: »Find ich gut! Mach das. Alle reden immer nur davon auszuwandern und keiner traut sich. Ich trau mich auch nicht. Daher wird meine Frau bald ohne mich auswandern. Und wenn du dann auch noch weg bist ... na ja. Find ich gut. Auch traurig. Aber meinetwegen solltest du nicht hierbleiben. Scheiße, ich werde dich vermissen! Mit wem soll ich denn dann in der Muschi Obermeier Kumpelabende mit Mädchenbier machen? Und Engtanz? Und Schinkennudeln? Hast du eigentlich den Musiker mal wieder gesehen?«

»Steht auf der Liste«, sagte ich.

»Welche Liste?«

»Na die ›Dinge, die ich tun muss, bevor ich das Land verlasse‹-Liste.«

»Aber du schreibst doch gar keine Listen.«

»Jetzt schon. Jetzt bin ich ja auch erwachsen.«

»Jetzt vergiss das doch mal mit dem erwachsenen Scheiß, Kindskopf.«

»Spiegel.«

»Doppelspiegel.«

»Panzerspiegel.«

»Doppel-Panzerspiegel. Welcher Punkt?«

»Wie welcher Punkt?«

»Der Musiker.«

»Punkt zwanzig.«

»Von?«

»26.«

»Jetzt auch noch Aufschieber geworden? Sehr erwachsen!«

Thomas hatte recht. Ich musste den Musiker treffen und zwar bald. Möglichst bevor ich meine Wohnung untervermietet und die Hausratsversicherung (Gegen die Sintflut? In Berlin? Wozu?) gekündigt hatte. Schließlich kannte ich mich gut genug und musste sichergehen, dass David nicht nur der Mann war, der mich über die vormals enttäuschte Liebe hinwegtrösten sollte. Und das konnte ich nur durch Frontalkonfrontation herausfinden. Sollte mein Herz beim Anblick des Musikers immer noch wie verrückt schlagen, müsste ich vielleicht die ganze Sache überdenken.

Vielleicht hatte ich auch Glück und er würde mich gar nicht treffen wollen?

Ich machte kurzen Prozess und schrieb dem Musiker eine Kurznachricht. Ganz unverfänglich. Ich wäre von meiner Reise zurück und ob wir uns mal auf ein Eis treffen wollten. Das schloss

»Körper umschlingen« irgendwie aus. Eisessen war harmlos, richtig? In *Außer Atem* haben die schließlich nie Eis gegessen.

Allerdings fiel mir dann wieder ein, dass ich meinem ersten Freund bei einem Eisbecher, heiße Himbeeren mit Vanille, um genau zu sein, meine Liebe gestanden hatte. Er hatte Bananensplit, was ich damals wie heute ziemlich widerlich fand, diese Banane unter der Schokosoße, das war irgendwie falsch.

Wie dem auch sei. Damals, mit fünfzehn, war ich noch ziemlich tolerant und sah großzügig über so eine kulinarische Verfehlung hinweg. Er wiederum sah mich nach meinem Liebesgeständnis über seine Banane hinweg freudig-erregt an, lächelte, wobei er Schokolade auf den Zähnen hatte, und sagte, es ginge ihm genauso. Ja. Auch so etwas war damals noch möglich. Die Neunziger waren einfach der Hit. Ich sagte: »Ich liebe dich«, er sagte: »Ich liebe dich auch«, dann Kuss. Happy End.

Na ja, nicht ganz. Denn als sich dieser Schokomund auf meinen presste und dann die Bananenzunge versuchte, mir die Himbeerkerne aus den Zähnen zu pulen, kamen mir prompt die ersten Zweifel an meiner eben gestandenen Liebe.

Vielleicht war das mit dem Eisessen-Treffen doch nicht so eine gute Idee. Noch dazu hatte ich erst kürzlich gelesen, dass die Wahl der Eissorte etwas über sexuelle Vorlieben verrate. Ich erinnerte mich, dass der »Vanilleeis-Schlecker« bodenständig und kein Freund von großen Experimenten war, in Liebesdingen sehr zärtlich und stets auf der Suche nach der großen Liebe. Wohingegen es die Schokoladeneisesser wild wollten und vor allem auf der Suche nach einer großen Portion Leidenschaft waren. Wie wissenschaftlich dieser Artikel war, wusste ich nicht.

Aber während ich noch über den Unterschied zwischen Sorbet- und Milcheisessern nachdachte und vorsichtshalber David eine SMS mit der Frage nach seinem Lieblingseis schrieb, antwortete schon der Musiker: »Gern. Wie wäre Samstag?«

Dann antwortete David: »Vanille, warum?«

Sommer in Berlin

Es war ein typischer Samstag in Berlin. Um es mit den Worten von Christiane Rösinger auszudrücken: »Wenn die Freiberufler die Cafés besetzen und die Laptop-Poser sich aufs Neue vernetzen mit den Kreativen und den ganz Naiven … Wenn die Öko-Eltern sich zum Brunchen treffen und die Arschlochkinder durch die Cafés kläffen … Wenn der Service hinkt und es nach Babykotze stinkt, ja dann sind wir wieder in Berlin!« Herrlich. Es war genau einer dieser Tage, an dem ich mich mit dem Musiker zum Eisessen traf.

Ich nahm Vanille, er Schokolade und damit war die Sache eigentlich auch schon gegessen. Herzklopfen hatte ich schon, aber vermutlich eher aus Angst, dass ich bei seinem Anblick Herzklopfen bekommen könnte und damit meinen Flug stornieren, meinen Chef um ein Gespräch bitten und mich bei meinen Eltern entschuldigen müsste. Letzteres würde eh nicht ausbleiben. So oder so.

Auf jeden Fall war unser Treffen mehr als belanglos. Wir tauschten ein paar Floskeln aus, aßen unser Eis viel zu schnell und als wir uns eigentlich nichts mehr zu sagen hatten, überlegte ich, doch noch nach meinem Schlüpfer zu fragen. Dann dachte ich, scheiß auf den Schlüpfer … und in dem Moment fing er plötzlich an zu reden. Über alles. Über die letzten Monate. Über seine Karriere, sein Leben in Berlin, sein Künstlerdasein. Kurzum: über sich. Ich, ich, ich. Alles wie gehabt, aber nicht alles auf Anfang. Irgendwann sah ich gelangweilt auf die Uhr und stellte fest, dass ich nur noch dreißig Minuten Zeit hatte, um zurück nach Hause zu radeln und pünktlich zu meinem Skype-Termin mit David zu erscheinen. Und das war mir eindeutig wichtiger, als mich von diesem Künstler hier seelisch aussaugen zu lassen. Wenn er auch zugegebenermaßen das süßeste Grübchen der Welt hatte.

Damit war Punkt zwanzig erfolgreich überstanden. Wir verabschiedeten uns mit den üblichen Floskeln wie »War schön, dich gesehen zu haben« und »Bis bald mal wieder«, obwohl wir beide ziemlich sicher wussten, dass es kein »wieder« geben würde. Seit wir nicht mehr miteinander schliefen, keine Körperflüssigkeiten mehr austauschten, verband uns herzlich wenig.

Ich hatte eine Entscheidung getroffen und noch 16 offene Punkte auf meiner Liste, aber ich hatte auch noch ein Leben hier. Und wie gesagt, es war Sommer in Berlin. Ich glaube, der Sommer wurde nur wegen Berlin erfunden. Hier wird man beim Public Viewing plötzlich zum Fußballfan und trinkt mit Nancy aus Marzahn auf die Liebe, schlendert über den Flohmarkt und deckt sich mit selbst gestrickten Stulpen ein, die man bis zum Winter längst wieder vergessen hat. Man bestellt am See Pommes Schranke und lässt sich vom Bademeister durch ein Megafon anschreien, wenn man zu weit rausgeschwommen ist: »Eeeyyy! Det is hier nich Bewatsch!«

Sommer in Berlin riecht nach gegrillten Würstchen in Fladenbrot, nach frischem Regen auf heißem Asphalt, nach stickig pulsierender U-Bahn-Schacht-Luft gemischt mit heißem Baklava und Knoblauch. Sommer in Berlin klingt nach Musik an jeder Ecke, aus jedem U-Bahn-Schacht, aus jedem vorbeifahrenden Auto, aus jedem Kiosk. Sommer in Berlin ist ein einziges Waldorf! Die Stadt singt, tanzt und lacht. Tag und Nacht. »Lebensgefühl Freiheit«, so abgedroschen das klingt, so wahr ist es.

Ab Oktober spätestens aber ganz sicher ab November, schlägt das wieder um in: »Berlin, du kannst so hässlich sein, so dreckig und grau.« Doch jetzt im Sommer taten wir alle so, als würde der sechsmonatige Winter nie kommen. Als gäbe es keine Depression, Kälte und Einsamkeit. Als könnten wir für immer und ewig Würstchen im Fladenbrot mit unseren Freunden aus Marzahn essen und dabei aussehen wie dem Cover der *Neon* entsprungen.

Dieses Jahr würde ich keine Stulpen kaufen. Nicht nur, weil ich sie im Winter längst wieder vergessen hätte, sondern einzig und allein deshalb, weil es dieses Jahr für mich keinen geben würde. Ich würde keine Stulpen brauchen. Auch der goldene Kelch des Moonboot-Trends müsste dieses Jahr an mir vorübergehen. Ebenso die Fellmütze, der Schlauchschal und der Versuch, sich mit Glühwein den Winter doch irgendwie behaglich zu trinken.

Ich konnte den Sommer also in vollen Zügen genießen, ungestört von dem ab und an unangenehm aufblitzenden Gedanken an Vergänglichkeit. Das würde der längste Sommer meines Lebens werden und – Liste, offene Punkte, enttäuschte Eltern hin oder her – es war Zeit, den Sommer zu genießen. Es war Zeit, Rotwein auf dem Balkon zu trinken, am Badeschiff vergeblich nach Körperbehaarung oder nicht tätowierten Körpern Ausschau zu halten. Zeit, nachts die Torstraße entlangzutorkeln und sich mit dem Türsteher der Odessa Bar anzulegen. Zeit, uneingeladen auf Vernissagen den Sekt leer zu trinken oder in Neukölln türkische Brautmode anzuprobieren. Letzteres war zwar jahreszeitenunabhängig, aber außer im Sommer hatte keiner Lust dazu. Es war Zeit, mit meinen Freundinnen den Sommer zu feiern. Vielleicht würde das unser vorerst letzter gemeinsamer Sommer in Berlin sein. Ich musste dringend U-Bahn-Schacht-Luft inhalieren.

Und genau das tat ich dann auch. Taten wir. Wir inhalierten U-Bahn-Schacht-Luft, tanzten im heißen Regen und probierten wieder keine Brautkleider an, weil wir dazu einfach nicht kamen. Wir feierten, als gäbe es kein Morgen. Ganz plötzlich stand alles unter dem Zeichen »vielleicht zum letzten Mal«. Vielleicht zum letzten Mal in die Karaokebar, im Görli grillen, am See Tretboot fahren, im Weekend über easyJet-Touristen lachen, sich im KitKat über Menschen wundern.

Wir trafen uns nach der Arbeit, kochten zusammen, gingen aus oder eben auf den Balkon. Wir übernachteten beieinander und wachten zusammen auf. Wir nahmen uns vor, Rühreier zu machen, und brachten es nie zustande, weil entweder keine Eier da waren oder Kopfschmerzen. Also gingen wir Rühreier mit Aspirin bestellen und freuten uns des Lebens. Wir fragten uns, warum wir das nicht schon die letzten sieben Jahre so gemacht hatten. Warum wir nicht jeden Tag gelebt hätten, als gäbe es kein »beim nächsten Mal«. Wir wunderten uns, dass wir erst so richtig begriffen, was wir hatten, als es zu enden drohte. Und das war wunderschön, weil traurig. Ich hätte es in vollen Zügen genossen, eigentlich, doch neben den ganzen Wermutstropfen, neben dem glücklichen und weinenden Auge, gab es noch diesen anderen Schmerz, den ich einfach nicht ignorieren konnte: den Waisenkind-Schmerz. Meine Eltern.

Stellungnahme

Seit drei Wochen hüllten sie sich nun schon in eisiges Schweigen. Ich drängte nicht weiter auf Kontakt, um ihnen Zeit zu geben, den Schock zu verdauen. Aber sollten sie nicht bald reagieren, würde uns keine Zeit mehr bleiben, um Abschied zu nehmen.

David sorgte sich sehr und machte sich Vorwürfe, das eigentlich gute Verhältnis zwischen mir und meinen Eltern für immer zerstört zu haben. Ich beruhigte ihn mit »Blut ist dicker als Wasser«, was in diesem Zusammenhang überhaupt keinen Sinn machte, aber mir fiel nichts anderes ein.

Drei Wochen und zwei Tage nach dem Telefonat mit meiner Mutter bekam ich eine E-Mail. Der Betreff lautete: »Stellungnahme«. Noch bevor ich die Mail las, wusste ich, dass sie von meinem Vater kam. Allerdings konnte ich bereits aus den ersten Zeilen eindeutig herauslesen, dass meine Mutter in diesem Schreiben das Schlimmste zu verhindern versucht hatte. Trotz Abmilderungsversuchen war die Botschaft jedoch sehr deutlich: Mein Vater war stinksauer und zu Tode enttäuscht. Und darüber hinaus fasste er noch einmal alle Enttäuschungen zusammen, die ich ihm im Laufe unseres gemeinsamen Lebens schon zugefügt hatte. Ich hatte das Falsche studiert (nämlich nicht Jura), war in die falsche Stadt gezogen (nämlich nicht zu Hause geblieben), hatte die falschen Männer getroffen (nämlich keinen potenziellen Schwiegersohn) und arbeitete in der falschen Branche (nämlich nicht in der »Ich verdiene Geld«-Branche). Und all das hatte er großzügig geduldet, ertragen und sogar unterstützt. Aber jetzt, jetzt wäre das Fass voll. Übervoll. Am Überlaufen. Sollte ich tatsächlich gehen, drohte er weder mit Enterbung noch mit Liebesentzug, dafür war er viel zu schlau. Er drohte gar nicht. Er ließ mich einfach nur mit dem Gefühl zurück, die personifizierte Enttäuschung zu sein. Und mein Vater wusste, wenn ich eines nicht aushalten konnte, dann war das, »Schuld« zu haben, Schuld an seiner Enttäuschung.

Das tat weh. Aber fünf Jahre Psychotherapie sollten sich endlich bezahlt machen. Bei dem Gedanken an meinen Therapeuten stellte ich mir vor, wie mein Doktorchen in seinem Sessel sitzen und nach sehr langem Schweigen sagen würde: »Ja. Es ist sein gutes Recht, enttäuscht zu sein. Das müssen Sie jetzt aushalten oder eben in Berlin bleiben.« Ich beschloss, es auszuhalten.

Und genau das teilte ich meinem Vater mit. Ich schrieb ihm zurück, dass es sein gutes Recht wäre, enttäuscht zu sein. Dass ich ihn verstehen würde und es mir leidtäte, ihn verletzt zu haben. Dass ich aber erwachsen wäre und selbst über mein Leben entscheiden müsste und wollte. Dass ich mir das im Gegensatz zu ihm auch zutraute. Und solange ich dabei niemand anderem (körperliche) Schmerzen zufügte oder mich strafbar machte, gab es kein Gesetz, gegen das ich verstoßen würde. Ich hätte das Recht, meine eigenen Erfahrungen zu machen, seien sie auch noch so unnachvollziehbar für ihn. So wäre ich nun mal erzogen worden – womit ich die Schuldfrage geschickt zurückzuspielen versuchte.

Natürlich schrieb ich noch ein paar unqualifizierte Gemeinheiten, wie »dir konnte ich es eh noch nie recht machen« und »selbst wenn ich Präsidentin der USA werden würde ...«, die ich dann aber wieder löschte, weil sie kindisch und unsachlich klangen und waren. Aber es tat gut, es trotzdem einmal aufgeschrieben zu haben. Außerdem fügte ich hinzu, dass ich, wenn dieses Experiment so sehr zum Scheitern verurteilt wäre, wie er annahm, vermutlich schon wieder im Dezember demütig unter seinem Weihnachtsbaum sitzen würde. Dann könnten wir eine Runde Schach spielen, ich alle Einzüger übersehen und ihm tagein, tagaus bestätigen, dass ich auf ihn hätte hören sollen. Leben und Schach gleichermaßen betreffend. Vielleicht würde ich dann doch noch Jura studieren und meinen Dozenten heiraten. Den letzten Satz strich ich wieder weg, damit es nicht doch noch zur Ohrfeige kam.

Gegen Ende versicherte ich ihm aufrichtig meine bedingungslose Tochterliebe und bedankte mich für seine Unterstützung bis zu diesem Tage. Ich würde keine weitere Unterstützung verlangen, wäre aber glücklich, wenn wir uns weiterhin gegenseitig an unserem Leben teilhaben lassen und noch Zeit miteinander verbringen könnten, bis zu meiner Abreise. Denn daran gab es nichts zu rütteln. Und entweder würden wir uns schon bald, wenn diese Schnapsidee in die Hose ginge, oder spätestens nach ein paar Monaten zum Heimatbesuch wiedersehen, falls ich trotz all seiner Bedenken glücklich in der Ferne leben sollte.

Damit versuchte ich die ganze Sache etwas zu entdramatisieren. Schließlich hatte ich nicht vor, mich umzubringen, sondern nur wegzuziehen, vielleicht auch nur vorübergehend. Außerdem gab es ja noch diese verrückte Erfindung namens »Flugzeug«.

Dann dachte ich noch darüber nach, die Betreffzeile in »I'll sail my ship alone!« zu ändern, sah aber davon ab, da mein Vater das nur als aufmüpfig empfinden würde, was es vermutlich auch war.

Nach dem Absenden der E-Mail trat erst einmal wieder Stille ein. Bis am Sonntagnachmittag – ich hatte gerade mit Tina Sushi bestellt – mein Handy klingelte.

Auf meinem Display stand »Papa«. Völlig verängstigt hielt ich das Telefon Tina unter die Nase, die nicht lange fackelte, einfach auf den grünen Knopf drückte und mir das Handy entgegenhielt. Blöde Kuh.

»Hast du Zeit zu reden?«, fragte mein Vater und klang nicht danach, als wollte er nur ein bisschen plaudern. Bestimmt hatte ihn meine Mutter gezwungen, endlich mit mir zu sprechen. Ich blickte auf den Tisch voller Sushi. Tina fuchtelte wie wild vor meinen Augen herum im Versuch, mir pantomimisch ein Take-away-Paket vorzuschlagen.

Ich versprach meinem Vater, ihn in zwanzig Minuten zurückzurufen, sobald ich zu Hause wäre. Mein Sushi ließ ich einpacken, obwohl ich ahnte, dass ich nach diesem Gespräch vermutlich keinen Appetit mehr haben würde.

Tina verabschiedete sich mit ihrem Nigiri und Maki in die andere Richtung und gab mir noch ein paar letzte Ratschläge: »Hör ihm zu und lass dir Zeit mit deinen Antworten. Bleib sachlich, schrei nicht, heul nicht. Sei nicht aufmüpfig.«

Ich fragte: »Sonst noch was?«, und sie sagte: »Ja. Viel Glück!«

Das Gespräch verlief erwartungsgemäß suboptimal. Während wir anfangs noch versuchten, durch konstruktive Kommunikation eine erwachsene Lösung für unser jeweiliges Unbehagen zu finden, drifteten wir bald dahin ab, die Vorwürfe des anderen durch Gegenangriffe niederzukämpfen. Bis wir schließlich beide schrien, keiner mehr zuhörte und ich heulte. Bei »Wer zuerst heult, hat gewonnen« hielt ich seit jeher den Rekord. Aber diesmal ließ sich mein Vater von meinen Tränen nicht kleinkriegen. Jetzt, wo ich doch ach so erwachsen wäre, müsste ich ja auch nicht mehr rumheulen wie ein Kleinkind. Da hatte er recht und das machte mich so wütend, dass ich noch mehr heulte. Am Ende legten wir beide auf und dachten: Arschloch. Immerhin nur gedacht. Und Gedanken waren ja bekanntlich frei, wie mein Vater immer so schön sagte.

Nachdem ich mich kräftig ausgerotzt hatte, rief ich sofort David an und erzählte ihm, was passiert war. Er versuchte, mich zu trösten, so gut das eben über einen Computerbildschirm ging, und bot mir erneut seine Hilfe an. Da er schon befürchtet hatte, dass meine Eltern nach wie vor gegen meine Entscheidung wären, hatte er einen Brief verfasst, den er mir jetzt mailen wollte.

»Mach damit, was du willst. Aber wenn du das Gefühl hast, es könnte helfen, deine Eltern zu beruhigen, dann leite ihn bitte an sie weiter.«

Der Brief war an meine Eltern adressiert. Ich las ihn allein und fing prompt wieder an zu heulen. Es war so unglaublich mutig und herzzerreißend, wie David versuchte, auf über vier getippten Seiten meinen Eltern seine Liebe für mich klarzumachen, seine Absicht, trotz des Wenigen, was er besaß, immer gut für mich zu sorgen und später, so Gott wollte, auch für unsere Kinder. Er legte die Karten offen auf den Tisch, sprach, ohne ein Blatt vor den Mund zu nehmen, über seine Vergangenheit und sein unstetes Leben, machte keinen Hehl aus seinem Gefängnisaufenthalt, aus seiner Strafe, die er abgesessen hatte, und aus seinen Fehlern, aus denen er gelernt hatte.

Dieser Brief war mehr als riskant. Schließlich wussten meine Eltern nicht alles über David. In Bezug auf seine finanziellen Verhältnisse und seine Vergangenheit hatte ich mich bisher eher bedeckt gehalten. Meine Mutter hatte ich nur mit so viel Information wie nötig und so wenig wie möglich versorgt. Und meine Mutter wusste, wann es besser war, nicht genauer nachzufragen. Würde ich zu einem wohlhabenden Resortinhaber ziehen, dessen Geschäft der Tourismus war und bei dem ich bis zum Ende meiner Tage ausgesorgt haben würde, hätte ich das bestimmt von selbst erzählt. Denn dann wären die neuntausend Kilometer Entfernung vermutlich auch schnell vergessen gewesen. Aber so? Ein einsichtiger junger Mann, der Liebe und frischen Fisch versprach? Konnte das alles andere kompensieren? Wohl kaum.

Andererseits klang dieser Brief wirklich aufrichtig. Und vor allem mutig. Mut hatte bisher noch keiner der Vollpfosten bewiesen, die an der elterlichen Tafel dinierten. Aufmüpfigkeit, ja. Arroganz, ja. Unsicherheit, immer wieder. Mut war neu und neu war gut. Denn alles war neu, schließlich war David der erste Mann, mit dem ich tatsächlich zusammenleben wollte oder von dem ich zumindest dachte, dass ich das wollte. Mit David konnte ich mir plötzlich all das vorstellen, was ich mir bisher nicht mal vorstellen *wollte.* Ein gemeinsames Zuhause, noch dazu auf engstem Raum, vielleicht irgendwann Kinder ... Darüber dachte ich natürlich nicht ernsthaft nach, aber der Gedanke erzeugte immerhin keinen Brechreiz mehr. Als ich das mit den Kindern in seinem Brief las, musste ich sogar lächeln. Natürlich schämte ich mich auch gleich, dass ich darüber lächelte, und dann schämte ich mich, dass ich mich schämte.

Dieser Brief war mutig und mehr als gewagt, aber ich fürchtete, dass er auch meine einzige Chance war. Nachdem ich ihn über zehnmal durchgelesen hatte, klickte ich auf »weiterleiten«. Mein einziger Kommentar dazu lautete: »Wenn ihr David kennen würdet, würdet ihr mich vielleicht besser verstehen. Ich liebe euch.«

»Senden«.

Die Bananen sind zu teuer

Die Reaktion meiner Eltern auf Davids Schreiben war verhalten, aber immerhin nicht katastrophal. Sie schienen erleichtert, dass mein Fischer lesen und wirklich gut schreiben konnte, wussten auch sein Engagement und seinen Mut zu schätzen, aber das würde nichts an der Tatsache ändern, dass sie gegen ihn waren. Sie kannten diesen Mann nicht und seine Drogen- und Gefängnisvergangenheit bestätigte das Bild, das sie sich von ihm gemacht hatten. Seine Ehrlichkeit wäre zwar lobenswert, aber Menschen würden sich nur im seltensten Fall wirklich ändern, das wussten sie aus Erfahrung, die mir vermutlich fehlte. Und für Liebe an sich gäbe es nun mal keine Garantie.

Es folgten noch viele Telefonate. Mal wurde geschrien, dann sich entschuldigt, wieder geschrien und immer wieder der Versuch gestartet, doch noch etwas Vernunft in das Kind zu trichtern. Mein Vater ging sogar so weit, dass er anbot, »diesen Daniel« dann eben freizukaufen. Ich erklärte ihm, dass er David hieß, wir hier nicht bei Monopoly wären und nicht eben mal eine »Aus der Bewährung frei«-Karte ziehen könnten. Ich fuhr weniger unsinnig fort, dass es für David in Deutschland keine berufliche Perspektive gäbe, außer im Berliner Zoo das Aquarium zu putzen, und dass er vermutlich eingehen würde wie ein Fisch an Land. Ich sagte auch, dass wir uns allerdings vorstellen könnten, eines Tages vielleicht sogar ein »Tortenheber, Kombi und Schrebergarten«-Leben in Deutschland aufzubauen. Später.

»Wann später?«, fragte mein Vater. »Du bist schließlich nicht mehr die Jüngste!« Daraufhin fing ich wieder an zu schreien, dass Frauen heutzutage, bis sie vierzig wären, Kinder kriegen könnten. »Scheiß Post-alles-Zeitalter!«, sagte mein Vater und ich stimmte ihm zu. Da hatte er recht. Sein Gegenargument, dass es für mich dort, in Indonesien, auch keine berufliche Perspektive geben würde, außer Kokosnüsse von den Palmen zu schütteln, ließen sich meine Eltern nicht ausreden. Meine »Schreiberei« fanden sie ja ganz nett, nahmen sie aber nicht ernst. Davon könnte ich nicht leben. Zumindest nicht auf Dauer.

Auf Themen wie Wohnung, Krankenversicherung, Altersvorsorge oder Rentenversicherung hatte ich mich bestens vorbereitet. Die Wohnung stand schon im Netz zur Untermiete, die Auslandskrankenversicherung war abgeschlossen, die Altersvorsorge ging weiter (wenn auch mit vermindertem Beitrag) und die Rentenversicherung konnte gut und gern pausieren, da ich bereits über fünf Jahre in einem Angestelltenverhältnis verbracht hatte. Das nahm meinem Vater etwas den Wind aus den Segeln, aber er fand doch immer wieder ein Risiko, das ich nicht bedacht hätte. Zum Beispiel, was ich tun würde, wenn meine Untermieter Hausbesetzer wären? Auf diese Frage hatte ich nun wirklich keine Antwort, entschied dann aber einfach, meine Rechtsschutzversicherung aufrechtzuerhalten.

So sehr ich mich auch bemühte, trotz allem den Sommer und meine letzte Zeit in Berlin zu genießen, so wenig gelang es mir. Die Sehnsucht nach David wurde mit jedem Tag größer. Während wir uns zu Beginn noch fröhlich zuwinkten, sobald unser Computerbildschirm das Gesicht des anderen zeigte, wurden wir im Laufe der Zeit immer trauriger. Es lagen noch Monate vor uns, die uns wie eine Ewigkeit erschienen. Als hätte irgendein Arschloch die Zeit angehalten.

Wir spielten nach wie vor gegeneinander Online-Schach, schauten gemeinsam Filme, frühstückten, zogen uns aus und sahen uns gegenseitig beim Orgasmus zu. Aber anstatt damit die Sehnsucht zu stillen, wurde sie mehr und mehr geschürt.

Mir kamen schon bald die ersten Zweifel an meinem ach so gut überlegten Plan. Vielleicht müsste man, wenn man unbedingt seinem Herzen folgen wollte, das doch sofort und kompromisslos tun. Ohne den Versuch, auf Arbeitgeber, Arbeitsamt, Eltern oder offene Punkte auf einer Liste Rücksicht zu nehmen. Vielleicht hätte ich doch einfach von heute auf morgen den Rucksack packen sollen?

In Berlin stand sowieso alles unter dem Zeichen meiner Abreise, die wie ein Damoklesschwert über mir schwebte. Mein Chef konnte sich beleidigte Seitenhiebe à la »Das interessiert dich alles ja eh nicht mehr. Bist ja bald in Simbabwe« nicht verkneifen, Freunde bezogen mich bei der Urlaubsplanung nicht mehr mit ein und meine Eltern zeigten kein großes Interesse daran, noch Zeit mit mir zu verbringen: »Wozu? Das macht die Sache nicht einfacher.«

Und so zog sich der ach so kurzlebige Berliner Sommer ins Unendliche. Wie man es auch drehte und wendete, ich hatte das Gefühl, alle waren entweder enttäuscht, wütend oder einfach nicht mehr an mir interessiert. Alle außer David. Und der war viel zu weit weg.

Auch er versuchte, sein Leben so normal wie möglich weiterzuleben. Tagsüber half er im Resort, informierte Gäste über die Insel oder organisierte Schnorchel- und Angeltouren. In den frühen Morgenstunden und sehr häufig auch die ganze Nacht hindurch fuhr er allein mit dem Boot raus, im Versuch, den Ozean leer zu fischen. Er wollte so viel Geld wie möglich verdienen, um uns eine eigene Bambushütte im Resort zu bauen. Seine einfache Kammer war eindeutig zu klein für uns beide und verfügte nicht über den Luxus eines Badezimmers. Außerdem versprach er mir ein kleines Büro und den größten Balkon, den eine Bambushütte je gesehen hätte. Er wollte mir das unluxuriöse Leben auf »seiner« Insel so angenehm wie möglich gestalten. Ich fand das alles furchtbar romantisch, konnte mir aber beim besten Willen nicht vorstellen, dass man so viele Fische fangen konnte, um davon eine Hütte zu finanzieren. Meinen Vorschlag, dass ich mich daran beteiligen und ihm etwas Geld schicken könnte, lehnte er vehement ab. Es war ihm unangenehm genug, dass er mir zu meinem Flug nichts dazugeben konnte. Außerdem wäre er Südafrikaner und das bedeutete, wie ich bald herausfand, dass er der Meinung war, der Mann müsste für die Frau sorgen, emotional und finanziell.

An vielen Tagen und in noch mehr Nächten konnte ich David einfach nicht erreichen. Meist war er auf offener See und hatte oft kein Handysignal. Oder die gesamte Kommunikation auf der Insel war wegen eines Gewitters zusammengebrochen. Oder, was am häufigsten vorkam, er hatte sein Handy mal wieder versehentlich im Meer versenkt. Wenn das passierte, wurde ich mal halb wahnsinnig vor Angst, an anderen Tagen einfach nur scheißwütend. Wütend wurde ich auch dann, wenn David vor oder sogar während unserer Skype-Gespräche einschlief. Und wütend deshalb, weil ich eigentlich nicht wütend sein durfte, aber so enttäuscht war, dass ich es nur noch mit Wut ausdrücken konnte. Ich wusste, dass ich ihm eigentlich keinen Vorwurf machen durfte: Er musste auch oft stundenlang auf mich warten, wenn ich mal wieder in einer Telko oder einer anderen Belanglosigkeit feststeckte. Dann kam ich völlig abgehetzt nach Hause, fuhr meinen Computer hoch, noch bevor ich die Schuhe auszog, und hoffte, dass er bis weit nach Mitternacht seiner Zeit durchgehalten hatte. Er beklagte sich nie, wenn ich zu spät kam. Im Gegenteil, er sagte stets: »Das macht nichts, mein Engel.«

Oft gelang es uns, trotz fortgeschrittener Stunde noch stundenlang zu sprechen. Aber mit der Zeit war David von seinen durchfischten Nächten mehr und mehr erschöpft. Nur mühsam hielt er die Augen noch offen, begann langsam, aber sicher undeutlich zu sprechen und ich wusste, es war nur noch eine Frage der Zeit, bis er den Schlaf der Gerechten schlafen würden. Denn wenn David schlief, dann schlief er. Da konnte ich ihn noch so lange über Skype anschreien oder sein Handy Sturm klingeln lassen, er war nicht mehr wach zu kriegen. Und ich? Ich saß dann da, neun Uhr abends, allein mit meinem Glas Wein und meiner neuen sexy Unterwäsche, die ich ihm als Überraschung präsentieren wollte.

Diese Liebe auf Entfernung machte mich völlig fertig. Ich lebte in zwei Welten und hatte ständig das Gefühl, es in beiden zu vermasseln. Meine Freunde waren enttäuscht, wenn ich sie wegen eines Computergesprächs versetzte, und ich, wenn David aus Erschöpfung einschlief. Und obwohl er mir immer versicherte, dass meine Freunde vorgingen und er niemals Druck ausüben würde, fühlte ich mich unwohl, ihn nicht gesprochen zu haben. Unsere Beziehung war bei Weitem noch nicht stabil genug, als dass sie diese fünf Monate ohne Schwierigkeiten überstehen konnte. Ich hatte große Angst, David zu verlieren, bevor es überhaupt losging. Angst, dass es uns zu mühevoll werden könnte, uns noch monatelang über den Computer hinweg anzuschmachten.

So wurde ich zunehmend frustrierter. So frustriert, dass ich darüber nachdachte, Frau Hagemeyer anzurufen und meinen Flug auf »sofort« umzubuchen. Diesen Gedanken hatte ich oft. Sehr oft. Und einmal erkundigte ich mich tatsächlich nach einer Vorverlegung. Aber irgendetwas sagte mir, dass das nun wirklich falsch wäre. Dass wir diese Feuerprobe überstehen müssten. Ich glaube, es war mein Verstand, der sich in diesen Momenten zu Wort meldete. Und ich hoffte, dass sich bis zu meiner Abreise doch noch alles zum Guten wenden würde. Außerdem vermisste ich meine Eltern, obwohl ich noch nicht mal weg war.

Also beschloss ich durchzuhalten und machte einfach weiter, der Liste folgend, dem nur noch befristeten »Ernst des Lebens« gehorchend. Ich vereinbarte Arzttermine zum Thema Impfung, Verhütung und Vorsorge. Außerdem begann ich, Indonesisch zu lernen, was zum Gipfel meiner Frustration wurde. Auf meiner »Kauderwelsch-Indonesisch«-Sprach-CD gelang es mir nicht mal, Sätze nachzusprechen, geschweige denn zu übersetzen. Das war keine Sprache. Das war eine Aneinanderreihung von Buchstaben, die nicht zueinanderpassten. Dabei hielt ich mich immer für eine Art Sprachgenie: Ich konnte Italienisch, Spanisch, Englisch und einen Hauch Französisch. Doch Indonesisch hatte nichts mit jenen Sprachen gemein.

Ich hörte die CD auf dem Fahrrad, beim Fensterputzen und in der Badewanne. Und jedes Mal fühlte es sich an, als würde ich sie zum ersten Mal hören. Ich übte mit David auf Skype, der sehr geduldig war, mir aber immer wieder versicherte, dass spätestens im Land die Verständigung von selbst kommen würde.

So lange wollte ich aber nicht warten, denn in meinem zukünftigen Zuhause gab es 22 Mitarbeiter, die ausschließlich Indonesisch sprachen. Und meine einzige Chance, dort zu überleben, war es, mit Menschen in Kontakt zu kommen. Schließlich war ich in Berlin Tag und Nacht von meinen Freunden umgeben. Ich war kein Mensch, der gut allein konnte, also übte ich weiter. Morgens begrüßte ich meine Kollegin mit »selamat pagi« und sagte ihr, dass die Bananen viel zu teuer wären: »Ibu, pisang ini teralu mahal!« Das war mein Lieblingssatz. Gefolgt von: »Aku ke kamar kecil. Cepat!« Ich muss zur Toilette. Schnell!

Sie sah mich unbeeindruckt an und sagte: »Du mich auch!«

Meine Hütte, mein Fischer, meine Steckdosen!

Irgendwie verging die Zeit dann doch und eh ich mich versah, war es auch schon so weit, bei der Agentur für Arbeit vorsprechen zu müssen. Eigentlich hasste ich diese Termine. Vorab galt es jedes Mal hundert Seiten Formulare auf Umweltpapier auszufüllen, den kompletten Lebenslauf zu überarbeiten und anzugeben, in welche Art von Arbeitsverhältnis man vermittelt werden möchte. Außerdem, warum man das Arbeitsverhältnis beendet hatte oder es beendet wurde. Dabei ging es eigentlich nur um Klärung der Schuldfrage, die wiederum über zukünftige Zahlungen oder gegebenenfalls eine dreimonatige Sperre entschied.

Sobald man dann endlich einen Termin hatte, hieß es in meinem Fall, einmal durch die halbe Stadt zu fahren, in den tristen Wedding, um dann in den kafkaesken Gängen, die an eine Psychiatrie um die Jahrhundertwende erinnerten, auf eine unmotivierte, übergewichtige Mitarbeiterin zu warten, die alles im Sinn hatte, außer einem weiterzuhelfen oder gar Verständnis für ein abgebrochenes Arbeitsverhältnis aufzubringen.

Diesmal war allerdings alles anders: Ich füllte nur den absoluten Pflichtteil aus und ließ die Felder bezüglich des zukünftigen Arbeitsverhältnisses einfach frei. Das Vermittlungsgespräch verlief dementsprechend knapp:

»Ich gehe ab November ins außereuropäische Ausland.«

»Beruflich?«

»Nein.«

»Sondern?«

»Privat.«

»Aha. Dann können wir Sie aber nicht vermitteln.«

»Ich weiß.«

»Und dann können Sie auch keine Leistungen beziehen.«

»Ich weiß. Machen Sie sich bitte keine Gedanken. Mein Freund ist Fischer.«

»Wie bitte?«

»Ach, egal. Sonst noch was?«

Sonst noch was! Wie genial war das denn bitte? Ich kam mir vor wie Christoph Walz als Dr. King Schulz in *Django Unchained.* Danach ging ich wieder an den Empfang, meldete mich wegen Auslandsaufenthaltes ab November ab und bestätigte der Dame in der Leistungsabteilung ebenfalls, dass sie sich keine Gedanken um mich machen müsste. Sobald ich zurück wäre und wieder deutschen Boden unter den Füßen hätte, wäre mein erster Gang selbstverständlich der zur Agentur für Arbeit, noch bevor ich den Rucksack ausgepackt hätte, um Leistungsbezug und die Fortzahlung meiner Krankenversicherung zu gewährleisten. Das würde mir dann ja schließlich zustehen, oder?

Das hatte richtig Spaß gemacht. Selbst wenn die ganze Inselnummer in die Hose gehen sollte, wäre es allein dieser Besuch schon wert gewesen.

Als Untermieter für meine Wohnung hatte ich ein nettes brasilianisches Ehepaar gefunden. Sie waren in meinem Alter und mir auf Anhieb sympathisch. Ich verlangte ein bisschen weniger als die ursprünglich angedachte Miete, konnte mir dafür aber sicher sein, dass sie keine Gangbang-Partys in meinem Schlafzimmer veranstalten würden. Außerdem waren sie bereit, meine geliebte Reinigungskraft zu übernehmen, womit ich Punkt sechs wieder von der Liste streichen konnte und nicht für den Anstieg von Arbeitslosigkeit verantwortlich wäre. Der einzige Haken war, dass sie bereits ab Oktober eine Unterkunft bräuchten.

Da ich die meiste Zeit eh bei Freunden verbrachte, beschloss ich spontan, den letzten Monat in Berlin auf »Couchsurfing« umzusteigen. Das würde mir auch ausreichend Zeit geben, noch mal intensiv Abschied von meinen Freunden zu nehmen.

David und ich wurden immer aufgeregter und malten uns wiederholte Male unsere Begrüßung am Flughafen aus. Unbedingt erst mal lange küssen, natürlich ohne Zunge, wegen der Scharia-Flughafenpolizei. Obwohl wir erfreut feststellten, dass doch kein Arschloch die Zeit angehalten hatte, lagen noch grausame sechs Wochen vor uns. Der Bau unserer Hütte war schon im vollen Gange und sollte bis kurz vor meiner Ankunft sogar fertiggestellt sein.

Wir hatten diese zusammen über Skype konstruiert. David forderte mich auf, ein acht mal vier Zentimeter großes Rechteck auf ein Blatt Papier zu zeichnen. Unsere Hütte würde 32 Quadratmeter haben. Ich musste daraufhin festlegen, welche Größe der Balkon, das Bad und mein Büro haben sollten, und entschied mich für einen sechs Meter langen und eineinhalb Meter breiten Balkon mit Blick auf das Meer, außerdem für ein vier Quadratmeter großes Büro mit Schreibtisch am Fenster und Blick aufs Meer. Natürlich. Das Bad war genauso groß wie das Büro und der Rest der Hütte stand vor allem für unser riesiges Bett zur Verfügung. Schließlich würden wir auf Balkon und Bett die meiste Zeit verbringen, argumentierte ich für meinen architektonischen Entwurf. David verkündete stolz, dass wir in der Dusche Warmwasser hätten und insgesamt sieben Steckdosen in der Hütte, plus eine auf dem Balkon.

Ich war begeistert! Meine Hütte, mein Fischer, meine Steckdosen! Was wollte man mehr?

Bei der indonesischen Botschaft in Berlin beantragte ich ein Visum für zwei Monate und hoffte auf Verlängerung vor Ort. Den Handyvertrag setzte ich ab November auf den Mindestbeitrag runter, denn so ganz konnte und wollte ich auf mein iPhone dann doch nicht verzichten. Schon allein wegen meiner Übersetzungs-App. Nur mit »Mutter, die Bananen sind viel zu teuer« würde ich vermutlich nicht so weit kommen.

Meine Post leitete ich ab November für sechs Monate auf Tina um, die diese vermutlich akkurater bearbeiten würde als ich selbst. Das Fahrrad kam erst mal in den Keller, da ich es nicht übers Herz brachte, diesen treuen Freund aus der Hand zu geben. Und der Rest, den ich weder mitnehmen noch in Kisten packen wollte, der kam dann mit dem ausgemisteten Kleiderschrank auf den Flohmarkt.

Tina ließ sich nicht zweimal bitten, an einem Sonntag ab fünf Uhr morgens einen Stand auf dem Mauerpark-Flohmarkt zu mieten. So etwas fand sie nämlich lustig. So hingen meine H&M-Garderobe neben ihrer Gucci-Kollektion und meine Secondhand-Handtaschen neben ihren Louis-Vuitton-Ungetümen. Während Tina versuchte, wenigstens ein Drittel des Neupreises auszuhandeln, hielt ich es mit dem Motto: »Im Zweifel ein Euro!« Hauptsache, ich musste den Krempel nicht wieder mit nach Hause schleppen. Potenzielle Käufer legten häufig die schöne Häschen-Fellmütze irritiert zurück, sobald sie den Preis erfuhren. Wenn etwas zu günstig war, wollte es plötzlich niemand mehr haben. Die Menschen waren so misstrauisch.

Von Gili nach Lombok.

Sundowner auf Lombok

wenn mich jemand sucht,
bin ich auf'm Sonnendeck ...

Auf Bali bei Ganesha

Noch Fragen?

Landeanflug!

Auf hoher See.

Blaue Lagune.

Mach's gut,
du Trottel?

Streichen ohne Tropfen?
Unmöglich.

Selbst ist die Frau!

Bellinis neues Bett –
selbst gebaut.

Das Lebkuchenhäuschen

So lässt es sich arbeiten.

Wohnzimmerfenster.
Ist das Südseite?

Ein Mann und sein Boot.

Die Nachbarschaft.

überraschungsbesuch!

Anker werfen,
den Rest schwimmen.

Boot und Floß.

Mein Mann, meine Katze, unser Abendessen.

Zum Frühstück
Nasi Guri.

Traumprinz ?

HOME
sweet home

Wenn ich dann versicherte, dass ich wirklich an diesem Stück hinge, es aber loswerden müsste, weil ich demnächst an einen Ort auswandern würde, an dem man unter Garantie keine Fellmütze bräuchte, griffen sie doch beherzt zu: »Ach, wenn das so ist. Gehen auch fünfzig Cent?«

»Nein. Aber fünf Euro gehen auch. Vier davon investiere ich dann in mein Flugticket. Einverstanden?«

Eher nicht.

Andere wurden dann erst richtig neugierig und fragten nach, wo es denn hingehen würde. In schimmernden Farben malte ich ihnen die romantische Geschichte von mir und dem Fischer aus, auch in der Hoffnung, ihr Kaufinteresse damit zu wecken. Denn das junge Glück müsste man doch unterstützen. Meistens waren das aber genau die Leute, die am Ende gar nichts kauften. Ich hatte mir wirklich mehr Unterstützung erwartet.

Am Ende des Tages hatte ich abzüglich diverser Toilettengänge, drei Milchkaffees, einer Portion Pommes und der Standgebühr ganze vierzig Euro eingenommen, die ich abends mit Tina im Schwarzsauer in Drinks investierte. Wir stießen auf die Liebe, den Mut und das Loslassenkönnen an. Und dann auch auf unsere Freundschaft, auf Skype und auf Döner! Davon konnten wir gar nicht genug bekommen.

Das Leben war wunderschön aufregend.

Berlin Tag und Nacht

Am ersten Oktober war es dann so weit: Schlüssel- und damit auch Wohnungsübergabe. Das brasilianische Ehepaar zog ein. Bei unserem ersten Gespräch meinten sie, es würde ausreichen, wenn ich den Kleiderschrank und ein bis zwei Regale freimachen könnte. Sie wären selbst noch nicht lange in Berlin und hätten daher nicht viel, was sie mitbringen würden.

Nun standen sie eine Stunde zu früh vor meiner Tür und schafften Karton um Karton, Pflanze um Pflanze, Koffer um Rucksack und diverse Bilderrahmen in meine Wohnung. Ich versuchte, nicht im Weg zu stehen, und sah dabei zu, wie sich meine Wohnung, die seit sieben Jahren mein wunderbarer, zweistöckiger Zufluchtsort war, im Handumdrehen in ein neues Zuhause verwandelte, in ein Ehepaar-Zuhause. Mein Hundertwasser wich einem eingerahmten Fußballschal und mein Feuerholz wurde von zwei Snowboards überlagert. Das war eindeutig zu viel für meine Nerven.

Ich wünschte ein glückliches Einleben und dass sie sich immer zu Hause fühlen sollten, so als wäre es ihr Eigen. In diesem Wunsch steckte der schlecht versteckte Appell, nichts kaputtzumachen, den sie nicht wahrzunehmen schienen oder geflissentlich überhörten. Ich warf einen letzten Blick auf meinen stets leeren Kühlschrank und sah zu, wie sich plötzlich Wurst und Käse neben meinem Nagellack stapelten. Meiner Wohnung gegenüber fühlte ich mich als elendige Verräterin.

»Es tut mir leid«, murmelte ich meinen vier Wänden zu. Dann packte ich meine beiden Gepäckstücke: einen Koffer, der meine Herbstkollektion enthielt – schließlich galt es noch einen Monat zu überbrücken, bevor meine Arbeitskleidung aus Bikinis bestehen würde –, und den Reiserucksack mit meinem Inselgepäck, der aus der Frage »Welche drei Dinge würdest du auf eine einsame Insel mitnehmen?« Realität werden ließ.

Ich glaube, meine Nachmieter waren froh, als sie endlich ungestört waren und auch die »Alles Liebe zur Hochzeit«-Karte von meinem Kühlschrank entfernen konnten, die mir Tina zum dreißigsten Geburtstag geschenkt hatte. Sie fand das witzig. War ja klar.

Als ich mit meinen zwei Gepäckstücken zur U-Bahn trottete, fühlte ich mich wie der einsamste Mensch auf der ganzen Welt. Ich hatte gerade mein Zuhause verloren, würde auf eine einsame Insel ziehen, sehr bald gar nicht mehr zu einer U-Bahn-Station laufen können oder Menschen in Cafés sitzen sehen, die mit ihren Laptops spielten und Tanktops trugen. Jeder Dönerstand verursachte einen Stich in meinem Herz. Und davon gab es so einige auf dem Weg zur U8. Plötzlich fühlte sich dieser ganze Inselspaß so gar nicht mehr lustig, sondern unglaublich real an. Und plötzlich wusste ich nicht mehr, ob ich real mochte.

Mit gemischten Gefühlen kam ich bei Lutz und Vinci an. Die beiden hatten mir angeboten, den kompletten Monat bis zu meiner Abreise bei ihnen, ihrer hässlich-süßen Perserkatze Francesca und der französischen Bulldogge Kiwi zu wohnen. Ich nahm das Angebot gern an. Es tat gut, eine Basis zu haben. Außerdem gab es einen Kaffeevollautomaten und ich liebte diese beiden Chaoten, die unterschiedlicher nicht sein könnten. Ihre Ehe ging bereits in das dritte Jahr und sie konnten einfach nicht genug davon bekommen, sich ihre Namen, Initialen oder andere Erinnerungen gegenseitig auf ihre Körper tätowieren zu lassen.

Lutz machte mir sofort einen Kaffee, als er meine betrübte Miene sah.

»Was ist los, Kleine? Hast du es dir anders überlegt? Muffensausen?«

»Nein«, sagte ich und fing an zu heulen. »Aber ... aber die Brasilianer haben Wurst und Käse in meinen Kühlschrank gepackt«, fügte ich erklärend hinzu.

»Was?«, erzürnte sich Vinci, der gerade in einem flotten Einteiler das Badezimmer putzte. »Solche Verräter!«

Ich fühlte mich verstanden und damit auch schon zu Hause.

Der Monat mit den beiden war für mich wie Urlaub. Sie hatten mir ihr kleines Gästezimmer unter dem Dach hergerichtet. Es war perfekt ausgestattet mit rosafarbenen Handtüchern, passender Bettwäsche und einer samtweichen Schlafbrille. Ich hatte zwar keine Tür, dafür aber einen eigenen kleinen Flatscreen- Fernseher. Bei Lutz und Vinci gab es nämlich in jedem Zimmer einen Flatscreen, auch in der Küche und im Bad. Lutz behauptete, das ginge nicht anders, weil er nun mal Fernsehmacher wäre, aber ich glaubte, es war deshalb so, weil Vinci rund um die Uhr fernsehen wollte. Es war halt Liebe.

Ich fühlte mich rundum wohl. Morgens bekam ich von Lutz frischen Kaffee serviert und anschließend gingen wir mit Kiwi im Köllnischen Park Gassi. Lutz zeigte mir die beiden Braunbären, die dort in einem Bärenzwinger wohnten: Maxi und Schnute. Anfangs dachte ich, Lutz wollte mich auf den Arm nehmen, als er meinte, wir gingen jetzt die Bären besuchen, aber dann – tatsächlich! – zwei leibhaftige Braunbären. Mitten in Berlin-Mitte, gleich um die Ecke vom KitKatClub. Nach sieben Jahren in dieser Stadt sah ich die Bären zum ersten Mal. Sie waren einfach da.

Ich hätte Maxi und Schnute stundenlang dabei beobachten können, wie sie lustlos durch ihren Zwinger trotteten, daher kam ich auch meist nach unseren ausgedehnten Gassigängen etwas zu spät ins Büro. Dort stotterte ich gerade noch meine letzten Tage ab und erinnerte meinen Chef daran, meine Akkuratesse zu kritisieren. Ich wollte ihm auf keinen Fall das Gefühl geben, nicht mehr motiviert zu sein, doch er wollte von Akkuratesse nichts mehr hören. Also tranken wir Kaffee statt Wasser und plauderten auf der Terrasse. Ich glaube, er war doch ein bisschen traurig, dass zum ersten Mal kein Verlass auf meine Sprunghaftigkeit war.

Wenn ich abends nach Hause kam, schnappte ich mir noch mal den Hund oder spielte mit der Katze, bis uns Lutz mit Berliner Hausmannskost verwöhnte. Manchmal »kochte« auch Vinci. Dann gab es irgendwas Undefinierbares aus der Packung und wir mussten ihn loben, wir toll er umgerührt hatte.

Nach dem Essen lümmelten wir uns samt Hund und Katze auf das riesige Sofa und sahen *Spartacus* auf dem größten Fernseher im Wohnzimmer. Zusammen schmachteten wir die muskelgestählten Körper an und stritten uns, wer der Schönste wäre, bis Lutz und Vinci zu streiten begannen und ich versuchte, das Thema zu wechseln.

Manchmal fuhren wir auch zusammen einkaufen. Das nannten wir dann Familienausflug, weil Vinci und ich uns stritten, wer im Auto vorn sitzen durfte. Meistens ging es ins nächste Einkaufszentrum und dort direkt in den Media Markt. Dann durften Vinci und ich uns eine DVD aussuchen. Leider hatten wir einen ziemlich unterschiedlichen Filmgeschmack. Ich wollte *Coffee and Cigarettes* von Jim Jarmusch sehen, aber Vinci sagte das nichts, weder Film noch Regisseur. Als ich ihm erklärte, dass es sich um einen

Episodenfilm mit Roberto Benigni handelte und dass doch gerade er als Italiener das wissen müsse, meinte Vinci nur, er fände schwarz-weiß langweilig und ich könnte mir meinen Jacques Chirac samt seinen alten Schinken an den Hut stecken. »Jim Jarmusch!«, wiederholte ich und schimpfte ihn einen Banausen, was ihm als Italiener auch nichts sagte.

Vinci wollte *La Boum – Die Fete* sehen, was wiederum mir nichts sagte. Daraufhin rastete er völlig aus und begann zu singen: »Dreams are my reality, the only kind of real fantasy, illusions are a common thing ...«, bis ich nachgab und meinen Jacques Chirac wieder ins Regal steckte.

Noch am selben Abend sahen wir *La Boum* und fühlten uns alle wieder wie 13. Dabei aßen wir Eis und rauchten Kette, was wir mit 13 auch schon gemacht hatten. Wenn die Zigaretten oder das Eis ausgingen, dann schrie Vinci ganz laut: »Luuutz! Die Zigaretten sind alle!«

Anfangs schimpfte ich noch mit ihm, dass er den lieben Lutz nicht immer so rumschicken dürfte, doch nach einigen Tagen erwischte ich mich selbst dabei: »Luuutz!«

»Was?«

»Ach, nichts. Ich geh selber.«

»Was?«

»Gibt's noch Eis?«

»Im Eis-Kühlschrank.«

»Wir haben einen eigenen Kühlschrank nur für Eis?«

»Nein. Nur für Häagen-Dazs! Bleib sitzen. Vinci will eh noch 'nen Eistee. Schatz? Mango oder Ananas?«

»Gemischt!«

Ich war im Himmel.

Abnabelung hoch zwei

So wunderbar meine letzten Wochen in Berlin schon waren, gepaart mit meiner Vorfreude, nach all den Monaten bald wieder in Davids Armen zu liegen, kam es noch besser: Meine Eltern wurden versöhnlich und schlugen vor, nun doch noch ein paar gemeinsame Tage zu verbringen, bevor ich das Land verlassen würde. Wir entschieden uns für ein Treffen auf neutralem Boden, in einem Wellnesshotel in Österreich. Da ließ ich mich nicht zweimal bitten.

Ich wusste nicht genau, was sie letztendlich dazu bewogen hatte, nicht mehr stinksauer auf mich zu sein: Meine Argumente, dass ich in meiner Hütte sieben Steckdosen hätte (Steckdosen waren für meinen Vater bei der Wohnungsplanung immer besonders wichtig) und damit auch überall mit ihnen skypen könnte, dass ich bald die einzige blonde Bayerin sein würde, die Indonesisch sprechen und fischen könnte, und es außerdem mit dem Euro eh gerade bergab ginge, waren vermutlich ein Anfang. Gerade das mit dem Euro funktionierte ganz gut, zumindest bei meinem Vater. Denn womöglich wäre es angesichts der wirtschaftlichen Lage gar nicht schlecht, bald eine Adresse im Ausland zu haben ... wobei ihm die Schweiz natürlich lieber gewesen wäre.

Vielleicht stimmten sie auch nur zu, doch noch Zeit mit mir zu verbringen, weil es langsam ernst wurde und wir bald keine Zeit mehr hätten, uns weiterhin am Telefon anzuschreien. Vielleicht hatten sie einfach keine andere Wahl. Oder vielleicht hatten sie doch einfach beschlossen, ihrer Tochter zu vertrauen. Ein weiteres Mal.

Nach dem Aufenthalt in Österreich blieb ich noch einige Tage bei ihnen zu Hause, wo es wirklich am schönsten war. Ich stellte ihnen via Skype David vor, der sich zur Feier des Tages sogar ein T-Shirt angezogen hatte und fünf Minuten lang versuchte, nicht zu rauchen, was ihm jedoch nicht gelang. Ich half ein bisschen mit dem Übersetzen, als mein Vater versuchte, David auf der Karte Garmisch-Partenkirchen zu zeigen. Warum mein Vater das tat, wusste ich nicht. David auch nicht. Und es tat ihm furchtbar leid, dass er Garmisch-Partenkirchen nicht kannte. Mein Vater gab nicht auf. Er hielt ihm die Landkarte noch näher vor das Videofenster, um ihm die wichtigsten Städte Deutschlands, also Ingolstadt und Berlin, zu zeigen. Meine Mutter mochte David auf Anhieb. »So ein höflicher junger Mann«, sagte sie und hatte recht. Anschließend half sie mir, zwei bayerische Bierkrüge mit unserem Stadtwappen in Zeitungspapier einzuwickeln und diese zusammen mit einem Duschvorhang, Milka-Schokolade und zwei Kilo Gummibärchen in ein Paket zu packen, das wir auf die Insel schicken wollten. Mein Vater wollte auch seinen Teil zu diesem Paket beitragen und kam sehr stolz vom Baumarkt zurück. Er brachte mir zwei Paar Handschuhe mit: Ein Paar zum Fischen, das andere für die Gartenarbeit. Außerdem zog er einen gelben Bauarbeiterhelm hervor: »Der ist für den Strand, wegen der Kokosnüsse.«

Ich fand das sehr vorausschauend von ihm und herzzerreißend süß. Allerdings bat ich meine Mutter, den Helm wieder unauffällig aus dem Paket verschwinden zu lassen. Gartenarbeit sah ich auch noch nicht so recht kommen, aber vielleicht wusste mein Vater da mehr als ich.

Die beiden rührten mich. Sie gaben sich so viel Mühe und standen nun irgendwie doch hinter meiner Entscheidung. Nicht aus vollem Herzen, aber aus Prinzip. Schadensbegrenzung. Wenn das Kind schon auf eine Insel zieht, dann wenigstens nicht ohne Helm.

Der Abschied war dafür schrecklich. Meine Eltern brachten mich zum Bahnhof unseres Heimatstädtchens, an dem wir uns schon so oft zuvor verabschiedet hatten. Meistens sagten wir dann »Bis Weihnachten« oder »Das nächste Mal kommt ihr mich besuchen!«, aber diesmal fehlten uns die richtigen Worte für diesen Abschied. Zumindest mir.

»Machen wir es nicht dramatischer, als es ist«, sagte mein Vater und ich war sehr dankbar für seine pragmatische Art. »Melde dich, wenn du zurück in Berlin bist. Wir sprechen ja noch ein paarmal, bevor du fliegst. Hast du deinen Helm?«

»Ja. Ist im Paket, Papa. Danke für alles. Ich liebe euch.«

»Wir lieben dich auch«, sagten sie.

Dann schlossen sich die Zugtüren und ich wartete auf die Tränen, die aber nicht kamen. Ich war sehr glücklich, so mutige Eltern zu haben, und war mir auch sicher, die beiden bald wiederzusehen. Sei es in Asien, in Europa oder auf Skype. Im Herzen waren sie immer bei mir.

Zurück in Berlin erledigte ich noch den letzten Punkt auf meiner Liste: Punkt 17. Ich hatte zwar meinen Therapeuten schon von meinem Vorhaben unterrichtet, aber das Ganze noch etwas runtergespielt, im Sinne von: »Mal sehen, ob ich wirklich gehe, wenn es dann so weit ist!«

Das Problem war, dass es mir unglaublich schwerfiel, ihn »zu verlassen«. Schließlich war er seit über fünf Jahren, die wir uns nun kannten, der einzige Mann, der nicht über mich urteilte. Ich redete, er hörte zu. Nur wenn es wirklich etwas zu sagen gab, dann sagte er was. Aber auch nur dann.

Als ich ihm zum ersten Mal von meinen Inselplänen erzählte, fragte ich ihn sofort nach der Möglichkeit einer Skype-Therapie. Ich wollte ihm nicht das Gefühl geben, meine Pläne ohne ihn zu machen. Insgeheim wollte ich doch so gern seine Lieblingspatientin sein, so wie sich das alle Patienten wünschen.

Er meinte, in Japan wäre Psychotherapie über Skype bereits üblich, da es dort nur wenige Therapeuten für sehr viele Menschen gäbe. Nach dieser Antwort wusste ich nicht, ob das nun bedeuten würde, dass er und ich, zwischen Deutschland und Sumatra, weit weg von Japan, das auch tun könnten. Ich traute mich nicht, weiter nachzufragen, weil ich Angst hatte, er könnte Nein sagen.

Doch kurz vor meiner letzten Therapiesitzung wurde mir klar, dass meine Auslandskrankenversicherung vermutlich nicht für meine Therapie in Deutschland aufkommen würde. Es führte kein Weg daran vorbei: Wir mussten uns trennen. Ich nahm an, er wusste das längst, schließlich therapierte er mich nicht aus reinem Vergnügen, obwohl ich ganz bestimmt seine Lieblingspatientin war!

Ich lag also wie immer auf der Couch und sah auf den Kunstdruck an der Wand, an den ich mich außerhalb dieses Zimmers seltsamerweise niemals zu erinnern vermochte. Diesmal war ich es, die außergewöhnlich laut schwieg. Mein Therapeut erkundigte sich dagegen ungewohnt detailliert nach meinen Aussichten, falls ich beschließen würde, doch wieder nach Hause zu kommen. Ob ich wieder in meine Wohnung oder in meinen alten Job zurückkönnte?

Ich spürte die schlecht versteckte Prophezeiung dahinter, die mich zugegeben sehr beunruhigte und etwas wütend machte. Denn mein Therapeut hatte sich in all unseren gemeinsamen Jahren immer große Mühe gegeben, seine Meinung für sich zu behalten. Das hatte mich oft wahnsinnig gemacht. Immer wenn ich fragte: »Was denken Sie darüber?«, sagte er: »Was glauben Sie, was ich darüber denke?« oder: »Ist das wichtig?«

Und jetzt? Jetzt wollte ich zum ersten Mal nicht unbedingt wissen, was er dachte, weil ich Angst hatte, er wüsste schon wieder vor mir, dass ich im Begriff war, einen großen Fehler zu machen. Daher tat ich so, als würde ich diesen Wink mit dem Zaunpfahl nicht verstehen. Schließlich verstand ich ihn meistens nicht und sagte wenig überzeugend: »Darüber mache ich mir erst Gedanken, wenn es so weit ist. Ich werde dann schon eine Lösung finden.«

Als ich mich wie immer per Handschlag verabschiedete und er sich anschließend wie immer wieder in seinen Sessel setzte, während ich das Zimmer verließ, sagte ich nicht »Dann bis in zwei Wochen« wie sonst. Ich sagte: »Danke. Für alles. Und wenn ich darf, würde ich Ihnen gern mal eine E-Mail schreiben.«

Er sagte: »Machen Sie das. Und viel Glück, Frau Hagn!« Als ich schon an der Ausgangstür angekommen war, lugte er noch einmal um die Ecke und sagte: »Und vielleicht schicken Sie auch mal ein paar Fotos.«

Wusste ich es doch, dass er nicht in diesem Sessel sitzen blieb.

Na herzlichen Glückwunsch!

Inzwischen war es Mitte Oktober und ich versuchte, alle meine Freunde noch einmal zu treffen. Das war nicht so einfach, da ich zwei Arten von Freunden hatte: Die, mit denen man sich in einer großen Gruppe treffen konnte, in der sich alle kannten und mochten, und die, die keine Gruppen mochten. Zu dieser Sorte gehörte auch mein Exfreund Stefan. Da wir seit über zwei Jahren schon nicht mehr zusammen waren, war es uns inzwischen möglich, wieder gut befreundet zu sein. Stefan kannte mich manchmal besser als ich mich selbst. Wir verabredeten uns für das, was wir gemeinsam am besten konnten: fürs Kino.

Wir sahen *Liebe* von Michael Haneke, der kurz gesagt davon handelte, wie ein Mann seine Frau, die nach einem Schlaganfall ab der Hüfte abwärts halbseitig gelähmt war, in den Tod begleitete. Der Film war schrecklich traurig. Stefan und ich heulten Rotz und Wasser. Auch wenn Stefan so tat, als wäre er nur erkältet.

Als der Abspann vorbei war und die Lichter im Saal wieder angingen, blieben alle sitzen. Es schien, der gesamte Kinosaal stünde unter Schock. Stefan erhob sich als Erster, griff nach unseren Jacken und reichte mir die Hand. Er kannte mich gut, seine alte Heulsuse.

Und daher wusste er auch, was nun zu tun war. Stefan brachte mich in die spanische Tapasbar direkt neben dem Kino. Der Service war zwar miserabel, aber der Rotwein der beste in ganz Mitte. Wir bestellten einen halben Liter und ein paar Oliven, schwarz und grün. Er mochte schwarz, ich grün. Dann versorgte er mich mit einem Stapel Servietten und wartete, bis ich mich wieder einigermaßen beruhigt hatte.

Das dauerte ein wenig. Irgendwie hatte dieser Film etwas in mir ausgelöst. Die Vorstellung, einen Menschen, den man sein Leben lang geliebt und respektiert hatte, in den Tod begleiten zu müssen, machte mich völlig fertig. Ich versuchte mir vorzustellen, ob David der Mann sein könnte, mit dem ich alt werden wollte und konnte, doch mein Vorstellungsvermögen reichte dazu nicht aus.

Als der Kellner die Getränke brachte, sah er erst mich und dann Stefan mit vorwurfsvollem Blick an.

»Keine Sorge. Alles in Ordnung. Das ist normal bei ihr«, erklärte Stefan ihm beiläufig. Daraufhin musste ich lachen und fragte mich, warum das mit Stefan und mir eigentlich nicht geklappt hatte. Und natürlich konnte ich diese Frage nicht für mich behalten.

»Weißt du, warum das mit uns nicht geklappt hat?«

»Vermutlich, weil du immer in der Öffentlichkeit heulst!«

»Stört dich das?«

»Nein. Ich steh drauf. Dann denken immer alle, ich hätte gerade mit dir Schluss gemacht.«

»Jetzt mal im Ernst. Ich hatte dich wirklich gern.«

»Ich dich auch.«

»Und warum hat es dann nicht geklappt?«

»Im Ernst?«

»Gern.«

»Weil du nie zufrieden warst.«

»Du kannst auch einfach sagen, dass du mich nicht geliebt hast.«

»Siehst du, du bist nicht mal mit dieser Antwort zufrieden.«

Jetzt schmollte ich, weil ich mir überführt vorkam.

»Schau«, sagte Stefan und steckte sich genüsslich eine schwarze Olive in den Mund. »Wir sind einfach besser darin, Freunde zu sein.

Und vielleicht war es auch der falsche Zeitpunkt. Jetzt hast du deine große Liebe gefunden und wirst glücklich bis ans Ende deiner Tage mit ihm auf einer Insel leben.«

»Bis er mich in den Tod pflegt?«

»Oder du ihn.«

»Na, das sind ja prächtige Aussichten.«

»Prost!«

»Prost!«

Als wir uns verabschiedeten, nahm ich Stefan das Versprechen ab, nächste Woche auf meine Geburtstagsparty zu kommen, die zugleich auch meine Abschiedsfeier wäre. Er sagte: »Mal sehen!«, und ich war mir sicher, dass er nicht kommen würde. Er mochte mich und er hatte mich gern, aber er mochte Abschiede noch weniger als Gruppen.

Im Rahmen meiner Abschiedstour besuchte ich auch ein letztes Mal meine Freundin Clara samt Säugling an der Brust und Erstgeborener am Rockzipfel. Clara mochte zwar Gruppen, war aber aufgrund von Dreifachbelastung und BVG-Streik nicht mehr so richtig flexibel. Sie war unsere Mutti, die wir um Rat fragten, wenn wir nicht weiterwussten. Dann machte sie uns erst mal eine heiße Schokolade, und zwar die gute Feine Bio Trinkschokolade, mit echter Sahne oben drauf. Während wir dann für gewöhnlich an unserer Tasse nippten und Clara die Sahne löffelte (»Magst du die wirklich nicht? Wirklich?«), richtete sie unser Leben. So war das immer gewesen. Damals, als Melli durch die Aufnahmeprüfung flog, Tina kündigen wollte oder ich vorhatte auszuwandern. Es gab nichts auf der Welt, was nicht bei einer heißen Tasse Feine Bio Trinkschokolade wieder gerichtet werden konnte.

»Auch wenn du zu beschäftigt bist, um überhaupt zu bemerken, dass ich weg bin, ich werde dich vermissen«, sagte ich, während ich ihrer »Großen« die Fingernägel lackierte. Das machte ich immer, wenn ich sie besuchte. Tante Christiane kann nämlich ganz toll Fingernägel lackieren.

»Ich wird dich vermüssen, Tante Chritiane«, piepste sie. Das war so süß, dass mir glatt der Lack verschmierte.

»Siehst du«, sagte Clara. »Und ich werde dich auch vermüssen, Tante Chritiane. Und nicht nur, weil ich dann selbst meiner Tochter die Nägel machen muss.«

»Hast du dich jemals gefragt, ob du den richtigen Mann geheiratet hast?«, fragte ich, zugegeben etwas abrupt das Thema wechselnd.

Clara sah mich streng an. Ich hatte es vergessen: Keine solchen Fragen vor der »Großen«. Und wenn ich über Sex reden wollte, musste ich sogar »ausmalen« sagen. Das hatte ich mir nach einigen Jahren endlich gemerkt. Wir hatten uns das von *Sex and the City* abgeschaut.

»So, süße Maus, jetzt gehst du mal schön in dein Zimmer und pustest ganz fleißig, ja? Bis die Nägel trocken sind.«

»Warum im Zimmer?«

»Berechtigte Frage«, sagte ich.

Clara sah mich streng an.

»Weil die Mama und die Tante Christiane jetzt mal wie Erwachsene reden müssen.«

»Schreit ihr dann?«

Dieses Kind war herrlich. Und noch herrlicher war, dass Clara tatsächlich rot wurde.

»Nur wenn du nicht gleich verschwindest«, sagte ich und sie flitzte los. Da soll einer mal sagen, ich könnte nicht mit Kindern.

»Also«, sagte Clara. »Erstens, wer wird denn gleich von Heiraten sprechen? Du bist gerade mal 31 Jahre alt. Jetzt lernst du ihn erst mal kennen.«

»Ich werde morgen 32. Und du bist genauso alt wie ich, seit fünf Jahren verheiratet und hast zwei Kinder.«

»Ja. Aber ich bin altmodisch.«

»Stimmt.«

»Und natürlich habe ich mich auch schon gefragt, ob ich den richtigen Mann geheiratet habe. Aber weißt du was? Ich glaube, das ist auch wichtig. Und wenn ich mir dann vorstelle, wie es ohne ihn wäre, dann wird mir immer ganz schwer ums Herz. Ich liebe ihn einfach. Und Liebe ist geduldig, weißt du?«

»Sie erträgt alles, sie glaubt alles, sie hofft alles, sie duldet alles«, rezitierte ich den 1. Korinther 13,4–7 von Davids Oberarm.

Clara sah mich skeptisch an. »Seit wann bist du so bibelfest?«

»Ich kenne halt die Basics.«

Clara lachte. »Also, ›hofft alles‹ ist okay. Aber alles ertragen musst du nicht. Und wenn es nicht mehr geht, dann kommst du einfach wieder nach Hause. Zu uns. Versprochen?«

»Versprochen!«

»Wirklich?«

»Wirklich. Tante-Christiane-Ehrenwort.«

Zum Abschied bekam ich von der »Großen« ein Geschenk überreicht. »Hab ich ganz selbst eingepackt«, sagte sie stolz. Trotz genialer Verpackung wusste ich sofort, um was es sich handelte.

Ich schaffte es gerade noch zur Tür raus, bevor ich anfing zu heulen.

Zu Hause angekommen, skypte ich sofort David an. Er sah meine verheulten Augen und befürchtete schon das Schlimmste, aber ich konnte ihn beruhigen. Ich war einfach nur furchtbar sentimental: Erst dieser schreckliche Film, der schöne Abend mit Stefan (wobei ich diesen Teil für mich behielt) und dann auch noch die Feine Bio Trinkschokolade, die ohne die sahnelöffelnde Clara bestimmt nur halb so gut schmecken würde.

»Ich mag zwar keine Sahne«, sagte David, »aber wenn dich das trösten würde, könnte ich sie löffeln.«

Er rührte mich wie immer. Und wenn ich daran dachte, wie es ohne ihn wäre, wurde mir gleich noch schwerer ums Herz, als mir eh schon war.

Da meine süßen Mitbewohner scheinbar ohne mich ausgegangen waren, skypten David und ich stundenlang weiter. Wir konnten nicht fassen, dass wir uns in weniger als zwei Wochen schon in den Armen halten würden, und überschlugen uns geradezu mit Ideen, was wir zuerst tun würden. Obwohl, in dem, was wir zuallererst tun würden, waren wir uns ziemlich einig.

Dann bat ich David, mich für eine Pinkelpause zu entschuldigen. Als ich zurückkam, lag er vor dem Bildschirm und schnarchte und ich wusste, da war nichts mehr zu machen. Bei ihm war es jetzt schließlich schon sechs Uhr morgens. Ich wusste auch, dass er meistens nicht mal wusste, welcher Wochentag gerade war, aber ich hatte wirklich gehofft, er hätte daran gedacht. Ich sah zu, wie meine Bildschirmanzeige auf null Uhr umsprang, und war enttäuscht.

»Happy Birthday to me«, sagte ich zu mir selbst, bevor ich auflegte. Es war höchste Zeit für die Feine Bio Trinkschokolade. Mit Schuss.

Fassungslos

Meine letzten Geburtstage in Berlin waren alle recht identisch abgelaufen: Glückwunschbekundungen per Telefon, SMS oder Grußkarte. Nicht zu vergessen die »herzlichen« Glückwünsche auf der Facebook-Wall, die von Jahr zu Jahr erfolgreicher jeglichen echten zwischenmenschlichen Kontakt ersetzten. Der Anruf von meiner Mutter, die mir jedes Mal wünschte, dass ich so bliebe, wie ich war, und dieses Jahr hoffentlich »den Richtigen« finden würde. Daneben gab es die Geburtstags-E-Mail von web.de, Blumen via Fleurop (einzig und ausschließlich von Exfreunden, das muss der »Es ist aus!«-Strauß sein), Schulterklopfer von Kollegen, schon morgens zu viel Sekt und Kuchen, abends zu viel Schnaps und Zigaretten mit Freunden, gefolgt von Kopfschmerzen am nächsten Tag und dem festen Vorsatz, nächstes Jahr auf keinen Fall zu feiern.

Meistens heulte ich mich dann noch in den Schlaf, weil ich wieder ein Jahr älter geworden war und das Gefühl hatte, dem Leben einfach nicht hinterherzukommen. Oder weil ich mich einsam fühlte, obwohl ich den ganzen Tag von lieben Menschen umgeben war. Im Selbstbemitleiden war ich ja schon immer ganz groß.

An meinem 32. Geburtstag würde ich wieder heulen, das war mir klar. Aber diesmal nicht aus Selbstmitleid, sondern wegen des Abschiedsschmerzes, der eigentlich etwas ganz Wunderbares war. Denn hätte ich nach sieben Jahren Berlin keinen Grund zum Heulen, wäre das noch viel mehr zum Heulen.

Von Kollegen und Chef hatte ich mich bereits verabschiedet. An meinem letzten Arbeitstag tranken wir Sekt und aßen den schrecklich bunten Papageienkuchen aus dem Kiosk unter unserem Büro.

Ich begrüßte meine Nachfolgerin und stattete sie mit den wichtigsten Informationen über Akkuratesse und »Wasser trinken« aus. Mein Chef sagte, wenn mir das mit dem Fischen zu dumm würde, wäre ich jederzeit wieder willkommen, und ich hoffte, er hätte mich, bis es so weit wäre, nicht vergessen. Zum Abschied drückten wir uns ganz lange und er brachte tatsächlich ein »Pass auf dich auf, dort in Sumatra!« hervor. Wenn er wollte, konnte er also doch.

David rief mich an meinem Geburtstagsmorgen an und war ganz außer sich. Es tat ihm schrecklich leid, dass er einfach eingeschlafen war. Er hatte einen Kuchen mit Kerzen vorbereitet, der inzwischen aber von Ameisen gefressen worden war, und ich versuchte, keinen allzu enttäuschten Gesichtsausdruck zu machen, verabschiedete mich aber nach nur einer halben Stunde. Schließlich könnten wir bald jeden Tag zusammen verbringen. Heute, an meinem Geburtstag, hatte ich zu tun.

Meine Sandkastenfreundin Eva kam zu Besuch aus Hamburg, um uns eine Nacht in einem edlen Hotel zu spendieren. Zum einen, weil sie keine Lust hatte, mit Kiwi und Francesca auf der Gästecouch zu schlafen, zum anderen, um sicherzugehen, dass ich so kurz vor meiner Abreise keine Dummheiten anstellte. Schließlich war ich seit fünf Monaten einem Mann auf dem Computerbildschirm treu gewesen. Das hatten mir nur die wenigsten zugetraut und Eva wollte Torschlusspanik-Aktionen verhindern, »so kurz vor dem Ziel!«

Meine Geburtstagsparty, die zugleich meine Abschiedsparty war, feierte ich in der Monster Ronson's Karaokebar. Dort hatte ich vor sieben Jahren meinen fünfundzwanzigsten und damit ersten Geburtstag in Berlin gefeiert. Damit schloss sich der Kreis für mich und das Kapitel »Berlin« bekam einen würdevollen und dramaturgisch perfekten Abschluss, wie ich fand.

Ich liebte diese heruntergekommene Bar, die über drei verschiedene Toiletten verfügte: »Mann«, »Frau« und »not sure«. Das fanden wahrscheinlich nur Nicht-Berliner witzig.

Ich hatte via Facebook einfach alle eingeladen, die ich kannte und mochte. Wer Lust hatte, sollte kommen und mit mir auf Abschied, Neuanfang und Altwerden anstoßen. Ich nahm mir vor, keine Erwartungen an den Abend zu stellen, um nicht hinterher aus irgendeinem banalen Grund wieder enttäuscht zu sein. Allerdings wurden meine Erwartungen, die natürlich trotzdem da waren, nicht nur erfüllt, sondern übertroffen. Über den Abend verteilt, kamen mehr und mehr Freunde, mit denen ich im Leben nicht gerechnet hätte, unter anderem auch der Musiker. Wir stellten fest, dass wir vermutlich doch sehr gute Freunde hätten werden können, hätte ich nicht beschlossen, das Land zu verlassen. Sogar mein Freund Sebastian war aus München eingeflogen, um mir ein Ständchen zu singen. Und zu meiner größten Überraschung hatte sich sogar Stefan überwunden, auch wenn er sich weigerte, Karaoke zu singen oder gar an einer Stange zu tanzen. Den Teil übernahm ich sehr gern.

Thomas hatte mir ein Lied auf seiner Gitarre komponiert, das er, obwohl er der schüchternste Mensch auf dieser Welt war und Gruppen hasste, todesmutig vortrug. Spätestens bei »Mucki, halt die Ohren steif. Sei mutig und kämpf weiter um dein Herz. Spatzerl, geh, die Zeit ist reif ...« fing ich zum ersten Mal an zu heulen.

Das zweite Mal, als ich eine selbst gestickte Fahne für Davids Boot von meinen Mädels überreicht bekam. Auf der einen Seite war der Berliner Bär. Auf der anderen waren ihre lustigen und traurigen Gesichter aufgenäht. Lutz und Vinci steckten mir einen Freundschaftsring an den Finger. Lutz trug in Gelb »Best«, Vinci in Blau »Friends« und ich bekam das »Forever« in Pink. Außerdem eine *La Boum*-DVD. Nicht zu fassen, aber der Musiker steckte mir in einem unbeobachteten Moment auch noch meinen längst verloren geglaubten Schlüpfer zu.

»Den wirst du brauchen«, sagte er und schmunzelte. Ich musste lachen, steckte ihn aber zurück in seine Tasche: »Zur Erinnerung.«

Melli und Tina fuhren eine dreistöckige Milchreistorte auf, die mit Wunderkerzen und dem aussagekräftigen Schriftzug »Mach's gut, du Trottel!« verziert war. Da heulte ich dann zum dritten Mal.

Dann hatten wir alle genug von Heulen und Torte und sangen uns stattdessen die Seele aus dem Leib. Der absolute Renner war wie immer im Monster Ronson's *Bright Eyes* von Bonnie Tyler, das ich zusammen mit Eva mindestens fünfmal sang. Ich versuchte mich mit Annette an *Push it* von Salt-N-Pepa, aber außer dem Refrain bekamen wir nichts zustande. Höhepunkt unserer schlechten musikalischen Einlagen war dann *Time of My Life,* für das sich alle Mädels auf der Bühne versammelten und ich, wenn auch an der falschen Stelle, mein erstes Stagediving wagte. Es sagte zwar niemand »Mein Baby gehört zu mir!«, aber es fühlte sich trotzdem extrem gut an, aufgefangen zu werden. Auch wenn die Menge grölender Engländer, die mich überraschenderweise nicht fallen ließ, kurz darauf aus der Bar geworfen wurde ... und zwar von meiner Freundin Annette. Sie war zwar mit ihren 1,59 Metern nur einen Zentimeter größer als ich, aber unter den gefürchteten Türsteherinnen Berlins ganz weit vorn.

Es wurde eine unvergessliche Nacht. Ich war nicht nur unbeschwert, ich war glücklich und dankbar. Als ich morgens um sieben mit Eva in unser Hotel-Designerbett sank, rief mich David auf dem Handy an und fragte, wie meine Party gewesen wäre.

»Ich hab Stagediving gemacht.« Das zu sagen, schaffte ich noch, dann schlief ich ein. Fair war fair.

Diesem Abschied folgte noch ein Abschied in kleiner Runde, gefolgt von einem weiteren in noch kleinerer Runde. Und mehr Abschiede hätte ich dann auch nicht mehr ertragen. Bevor es zum Flughafen ging, verabschiedete ich mich zuletzt von Lutz, der sich gerade gegenüber »unserer« Wohnung ein neues Tattoo stechen ließ.

Er nahm mich in seine starken tätowierten Arme und sagte: »Pass uff dich uff, Kleene!« Dabei sah er aus, als müsste er sich wirklich eine Träne verkneifen. Ich hätte nie gedacht, dass Lutz jemals traurig sein oder gar weinen könnte. Und wenn, dann bestimmt nicht wegen mir. Das gab mir den Rest. Ich bekam einen fetten Kloß im Hals, schnappte mir meinen Inselrucksack mit exakt zwanzig Kilo Gepäck und sprang zu Melli ins Auto. Und dann ging es los: Wir heulten und lachten ununterbrochen auf dem Weg zum Flughafen, bis wir in einen schrecklichen Stau kamen und mir vor lauter Nervosität Lachen und Weinen vergingen. Ich wurde so nervös, dass Melli auch noch rechts ranfahren musste, damit ich schnell ins Gebüsch pinkeln konnte.

Natürlich waren wir dann doch zu früh am Flughafen. Ich war immer zu früh am Flughafen. Melli und ich standen unbeholfen in der Gegend herum, bis ich sie bat, endlich zu fahren. Ich vertrug keine Minute Abschied mehr.

Dann, allein hinter dem Check-in-Bereich, wartete ich auf Davids Anruf. Wir hatten ausgemacht, dass er sich zu diesem Zeitpunkt melden würde, in meiner vermutlich schwersten Stunde. Ich wartete und wartete, bis endlich mein Handy läutete. Es waren meine Eltern. Ich nahm ab, versuchte stark zu klingen und begann schon jetzt, sie zu vermissen. Eine weitere Stunde später stieg ich in das Flugzeug nach Istanbul.

Ich konnte keinen klaren Gedanken mehr fassen. Das Einzige, was mir in den Sinn kam, war: Das Abenteuer beginnt. Mein Abenteuer. Unser Abenteuer. Ich mache den größten Schritt meines bisherigen Lebens.

Und er? Er hat nicht mal angerufen.

TEIL III

»Hujan emas di negeri orang,

hujan batu di negeri sendiri.«

—

»Regen in einem fremden Land ist wie Gold,

Regen im eigenen Land ist wie Stein. «

Nachts. Allein. In Singapur.

Beim Umsteigen in Istanbul schaffte ich es gerade mal, eine Zigarette im drei Kilometer entfernten, diskriminierenden Raucherbereich zu rauchen und anschließend meine Zähne zu putzen. Ich dachte kurz darüber nach, mein Handy anzuschalten, um es auf Nachrichten zu überprüfen, aber die Angst vor der Enttäuschung hielt mich davon ab. Umkehren war jetzt nämlich nicht mehr drin. Nicht mehr oder noch nicht ...

Auf dem Weiterflug nach Singapur wurden meine Traurigkeit, meine Unsicherheit und alle meine Zweifel von einer überraschenden Gleichgültigkeit überdeckt. Ich glaube, ich hatte einfach keine Lust mehr nachzudenken, zu grübeln, verunsichert und enttäuscht zu sein. Daher lenkte ich mich ausgiebig und erfolgreich mit dem Unterhaltungsprogramm ab und schaffte drei Spielfilme sowie zwei Partien Schach gegen den Computer, die ich beide verlor. Zwischendurch nickte ich in unregelmäßigen Abständen ein, weniger aus Erschöpfung, sondern eher wie der Soldat, der mitten in der Schlacht im Schützengraben einschläft.

Einmal träumte ich, dass ich in Banda Aceh ankam und David nicht finden konnte. Bis er plötzlich vor mir stand. In meinem Traum war er dunkelhäutig, trug einen Schnauzbart und hatte schlechte Zähne. Nach diesem Traum setzte ich alles daran, wach zu bleiben.

In Singapur gelandet, nahm ich ein Taxi zu meinem Hotel, das ich vorab online gebucht hatte, weil es günstig und nicht allzu abgelegen war. Doch als ich dem Taxifahrer die Adresse nannte, ließ sein Blick nichts Gutes verheißen. An den spärlich bekleideten

Damen vor der Tür erkannte ich rasch, dass ich mitten im Rotlichtviertel gelandet und mein preiswertes Hotel ein klassisches Stundenhotel war. Ich wollte dem Fahrer meinen Fehler noch erklären, ließ es dann aber sein. Sollte der doch denken, was er wollte. Ich kam schließlich aus Berlin.

Also checkte ich stattdessen ein und fiel sofort auf meine Matratze. Völlig erschöpft, körperlich und emotional. In nur wenigen Stunden würde endlich das passieren, was ich die letzten Monate kaum erwarten konnte, und plötzlich wünschte ich mir, ich hätte noch ein wenig mehr Zeit.

Zeit für mich. Zeit, allein zu sein. Zeit, mich darauf einzustellen, dass ich – selbst wenn alles gut ging und meine Sorge um Davids fehlenden Anruf unbegründet war – ab morgen mit einem Mann, den ich kaum kannte, auf engstem Raum in einer Bambushütte leben würde. 24 Stunden pro Tag, sieben Tage pro Woche. Er und ich. Möglicherweise mit einem Badezimmer, das man nicht absperren konnte. Und das war ja längst nicht alles. Ich zog schließlich nach Indonesien, Sumatra, um genau zu sein, in die Region Aceh und damit den muslimischsten Teil Indonesiens. Ich wollte mich ja Land und Leuten anpassen, aber meine linke Hand wollte ich gern weiterhin zum Essen benutzen. Und auf Toilettenpapier zu verzichten, ginge nur im absoluten Notfall. Zum Beispiel bei einem Gefängnisaufenthalt. Zumindest hatte David mir erzählt, dass man im indonesischen Gefängnis kein Toilettenpapier bekam, weil die Wärter fürchteten, die Gefangenen könnten damit Feuer legen.

Ich machte mir eindeutig zu viele Gedanken über Toilettenpapier. Und das war nicht mein eigentliches Problem, sondern nur ein

Platzhalter für meine Ängste. Meine Angst davor, an der Seite eines Mannes aufzuwachen, der doch eigentlich ein Fremder war. Angst, da ich diesen Fremden nicht einfach am nächsten Morgen hinausbitten und anschließend mit meinen Freundinnen bei Rührei im Café Florin darüber kichern könnte.

Ich hatte Angst vor dem fremden und sich plötzlich so verbindlich anfühlenden Leben. Obwohl ich fünf Monate Zeit gehabt hatte, um mich auf die ungewohnte Nähe zu einem Mann einzustellen, musste ich jetzt doch feststellen, dass mir das nicht gelungen war. Vielleicht ging das gar nicht. Vielleicht würde ich erst spüren, wie kalt und nass das Wasser wirklich war, nachdem ich gesprungen war.

Ich schaltete mein Handy an und nahm eine kalte Dusche gegen die Aufregung. Zehn Minuten später hatte ich fünf Anrufe in Abwesenheit ... von David. Ich wusste, dass ich ihn zurückrufen müsste, um ihm wenigstens die Chance zu geben, mir erklären zu können, warum er, als es für mich so wichtig war, nicht angerufen hatte. Aber ich war nicht in Stimmung für Erklärungen. Ich war in Stimmung, allein zu sein und mich im Alleinsein zu suhlen. Meine letzte Nacht wollte ich in Freiheit genießen. Also legte ich mein Handy beiseite, zog mich an und beschloss, jetzt meinen Junggesellinnenabschied zu feiern, mit ein bis fünf Singapore-Sling-Cocktails. Am besten gleich im Raffles Hotel.

Nachts. Allein. In Singapur.

Ich verließ das Puff-Hotel und sog das nächtliche Asien in mich auf. Singapur war eine Symphonie der Sinne: Es roch nach gegrilltem Hühnchen, abgestandenem Müll und Abgasen. Die Luft war drückend heiß, obwohl die Sonne bereits seit vielen Stunden untergegangen war, und voller Lärm: das Hupen der Autos, die Schreie der Straßenstandverkäufer, die ihr Essen feilboten, das Lachen von Jugendlichen, die zusammen auf dem Motorrad durch die Stadt rasten, die Musik von Boygroups, die aus Läden drang, die entweder Mobilfunkgeräte oder irgendetwas aus Plastik anboten, und das Pfeifen der Männer, die der blonden Frau hinterhersahen, die ich war.

Ich schaffte es nicht zum Raffles Hotel. Ich schaffte es gerade mal um die Ecke. Aus Erschöpfung und Angst, nicht mehr zurückzufinden, wollte ich das Schicksal allein im Rotlichtviertel nicht allzu sehr herausfordern. Ich setzte mich in einen roten Plastikstuhl an einen runden Plastiktisch mit einem weißen Plastikaschenbecher und trank Bier aus der Flasche, weil es mir aus einem Plastikbecher nicht schmeckt. Cocktails werden eh überbewertet. Ich rauchte zwei Zigaretten und versuchte, mich nicht unwohl zu fühlen. Nachts. Allein. In Singapur. Mit Bier und Zigaretten.

Es gelang mir nicht, mich nicht unwohl zu fühlen, aber ich blieb dennoch sitzen. Man konnte ja nicht immer einfach aufstehen und weggehen, nur weil man sich unwohl fühlte. Sitzen bleiben könnte eine gute Übung sein, für all das, was kommen würde. Schon bald. Schon morgen.

Dann hatte ich genug von Plastik und von Unwohlfühlen, also ließ ich den Becher zurück und spazierte mit der Bierflasche in der Hand zurück ins Nuttenhotel. So wie in Berlin. Nicht das Nuttenhotel, aber das mit der Bierflasche in der Hand. So wie damals, als ich den Musiker besucht hatte. Nachts. Allein. In Berlin. Mit Bier, Zigaretten und der Hoffnung auf Liebe. Ich kam anscheinend nicht raus aus meiner Haut.

Zurück auf meiner Matratze lag ich einfach nur da und lauschte den Geräuschen der Nacht, in diesem Fall dem Gestöhne aus den Nachbarzimmern. Irgendwo ging Glas zu Bruch. Vielleicht eine Flasche oder eine Lampe. Nach dem Klirren folgte das schrille Lachen einer Frau. Das hörte sich gut an, es hörte sich nicht danach an, die Rezeption oder gar die Polizei rufen zu müssen.

Irgendwann hielt ich es nicht mehr länger aus, keine Lust auf Erklärungen zu haben, und ging ran, als mein Handy erneut klingelte.

Davids Stimme klang belegt. Ich war mir nicht sicher, ob er weinte, und ich wagte nicht, danach zu fragen. Er wollte wissen, wo ich wäre.

»Singapur«, sagte ich knapp. David atmete auf. Dann sprudelte alles aus ihm heraus. Dass er in Panik verfallen war und geglaubt hatte, ich wäre nicht geflogen, weil er nicht angerufen hatte. Dass er sogar bei der Airline angerufen hätte, als ich in Istanbul war. Er wollte mich ausrufen lassen. Er wollte mir erklären, warum er sich nicht gemeldet hatte, doch die Airline hätte dafür kein Verständnis gehabt. Ich musste schmunzeln über meinen Robinson Crusoe, was ich mir jedoch nicht anmerken ließ.

»Es wäre einfacher gewesen, mich direkt anzurufen«, sagte ich trocken. »So wie wir es ausgemacht hatten.«

David erklärte, dass er seit Tagen schreckliche Rückenschmerzen hätte, vom Fischen. Und gestern Abend hatte ihm einer der Gäste eine sehr starke Schmerztablette gegeben, die ihn so schläfrig machte, dass er weit vor Mitternacht eingeschlafen war. Ich nahm an, er hatte diese Schmerztablette mit ein paar Bier runtergespült, verkniff mir aber diese Bissigkeit. Es war der falsche Zeitpunkt. Und ich hatte auch längst genug vom Alleinsein, gerade nachts und noch dazu im Rotlichtviertel Singapurs. Ich wollte mich freuen auf David, freuen auf meinen Robinson Crusoe, auf meinen Ernest Hemingway, dem er tatsächlich ein wenig ähnlich sah. In jungen Jahren natürlich. Aber am allermeisten erinnerte er mich an Jack London, auch in jungen Jahren. Aber der wurde schließlich auch nicht alt.

»Ist nicht so schlimm«, log ich.

»Ist es schon«, sagte David.

»Stimmt«, sagte ich und wir lachten. »Aber du kannst es morgen wiedergutmachen. Wäre schön, wenn du die Finger von den Pillen lässt und am Flughafen erscheinst!« Dann piepte mein Handy und schaltete sich aus. Roaminggebühren waren nicht ohne, selbst mit einer lokalen SIM-Karte. Ich überlegte, David über Skype zurückzurufen, und tat es doch nicht. Es war alles gesagt. Und irgendwie war es spannender, nicht mehr miteinander zu sprechen, bis wir uns endlich im echten Leben wiedersehen würden.

Ich schlief knappe zwei Stunden, bis mich ein entsetzlich lauter Feueralarm aus dem Bett holte. In T-Shirt und Shorts griff ich nach meinem Liebsten, meinem MacBook, und nahm die Treppen zur Rezeption. Aufzug im Brandfall schließlich nicht benutzen. Kaum fünf Stockwerke später schickte man mich zurück. Falscher Alarm. Vermutlich hatte jemand im Zimmer geraucht. Oder Toilettenpapier angezündet. Was sollte man auch sonst damit machen.

Zurück

Mit Schlafen war es nun endgültig vorbei. Um vier Uhr morgens machte ich mich wieder auf den Weg zum Flughafen. Mein Weiterflug nach Kuala Lumpur ging schon um sieben.

In der Hauptstadt Malaysias angekommen, kaufte ich im Duty-free-Shop den in der Provinz Aceh pro Person erlaubten Liter Alkohol, schnorrte etwas Puder, Lippenstift, Parfüm und wartete weitere zwei Stunden auf meinen letzten Flug nach Banda Aceh. Inzwischen war ich so furchtbar nervös, dass ich die meiste Zeit im Raucherraum verbrachte. Dort war ich die einzige Frau und die Blicke der Männer hießen mich nicht gerade willkommen.

Ich hielt ihren Blicken tapfer stand, bis mich meine Blase zum Besuch einer asiatischen Flughafentoilette zwang. Es gab drei asiatische und eine europäische Toilette. Da sich die einheimischen, verschleierten Frauen weigerten, die europäische Sitztoilette aufzusuchen, musste ich nicht an der langen Schlange anstehen. Man schickte mich, die weiße Frau, vor in das ungewohnte Terrain.

Im Innenraum der Toilette fand ich nicht nur Toilettenpapier vor, sondern auch ein Schild, das mich sofort zum Lachen brachte. Es zeigte das durchgestrichene Bild von Schuhen auf der Toilettenbrille. Das war also die asiatische Anleitung für einen europäischen Sanitärraum. Herrlich.

Als ich wieder rauskam, erntete ich skeptische Blicke. Ich glaube, die Frauen fanden mich sonderbar, mich und meine europäische Toilette samt der Unart, Toilettenpapier zu benutzen, anstatt es anzuzünden.

Ich ließ mich davon nicht weiter irritieren, packte meine Zahnbürste samt Schminktasche und Haarbürste aus und lächelte in die entsetzten Gesichter. Klar, wenn ich einen Schleier hätte, würde ich auch nicht bürsten. Und wenn diese Damen einen »Bad Hair Day« hatten, sah man es ihnen wenigstens nicht an.

Auf dem Weg nach draußen traf mein Blick den einer anderen weißen Frau. Wir sahen uns an, lächelten und atmeten tief durch. Was wir uns sagen wollten? Vermutlich: »Hey Schwester, anstrengend, diese asiatischen Toiletten, was!«

Als endlich das Boarding nach Banda Aceh ausgerufen wurde, stiegen circa zwanzig weitere Menschen mit mir in das winzige Flugzeug. Da ich die einzige Ausländerin war, tuschelten alle ganz aufgeregt. Nur die ganz Mutigen wagten es, mich anzusprechen, mit der einfallsreichen Frage, wo ich hinwollte.

Ich weiß nicht, was sie mehr überraschte. Dass ich auf Indonesisch antwortete oder die Tatsache, dass ich ihre zweite Frage, ob ich allein unterwegs wäre, bejahte.

Die Stunde nach Banda Aceh verging im wahrsten Sinne des Wortes wie im Flug. Kurz vor der Landung sah ich meine zukünftige Insel aus der Vogelperspektive: ein wunderschöner grüner Fleck mitten im tiefblauen Ozean. Mir wurde ganz warm ums Herz. So sehr, dass ich anfing zu schwitzen. Ich ärgerte mich maßlos, dass ich tatsächlich kein Deo im Handgepäck hatte. Ich Anfänger.

Der Weg vom Flugzeug bis zum Gepäckband über die Passkontrolle samt Fingerabdruck und Foto verlief wie in Zeitlupe. Ich trödelte, was das Zeug hielt, um Zeit zu schinden, denn jetzt war ich nicht mehr aufgeregt. Ich hatte einfach nur noch schreckliche Angst. Angst vor dem Wiedersehen. Angst, David zu übersehen.

Angst, ihn mit Schnauzbart, schlechten Zähnen und dunkler Haut vorzufinden. Angst, dass er enttäuscht sein könnte, mich zu sehen. Oder zu riechen.

Als ich endlich ans Gepäckband kam, lag mein Rucksack bereits auf mich wartend am Boden. Ich wusste, dass David mich vom Abholbereich aus schon sehen konnte, und versuchte, mir nicht anmerken zu lassen, dass ich mir dessen bewusst war. Ich vermied es dennoch, in der Nase zu bohren.

Als ich an der Zollkontrolle vorbeikam und durch die allerletzte Tür trat, war ich umgeben von einem Meer aus dunkelhäutigen Männern, die mich alle anschrien: »Hey Mister! Taxi, Mister?« Mein Herz klopfte mir bis zum Hals und von dem Geschrei wurde mir ganz schwindelig. Ich schob meinen Gepäckwagen derart rabiat durch die Menge, als wäre ich inmitten einer Bierkasten-Rallye.

Obwohl ich versuchte, mich nicht allzu suchend umzusehen (sonst denken die noch, ich bräuchte ein Taxi), hielt ich in den Augenwinkeln nach David Ausschau. Doch ich konnte keinen weißen Mann finden. Und ich war mir ganz sicher, dass er weiß war.

Irgendwann blieb ich einfach stehen. Das Stimmengewirr um mich herum drang mehr und mehr in den Hintergrund und wurde überschattet von den gehässigen Stimmen in meinem Kopf: Was wirst du tun, wenn er nicht kommt? Ha! Das hast du jetzt vom Erwachsenwerden. Hast du wirklich geglaubt, er würde dich lieben? Er hat dich nicht mal angerufen! Und jetzt? Umkehren? Zu Mama und Papa. Nach Hause?

Ich wusste keine Antwort auf diese Fragen.

Und ich brauchte auch keine Antwort. Denn plötzlich spürte ich eine Hand auf meiner Schulter.

Fahrrad fahren

Ich weiß nicht, wie lange ich so dastand: meinen Kopf an seine Schulter gepresst, meine Nase an seinem Hals, seinen Geruch, den ich so sehr vermisst hatte, inhalierend, meine beiden Arme um seinen Körper geschlungen. Es fühlte sich wunderschön an. Ich hätte noch eine Ewigkeit genau so verharren können. Doch David löste vorsichtig die Umarmung, fasste meine Schultern und zwang mich behutsam, ihm in die Augen zu sehen. Er spürte meine Aufregung. Vermutlich sah er auch, dass meine Knie zitterten, und hörte mein Herz klopfen.

»Wo wolltest du denn so schnell hin?«, fragte David. »Hast du noch einen anderen Freund in Banda Aceh?« Ich gab ihm einen vorsichtigen Kuss. Nur kurz, damit er meine nervös zuckenden Lippen nicht spürte.

»Tut mir leid«, stammelte ich endlich. »Ich hab dich nicht gesehen. Ich, äh, ich hatte dich irgendwie größer in Erinnerung.« Kaum ausgesprochen, hätte ich mich sofort ohrfeigen können. Wie blöd ist das denn? Vielleicht hatte er mich auch freundlicher in Erinnerung?

»Und ich hatte dich nicht so wahnsinnig schön in Erinnerung. Skype wird dir nicht gerecht!«, sagte David und gab mir einen Kuss. Ohne Zunge, versteht sich. »Komm! Der Fahrer wartet draußen auf uns.« David packte meinen Rucksack und führte mich an meiner verschwitzten Hand durch das Menschengewimmel. Dabei fiel mir auf, dass er in leicht gebeugter Haltung ging, was ihn noch ein paar Zentimeter kleiner erscheinen ließ. Natürlich, die Rückenschmerzen. Ich nahm an, dass er die Schmerztablettenausrede nachträglich noch etwas authentischer erscheinen lassen wollte, und nahm mir vor, ihn damit erst später aufzuziehen.

Wir stiegen in einen rostigen VW-Bus. Der indonesische Fahrer nickte mir kurz zu und rief etwas Unverständliches zu David, der etwas noch viel Unverständlicheres zurückrief. Dann gab er Gas, während wir samt Gepäck auf die Rückbank gedrückt wurden. Als wir das Flughafengebäude hinter uns ließen, gaben wir uns den ersten richtigen Kuss. Er schmeckte nach Nelkenzigaretten und Urlaub, nach Salz auf unserer Haut.

Die ganze Fahrt über konnten wir nicht genug davon bekommen, uns anzusehen. Ich schlug meine Beine über die seinen und saß so eng an ihm dran, dass ich glaubte, durch seine Hose eine Erektion zu spüren. Darüber musste ich schmunzeln.

»Was?«, fragte David.

»Nichts«, sagte ich.

»Blödsinn. Was?«, fragte er nach.

»Hast du einen Ständer?«

»Was denkst du denn? Natürlich hab ich einen Ständer.«

Dann mussten wir beide lachen. Wir rissen uns zusammen, als der Fahrer wieder etwas in unsere Richtung brüllte, was David noch mehr zum Lachen brachte.

»Was?«, fragte ich.

»Nichts!«, sagte David.

»Blödsinn. Was?«

»Er meinte, er würde sich beeilen, uns schnell nach Hause zu bringen.«

Sehr gut. »Baik sekali!«, rief ich dem Fahrer zu, was ihn wiederum zum Lachen brachte.

Am Fährhafen angekommen, gingen wir zu dritt in einem Warung etwas essen. David und Pak Saiful, wie der Fahrer hieß, aßen Hühnchen mit Reis und das mit den Fingern, was mich irritierte und faszinierte. Ich hatte David damals, vor fünf Monaten, auch ab und an mit bloßen Fingern essen sehen, aber es tatsächlich vergessen. Alles war irgendwie vertraut und zugleich völlig fremd. Ich konnte noch nicht wirklich begreifen, dass der Mann, nach dem ich mich fast ein halbes Jahr lang so gesehnt hatte, mit dem ich täglich mehrmals telefoniert, alle Gedanken und Gefühle, Hoffnung und Kummer geteilt hatte, nun tatsächlich leibhaftig neben mir saß. Und mit bloßen Fingern Hühnchen und Reis aß. Pak Saiful und David unterhielten sich angeregt. Ich verstand kein Wort und war froh, an der Konversation nur still teilnehmen zu müssen, denn ich war immer noch zu aufgeregt, um zu reden. Und das passierte nur selten.

Dann wurde bezahlt und sich verabschiedet. Mit Händedruck. Als ich Pak Saiful die Hand gab, nahm er sie und führte sie anschließend an seine Stirn. Ich sah David verunsichert über diese Geste an.

»Er segnet dich«, erklärte David.

»Das ist aber nett«, sagte ich und hätte mich schon wieder ohrfeigen können.

Die nächste Stunde auf der Fähre verbrachte ich mit meinem Kopf auf Davids Schoß. Obwohl dieses Boot mindestens doppelt so viele Passagiere transportierte, wie erlaubt waren, fühlte ich mich so sicher und geborgen wie ein Baby in der Wiege. Daher schlief ich auch sofort ein. David weckte mich erst, als das Ufer schon in Sicht war. Wir verließen das Schiff als Erste und nach einer weiteren halben Stunde Taxifahrt über die grüne Insel waren wir endlich da. In dem Bambushüttenresort mit den Limbo tanzenden Palmen. Es sah alles genauso aus wie damals, vor fünf Monaten. Als wäre die Zeit stehen geblieben. Ich war zurück. Im Paradies, das von heute an mein neues Zuhause sein würde.

David führte mich in eines der Gästezimmer, damit ich duschen könnte. Das Bad in unserem Bungalow müsste nämlich erst noch trocknen. Unser gemeinsames Zuhause wollte er mir erst später zeigen. Und ich musste zugeben, duschen klang wahnsinnig gut.

Ich ließ mir Zeit und verbrauchte Unmengen von dem Yogi-Duschschaum, den ich trotz seiner unhandlichen Größe in zweifacher Ausführung im Gepäck hatte. Nach langem Seifen und Rasieren, Sprühen und Cremen war ich immer noch aufgeregt. Denn ich ahnte, dass wir dieses Zimmer nicht sofort wieder verlassen würden. Ich hatte wahnsinnige Lust, mit ihm zu schlafen, aber auch wahnsinnige Angst. Nach fünf Monaten Abstinenz fühlte ich mich wie ein Teenager vor dem ersten Mal.

Ich kramte die »gute Unterwäsche« raus, die ich schlauerweise in meine Handtasche gepackt hatte, und verließ das Badezimmer. Nackt. David stand vor mir, sah mich an und sagte: »Oh mein Gott.« In diesem Moment war all meine Nervosität verflogen. Wir stürzten uns auf die Matratze und fanden uns. Unsere Lippen, unsere Hände und unsere Körper. Es war ganz einfach. Liebe machen ist wie Fahrradfahren. Man verlernt es nicht. Vor allem wenn es Liebe ist.

»Ich hab dich vermisst«, sagte ich, als wir erschöpft auseinanderrollten.

»Gut so«, sagte David und griff über mich hinweg nach den Zigaretten. Dabei verzog sich sein Gesicht.

»Hast du Schmerzen? Hab ich dir wehgetan?« David lachte. »Nein. Das kann man wirklich nicht behaupten. Es ist mein Rücken. Ist aber nicht so schlimm. Das geht vorbei.«

»Willst du eine Massage?«

»Bloß nicht. Aber ich würde jetzt nichts lieber tun, als dich zu massieren. Ganz lange und überall. Magst du?« Ich nickte begeistert, rollte auf den Bauch und begann im Geiste zu singen: »Dreams are my reality ...«

In dieser ersten Nacht versuchten wir all das nachzuholen, was wir in fünf Monaten des Nicht-berühren-Könnens verpasst hatten. Ab und an fielen wir in kurze Schlafphasen, wobei meistens nur ich einschlief. David hielt mich eng umschlungen fest und wachte über mich und meinen Schlaf, wie ein Drache über seinen Schatz. Sobald ich nur ein bisschen blinzelte, fing er an, mich aufs Neue zu küssen, zu streicheln, zu drücken und mir zuzuflüstern, wie sehr er mich vermisst hatte. Wie sehr er mich liebte.

Als ich am nächsten Morgen neben David aufwachte, brauchte ich einen kurzen Moment, um mich zu orientieren. Ich murmelte irgendwas auf Deutsch und hatte Schwierigkeiten, die Geräuschkulisse zuzuordnen. Aber als ich langsam zu mir kam und mir klar wurde, dass das Rauschen nicht aus der Toilette, sondern vom Ozean kam, wusste ich wieder, wo ich war, warum und mit wem. Und ich war einfach nur überglücklich.

Die Neue

Nach einem wunderschönen Frühstück auf dem Balkon mit Meeresblick, Kaffee, Zigaretten und frischer Kokosnuss war es endlich so weit: Hausbesichtigung. Oder eher: Bungalow-Begehung. Auf dem Weg zu unserem Hüttchen schüttelte ich zahlreiche Hände von Mitarbeitern des Resorts, die sich alle zu freuen schienen, dass ich tatsächlich zurückgekommen war. Zumindest lächelten sie oder redeten ganz aufgeregt auf mich ein, während ich versuchte, mir ihre Namen zu merken und mir wenigstens ein spezifisches Merkmal pro Person einzuprägen. Ich hatte ja seit jeher große Schwierigkeiten damit, mir Gesichter zu merken, doch die Kopftücher der Frauen stellten für mich ein besonderes Handicap dar. Wie sollte ich denn so viele Personen voneinander unterscheiden können, wenn Erkennungsmerkmale wie Frisur oder Haarfarbe wegfielen? David amüsierte sich köstlich, als ich mich zum zweiten Mal Ibu Betty vorstellte, die ich doch schon gestern Abend kurz kennengelernt hatte.

»Mit der Zeit kommst du schon dahinter«, versuchte er mich zu beschwichtigen. »Vielleicht kategorisierst du erst mal in dick und dünn, Damenbart und kein Damenbart?« Das war tatsächlich ein hilfreicher Ratschlag.

David ging weiter stolzen Schrittes voraus und präsentierte mich immer wieder aufs Neue: »Hey Opa, komm mal von der Palme runter! Ich will dir meine Frau vorstellen!«, rief er Pak Haspi zu, der gerade mit einer langen Machete zum Schlag ausholte.

»Frau?«, fragte ich verdutzt nach. »Hab ich da was verpasst?«

David lachte und wunderte sich, dass mein Indonesisch schon so weit reichte. Er konnte ja auch nicht ahnen, dass »Ehefrau« in meinem Indonesisch-Buch direkt nach »Danke« und »Bitte« kam.

Nach diesem Spießroutenlauf endlich an unserem Bungalow angekommen, wurde meine Nervosität sofort von Begeisterung überschattet. Dieses Hüttchen war zuckersüß. Von außen sah es ein bisschen aus wie ein Lebkuchenhäuschen. Die Wände bestanden aus Rumbia, einer Art gewebter Bambus, gestützt von dunklen Balken aus Kokosnussholz, mit einem spitz zulaufenden Dach.

David griff nach meiner Hand und ich folgte ihm durch die erste Tür, die direkt auf den Balkon führte. Dieser war sechs Meter lang, eineinhalb Meter breit und bot einen umwerfenden Blick auf das Meer. Die nächste Tür führte ins Innere des Zuckerhäuschens. David wollte mich eigentlich über die Schwelle tragen, aber das musste ich ihm aus gesundheitlichen Gründen verbieten.

Ich konnte es kaum fassen, aber es war tatsächlich alles so geworden, wie wir es zusammen über Skype geplant hatten. Das erste, große Zimmer war unser Wohn- und Schlafzimmer. David zeigte mir, in welcher Ecke das Bett stehen könnte und wo er die Regalbretter für meinen »begehbaren Kleiderschrank« anbringen wollte. Er dachte an vier Regalbretter an der Wand, wovon mir drei zustanden und er, wie er versicherte, locker mit einem auskommen würde. Das fand ich fair. Schließlich hatte ich einen vier mal zwei Meter großen Kleiderschrank zurückgelassen und David trug nur selten mehr als eine Hose.

Die gegenüberliegende Wand bestand aus einer großen Fensterfront. Ich konnte mich von diesem sagenhaften Ausblick auf das Meer erst losreißen, als mich David schon zum zweiten Mal ins

Badezimmer rief. Es war klein, aber viel größer, als ich mir vier Quadratmeter vorgestellt hatte. Die weißen Fliesen waren durchzogen von einem grau-blauen Muschelmuster. Der obere, ungeflieste Teil der Wände bestand noch aus unverputztem Zement. David meinte, das würde noch gestrichen werden, doch diese Wand, in Kombination mit dem Holz, erinnerte mich dermaßen an mein Lieblings-Sushi-Restaurant in Berlin, dass ich David sofort fragte, ob wir das nicht einfach so unverputzt lassen könnten. Er fand es zwar ein bisschen seltsam, dass es mir Freude machte, beim Pinkeln an Sushi zu denken, hatte aber nichts dagegen. Beim Stichwort »Pinkeln« warf ich sofort einen Kontrollblick auf die Tür. Zu meiner großen Freude sah ich dort einen Schlüssel stecken. Ich war begeistert. Und erleichtert.

Zuletzt führte mich David in den ebenfalls vier Quadratmeter großen Bereich links vom Badezimmer, der für mein Büro vorgesehen war, mit Blick aufs Meer versteht sich. Ich sah mich um und spürte, dass David gespannt auf meine Reaktion wartete. Aber ich war wie versteinert und wusste nicht, wie ich meine Begeisterung ausdrücken sollte. Ich konnte es einfach nicht fassen, dass er es in der kurzen Zeit geschafft hatte, diese wunderschöne Hütte bauen zu lassen. Ich hatte außerdem keine Ahnung, wie er das finanziert haben konnte, aber das Gefühl, es wäre nun der falsche Zeitpunkt, danach zu fragen. Also umarmte ich ihn einfach und flüsterte in sein Ohr, dass ich unser Zuhause wunderschön fand.

David war sichtlich erleichtert und erklärte mir nun ganz aufgeregt, was wir noch zu tun hätten: »Die Fensterrahmen müssen wir alle streichen. Ebenso den Boden. Auch den Balkon, samt Balustrade. Und alle Türen. Außerdem die einzelnen Balken. Dann bauen wir dir hier vor der Fensterfront deinen Schreibtisch und dahinter die Regale für deine Bücher und meine Ausrüstung zum Fischen. Wir bauen alle unsere Möbel selbst. Auch das Bett. Das sieht schöner aus, kostet uns so gut wie nichts und hält eine Ewigkeit.« Obwohl David »Ewigkeit« sagte, bekam ich kein Gefühl von Beklemmung, nicht mal ein kurzes Schaudern, keine Gänsehaut. Ich fand es wunderschön, dass er von Ewigkeit sprach und mich ungefragt seine Frau nannte.

Als ich ihm gerade erneut um den Hals fallen wollte, beugte er sich leicht nach vorn und stützte sich mit schmerzverzerrtem Gesicht auf seinen Knien ab.

»Dein Rücken?«

»Ist nicht schlimm. Wenn du willst, können wir gleich anfangen. Wir müssen nur noch Farbe kaufen. Und eine Matratze wäre ein guter Anfang.«

»Willst du nicht lieber erst einmal zum Arzt gehen?«

David meinte, das wäre nicht nötig. Er würde Schmerztabletten nehmen und die nächsten Tage nicht fischen gehen. Dann würde das schon wieder werden. Ich hatte da meine Zweifel, wollte ihn aber in seinem Tatendrang nicht bremsen. Und erst recht nicht bemuttern. Außerdem konnte ich es kaum erwarten, endlich wieder mit David auf seinem Motorrad über die Insel zu fahren, meine Arme fest um ihn geschlungen, meine Lippen an seinem Nacken, mit geschlossenen Augen und Wind im Haar.

Doch bevor Easy Rider und ich meine spätpubertären Mädchenfantasien umsetzen konnten, musste ich mich umziehen. Denn im Gegensatz zum Resort bestand außerhalb der Anlage ein strenger Dresscode. Ich bedeckte also ganz anständig meine Knie und Schultern und nahm im langen Rock hinter David auf dem Motorrad Platz, schön brav und keusch im Damensitz, versteht sich. Obszön breitbeinig durften Frauen maximal in langen Hosen auf einem Moped sitzen. Ein Helm war dagegen nicht wirklich notwendig und schon gar nicht heute. Denn sonntags hatte die Polizei geschlossen.

Die Stadt bestand aus einer Hauptstraße mit diversen Geschäften, die alle das Gleiche und zugleich von allem etwas boten. Wir suchten in verschiedenen Läden nach Werkzeugen und Farbe. Hatte Pak Makmur keinen Hammer, verwies er uns an Pak Iskandar zwei Türen weiter und umgekehrt.

Den Gesprächen im Aceh-Dialekt konnte ich nicht im Ansatz folgen. Das war eine völlig andere Sprache als Hochindonesisch, das mir noch genug Schwierigkeiten bereitete. Noch dazu kamen mir die Wortwechsel recht lang vor, dafür dass wir nur nach Farbe oder einem Hammer fragten, denn meistens ging es gar nicht um Hammer oder Farbe, sondern darum, wer ich sei, woher ich käme, warum ich nicht »Aceh« spräche und wie viele Kinder wir schon hätten. Natürlich wurden alle diese Fragen ausschließlich an David gerichtet. Ich war ja nur eine Frau, noch dazu ein »bule«, also eine Ausländerin, die kein Wort verstand. Während ich also versuchte, so freundlich wie möglich in der Gegend herumzustehen, möglichst viel zu lächeln und an den richtigen Stellen beflissen mit dem Kopf zu nicken, schwitzte ich unter meinen vielen Tüchern Wasserfälle. Kein Wunder: eben noch zehn Grad in Berlin und schon dreißig Grad im Schatten.

Wenn es dann so weit war und wir nach vielen guten Wünschen den Laden verließen, reichte ich anständig meine Hand, die ich anschließend – dem Landesbrauch üblich – an mein Herz führte. Nur *ein* Mann verweigerte mir seinen Gruß. Seine Religion würde es ihm verbieten, Frauen anzufassen. In diesem Laden wollte ich kein zweites Mal mehr einkaufen. Obwohl David mir erklärte, dass ich das nicht persönlich nehmen dürfte, wollte ich dort lieber vor der Tür warten. Ich setzte mich auf das Motorrad und zündete mir eine Zigarette an, was mir von den umstehenden Personen böse Blicke einbrachte.

»Sag mal, David, rauchen Frauen hier nicht?«, fragte ich ihn, als er mit einem Topf Farbe aus dem Laden kam.

»Nein«, sagte er. »Nur Nutten.« Der Hinweis kam zu spät und aus Trotz zündete ich mir gleich noch eine an. Ich komm ja schließlich aus Berlin, ihr Muschis!

Auf dem Weg zurück hielten wir an einem der zahlreichen Cafés am Meer, tranken schwarzen indonesischen Kaffee ohne Zucker, dafür mit Krümeln, und aßen viel zu süßes Gebäck. Natürlich wurden wir dort erneut in ein Gespräch mit Einheimischen verwickelt, die mal wieder wissen wollten, wie lange wir schon verheiratet wären und wie viele Kinder wir hätten. Das wäre eine Art indonesischer Small Talk, erklärte David. Doch ihre entsetzten Gesichter darüber, dass wir weder verheiratet waren noch Kinder hatten, sprachen Bände. Das bedeutete, wir lebten in Sünde. Als die dritte Person nach unserem Status fragte, sagte David: »Erst ein Jahr« und: »Noch keine. Hoffentlich schon bald einen Sohn. So Gott will.« Denn sollte der Erstgeborene ein Sohn werden, bedeutete das hierzulande Glück.

Kaum zu Hause angekommen, musste ich das unbedingt über Skype meinem Vater erzählen. Der Arme war schließlich mit zwei

Töchtern geschlagen. Allerdings verlief unser Gespräch weniger amüsant als erhofft, denn als mein Vater mich fragte, wie lange ich jetzt vorhätte, mein Leben auf diesem Sandhügel zu verschwenden, legte ich kurzerhand auf. Menschen ändern sich eben nicht.

Und das galt für uns beide.

Sonnenaufgang kaum jedes!

Die nächsten Tage schufteten wir wie die Weltmeister. Wir drehten die Musik auf, klebten Fensterscheiben ab und begannen, unser gemeinsames Zuhause, von vielen Küssen unterbrochen, zu streichen. Der Boden bekam ein rötliches Kastanienbraun, die Balken ein etwas dunkleres Kaffeebraun. Türen und Fensterrahmen bekamen einen Klarlack gegen Wind und Wetter und das ganze Haus wurde von innen und außen mit Anti-Insektenspray versehen, vor allem gegen Termiten und Ameisen.

David zeigte mir, wie man die Farben mit Lösungsmittel verdünnte, anrührte und anschließend strich, ohne dabei zu tropfen. Wie damals trug er auch jetzt so gut wie nie ein T-Shirt, daher fiel es mir besonders schwer, mich auf seine sehr präzisen handwerklichen Ausführungen zu konzentrieren. So tropfte ich weiter auf den Boden, während ich dabei zusah, wie sich die Tätowierung am Oberarm dehnte, wenn er einen Nagel in das Holz schlug. Zwischendurch schliefen wir miteinander auf dem ungestrichenen Teil des Bodens, töteten Insekten und aßen gebratene Nudeln mit bloßen Fingern.

Die Renovierungsarbeiten gingen sehr schleppend voran. Meist musste David nach ein bis zwei Stunden eine Pause einlegen, da sein Rücken zu sehr schmerzte. Meine wiederholten Versuche, ihn zu einem Arztbesuch zu überreden, schmetterte er ab. Das nächste einigermaßen vernünftige Krankenhaus wäre in Banda Aceh. Und ein Aufenthalt dort käme immer noch einer Nahtoderfahrung gleich. David blieb stur, ich gab nach und so hämmerte und sägte er unter Schmerzen weiter.

Als ich in der siebten Nacht aufwachte und ihn tränenüberströmt neben mir im Bett vorfand, brach mir fast das Herz.

»Morgen fahren wir nach Banda Aceh ins Krankenhaus. Und darüber wird nicht diskutiert!«, sagte ich schroffer als gewollt. Zu meiner Verwunderung sagte er nur »Okay« und »Ich liebe dich, mein Engel«. Als wir am Krankenhaus ankamen, verstand ich, warum sich David so lange geweigert hatte, hierherzukommen. An der Krankenhaustür mussten wir unsere Schuhe ausziehen. Das war zwar irritierend, versuchte ich mir aber damit zu erklären, dass die Indonesier barfüßige Patienten wohl für hygienischer hielten. Die Kakerlaken, die uns anschließend über den Weg liefen und niemanden außer mir zu stören schienen, machten diese Theorie jedoch rasch wieder zunichte.

David wurde sofort und trotz Widerwillen in einen Rollstuhl verfrachtet und zum Röntgen gefahren. Dort angekommen, bat mich die verschleierte Krankenschwester, mit ihr zusammen den Raum zu verlassen. Ihre Religion verbat es ihr, diesen jungen Mann oben ohne zu sehen. Ich verließ kopfschüttelnd den Raum und fragte bei der Ärztin nach, ob es nicht besser wäre, in Davids Fall ein MRT machen zu lassen. Ich war zwar kein Arzt, hatte mich aber vorher auf Google schlaugemacht und da stand: Bei Rückenschmerzen: ein Röntgenbild ersetzt kein MRT!

Die Ärztin erklärte David, dass das Krankenhaus leider über kein MRT-Gerät verfüge. Falls er das haben möchte, müsste er nach Medan fliegen. Na bravo. Die Untersuchungen verliefen dementsprechend erfolglos. Man verschrieb David mir nichts, dir nichts eine Jumbo-Packung Morphium ohne Beipackzettel und riet ihm, sich die nächsten Tage, besser Wochen körperlich zu schonen.

Also verbrachten wir ein paar Tage in Banda Aceh, um David nicht den vielen Treppen in unserem Inselresort auszusetzen. Vollgepumpt mit Schmerztabletten, war er schon bald der festen Überzeugung, auf dem Weg der Besserung zu sein.

Zurück auf der Insel verbot ich ihm weitere handwerkliche Tätigkeiten und schlug ihm stattdessen vor, mich anzuweisen, was zu tun wäre, damit wir nicht den Rest unserer Tage in einer Baustelle schlafen müssten. David ließ sich nur widerwillig darauf ein, aber schließlich baute und strich ich diesen Bungalow so gut wie allein fertig. Mein Freund saß schweren Herzens daneben und gab mir Anweisungen, wie ich den Hammer zu führen, nämlich aus dem Handgelenk, und die elektrische Säge zu bedienen hätte, nämlich ohne mir den Finger abzuschneiden. Ich hatte jedoch nicht nur zwei linke Hände, sondern war für diese Art von Arbeit körperlich auch einfach zu schwach. Lange Zeit versuchte ich, mir das nicht anmerken zu lassen. Ich hatte zu große Angst, David würde gegen den Rat der Ärzte selbst wieder Hand anlegen, was oft genug vorkam, bis er von Schmerzen geplagt zusammenbrach.

Wir gaben kein gutes Bild ab. Ich sah inzwischen etwas abgemagert aus, mit Schwielen an den Händen und Ausschlag am Rücken, Ursprung unbekannt. Und David konnte sich trotz Schmerzmedikamenten nur noch wie der Glöckner von Notre Dame fortbewegen. Unser Sexleben war schon bald so gut wie nicht mehr vorhanden, weil ihm jede Bewegung ein Messer in den Rücken stieß. Alle Techniken, die es ihm ermöglichten, relativ bewegungslos an diesem Spektakel teilzunehmen, wurden für mich bei dreißig Grad im Schatten ohne Ventilator zu einer echten Kampfsportleistung. Bevor wir das Ziel erreichten, brach ich meist erschöpft zusammen.

Ich sägte, hämmerte, strich und schleppte Tag für Tag tapfer weiter. Neben den Renovierungsarbeiten lief ich zusätzlich für zwei. Ich brachte unsere Wäsche weg, holte frische Laken, bestellte unser Essen, ging für uns einkaufen, füllte Trinkwasser auf, besorgte Medikamente und übernahm andere Tätigkeiten, für die David im Resort verantwortlich war. Dabei kämpfte ich mit einer palmhohen Sprachbarriere: »Hey Opa, heute schon Kokosnüsse abgeerntet? Dann aber mal hurtig!«, wollte ich eigentlich sagen. »Hey Pak. Kelapa sudah? Cepat!«, brachte ich zustande, was sich ungefähr mit »Hallo Vater. Schon Kokosnüsse? Schnell!« übersetzen ließ. Mal wurde ich verstanden, öfter nicht. Und viele Male wollte man mich nicht verstehen, schließlich war ich die Neue und noch dazu weiß. Und weiblich. Warum sollte man sich von mir Arbeit schaffen lassen? Noch dazu in diesem Ton? Verständlich, wie ich fand.

Mir blieb nichts anderes übrig, als in der wenigen Zeit, in der es nichts zu tun gab, mein Indonesisch auf Vordermann zu bringen. Doch mein Online-Indonesisch-Kurs hatte mich auf andere Situationen vorbereitet. Leider halfen mir Worte wie »Zimmerservice«, »Sonnencreme« oder »Frühstücksbüfett« nun aber nicht wirklich weiter. Ich suchte nach »Rückenschmerzen«, »Diagnose« oder »Handsäge«.

In kurzen Verschnaufpausen skypte ich mit meiner Mutter und meinen Freundinnen. Meiner Mutter heuchelte ich ein »Alles in bester Ordnung« vor, um sie nicht zu beunruhigen. Meine Freundinnen wussten Bescheid. Tina sagte dazu: »Weißt du, Sonnenaufgang kann ja jeder! Betrachte es als Herausforderung. Wenn ihr das übersteht, habt ihr schon einiges geschafft.« Das machte mir Mut. Zumindest für einen kurzen Moment.

David fühlte sich nicht nur körperlich hundeelend, sondern hatte auch ein wahnsinnig schlechtes Gewissen, mir das alles zumuten zu müssen. Er versprach, sobald er wieder in der Lage dazu wäre, alles wiedergutzumachen und sich bis ans Ende unserer Tage um mich zu kümmern. Und bestimmt wäre er bald wieder gesund. Ich bewunderte seinen Optimismus und hoffte, dass er recht hätte.

Doch das Elend nahm kein Ende. Tagsüber schuftete ich und nachts lag ich inzwischen allein auf unserer Matratze, von der ich auch Rückenschmerzen bekam. Wir hatten sie Bei Pak Makmur gekauft, der in seinem Laden alles führte außer einem Hammer: Teppiche, Tassen, Plastikblumen, Reiskocher und eben Matratzen. Vermutlich war das der Fehler.

David schlief mittlerweile nur noch auf dem Balkon in der Hängematte, die einzige Position, die er noch ertragen konnte. Und auch nur, wenn er mit Morphium vollgepumpt war, das er inzwischen mit Bier runterspülte, um die Wirkung zu verstärken. Mein Freund war ein körperliches Wrack, ich ein psychisches.

Ich musste zugeben, dass ich mir alles irgendwie anders vorgestellt hatte. Ich versuchte, mich allein in den Schlaf zu weinen, aber auch das wollte mir einfach nicht gelingen. Das Meer war zu laut.

Die Nahtoderfahrung

Nach fast einem Monat in Indonesien, im Paradies mit meinem Traummann, fand ich mich um sechs Kilo leichter am Rande eines Nervenzusammenbruchs wieder. Meine einzige Hoffnung war, dass es nur noch besser werden könnte. Doch dem war nicht so.

Zwei Tage später ging es nicht nur David noch schlechter, sondern auch mir. Ich hatte die ganze Nacht nicht geschlafen. Schuld daran war nicht nur das Meer. Ich hatte die sogenannte Honeymoon-Krankheit. Allerdings klang das romantischer, als es war. Das ist nämlich eine blutige und damit sehr schmerzhafte Blasenentzündung. Die halbe Nacht verbrachte ich auf der Toilette, geplagt von brennenden Schmerzen. David hatte ich nicht geweckt. Erstens, weil ich mich schämte, und zweitens, weil ich den eh schon geplagten Mann nicht noch mit meinen Wehwehchen belasten wollte.

Was hätte er auch tun sollen? Ich wusste, ich brauchte Antibiotika und die bekäme ich nur von einem Arzt verschrieben, den ich mitten in der Nacht auf einer abgelegenen Insel vermutlich nicht finden würde. Ich weckte David also erst gegen sechs Uhr morgens und berichtete so unausführlich wie möglich von meinem Problem. David sprang geradezu aus der Hängematte und stopfte sofort ein paar Klamotten in einen Rucksack.

»Wir nehmen die Fähre nach Banda Aceh!«, sagte er, als ich ihn fragend ansah. »Du musst sofort ins Krankenhaus!«

Schon war von Nahtoderfahrung keine Rede mehr.

Die 45-minütige Fährenfahrt war die Hölle. Ich hatte permanent das Gefühl, sehr dringend auf die Toilette zu müssen, konnte mich aber nicht überwinden, auf diesem schaukelnden Schiff die Stehtoilette aufzusuchen. David wickelte mich in eine Decke und ich legte mich mit meinem Kopf auf seinen Schoß. In Banda Aceh angelegt, galt es noch eine rasante Fahrt auf dem Becak zu überstehen, bis wir endlich im Krankenhaus ankamen.

Wir waren ja schon Profis auf dem Gebiet: Schuhe ausziehen, Formulare ausfüllen, Namen buchstabieren, Fragen beantworten. »Nein, nicht verheiratet, keine Kinder! Kann ich jetzt endlich pinkeln?« Ich pinkelte also auf einer Stehtoilette in einen wirklich winzigen Plastikbecher (eine urinale Meisterleistung) und wartete in einem Krankenbett in Tücher eingewickelt darauf, Antibiotika verschrieben zu bekommen. David brachte mir Tee, der zum Mitnehmen in einer Plastiktüte mit Strohhalm verkauft wurde. Dieses To-go-Paket erinnerte mich so sehr an einen vollen Katheterbeutel, dass es mich enorme Überwindung kostete, daraus zu trinken. Wir fingen an, Scherze über meinen »Pissbeutel« zu machen und Fotos zu schießen, bis wir zur Urteilsverkündung gerufen wurden.

Die verschleierte Krankenschwester verlas den Befund auf Indonesisch. David lauschte und ich beobachtete ihn dabei. Dann sagte sie einen sehr langen Satz, von dem ich tatsächlich ein Wort verstand. Nämlich »positiv«.

In diesem Moment wurde David weiß wie eine Wand. Die Schwester sah erst ihn, dann mich an. Alle schwiegen. Bis ich es nicht mehr aushielt:

»David? Positiv was?«

»Ähm ...«

»Positiv was?«

»Ja, ähm. Mein Engel, also, ja. Du bist schwanger.«

»Wie bitte?«

»Wir kriegen ein Baby.«

Jetzt strahlte David über das ganze Gesicht. Auch die Miene der Krankenschwester heiterte sich prompt auf, obwohl sie bestimmt erwartete, dass wir nun, am besten gleich morgen, dringend heiraten müssten.

Ein Baby? Ich wollte Antibiotika. Kein Baby. Ich konnte nicht fassen, was David da eben gesagt hatte, also starrte ich einfach nur vor mich hin und sah mein Leben an mir vorbeiziehen. Da war sie also, die Nahtoderfahrung.

»Mein Engel? Was denkst du?« Was ich denke? Ich konnte nicht mehr denken. Mein Kopf war voll mit diversen Stimmen von Tina, meinem Vater und meinem Chef. Denn in einer Sache waren sie sich alle einig: »Geh da hin, probier es aus, aber werde bloß nicht schwanger!« Mir wurde plötzlich unheimlich schlecht.

»Was denkst du, Christiane?«, hakte David nach.

»Ich glaube, mir ist schlecht«, sagte ich.

»Oh«, sagte David und war hörbar enttäuscht über meine Reaktion. Dass es sich nicht um Schwangerschaftsübelkeit handelte, war ihm wohl klar.

»David. Ich kann nicht schwanger sein. Das weißt du. Ich nehme die Pille. Bitte erklär ihr das.« David versuchte sein Bestes, diese Fakten zu übersetzen. Aber die Dame im Schleier wusste nicht, was eine Antibabypille war. So einigten wir uns darauf, dass sie das Ergebnis noch einmal überprüfen sollte. Man bat uns, einen Moment zu warten.

»Was willst du jetzt tun?«, fragte David, als ich immer noch vor mich hinstarrte.

»Ich will eine rauchen«, sagte ich. »Vielleicht ist das meine letzte Zigarette.«

Wir gingen vor die Tür und rauchten. Denn Rauchen war sogar in einem indonesischen Krankenhaus verboten, vermutlich als einziger Ort in Banda Aceh. David nahm mich fest in die Arme und redete mir gut zu. Wenn ich nun wirklich schwanger wäre, wäre das zwar alles viel früher als von uns geplant, aber ein Baby wäre ein wunderbares Geschenk. Und er könnte es gar nicht erwarten, meinen dicken Bauch zu streicheln. Ich wusste, dass er nur versuchte, mir Mut zu machen, aber »dicker Bauch« war in jedem Fall das falsche Stichwort.

Ich war mir sicher, David hatte auch Angst. Er musste einfach Angst haben. Wir kannten uns ja kaum. Außerdem war David auf Bewährung und hatte keinen Pfennig Geld. Zumindest nahm ich an, dass er sich mit dem Bau unserer Hütte irgendwo verschuldet haben musste. Wie sollten wir denn eine Familie ernähren? Mit meinen Büchern? Das könnte ja heiter werden.

Ich war einerseits gerührt, seine Vorfreude zu sehen, aber immer noch geschockt von dem Gedanken, in Indonesien schwanger zu sein. Wo und wie sollte dieses Baby denn bitte schön zur Welt kommen? Neben barfüßigen Ärzten und Kakerlaken? Mir wurde schon wieder schlecht.

»Masuk, silakan!«, rief die Krankenschwester an der Tür, die uns zurück an den »Verhandlungstisch« bat. Wir nahmen erneut Platz und ich hörte einem sehr langen und unverständlichen Redeschwall ihrerseits zu. Dann glaubte ich »Ma'af« verstanden zu haben, was »Entschuldigung« bedeutet.

Sofort sah ich David an.

»Sie sagt, es tue ihr leid. Sie haben die Ergebnisse vertauscht. Du hast eine Infektion und bekommst Antibiotika verschrieben.« Ergebnisse vertauscht? Ich dachte immer, so etwas passiert nur in schlechten Vorabendserien oder im Sat.1-Spielfilm am Dienstagabend. Vermutlich vertauschen die hier auch Babys, so nach dem Motto: »Oh, ist ein bisschen dunkel für ihre Verhältnisse, aber ein Junge! Inshallah!« Ich musste an lauter Blödsinn denken, schaffte es aber endlich, ein »verstehe« rauszupressen.

David drückte meine Hand und stellte dann noch einige Fragen zur Art und Einnahmedauer des Medikaments. Und ich, ich dumme Nuss, fing an zu heulen. Als er meine Tränen bemerkte, nahm David mich fest in die Arme und sagte: »Christiane, sei nicht enttäuscht. Wir werden unser Baby noch bekommen. Später. Aber ganz sicher. Das verspreche ich dir.«

Ich war nicht enttäuscht. Ich war erleichtert. Aber das behielt ich in diesem Moment für mich.

4 steht für Tod

Wir blieben ein paar Tage in Banda Aceh, leckten unsere Wunden und suchten für David weitere Ärzte auf: sogenannte Spezialisten, die erst abkassierten und dann diagnostizierten. Ihr medizinischer Rat zu Davids Rückenschmerzen lautete durchweg: »Du musst viel Wasser trinken, Sohn! Und Reis essen.« Aha. Wir gingen zur Physiotherapie und zur chinesischen Akupunktur. David trank literweise homöopathische Heilmedizin, die sein Gesicht grün werden ließ, aber die Schmerzen nicht linderte. Nichts half.

Zurück im Resort wurde es mit den vielen Treppen noch schlimmer. Wir lebten nach wie vor in einer unfertigen Hütte und schleppten uns so durch den Tag. Nach über sechs Wochen Schmerzen und Verzweiflung gab David endlich nach. Wir buchten zwei Flüge nach Medan und suchten ein Krankenhaus auf, das über ein MRT-Gerät verfügte.

Die Reise war eine einzige Tortur. Ich trug unser Gepäck, stützte David, so gut ich konnte, verfrachtete ihn im Krankenhaus sofort in einen Rollstuhl und fuhr ihn nach seinem Geschmack etwas zu rasant durch die Krankenhausgänge. Nachdem das MRT unter großen Schmerzen erstellt wurde, stand die Diagnose schnell fest.

»Haben Sie eine Krankenversicherung?«, war die erste Frage des Arztes, als er einen Blick auf das schwarz-weiße Bild warf. »Sie haben einen akuten Bandscheibenvorfall und müssen dringend operiert werden. Ich kann Ihnen gern einen Kostenvoranschlag erstellen.«

Der Schock war groß. Natürlich hatte David keine Krankenversicherung. Und die Summe, die der Arzt nannte, übertraf Davids Jahresgehalt im Resort bei Weitem.

»Was sollen wir jetzt machen?«, fragte ich David, der trotz dieser Nachricht recht gefasst wirkte, während ich nicht mehr aufhören konnte zu heulen.

»Jetzt gehen wir zwei erst mal schön ins Kino«, lautete Davids Antwort.

Ich fand zwar, es wäre nicht der richtige Zeitpunkt für Kino mit Popcorn, aber andererseits war ich auch beeindruckt, dass David nicht völlig verzweifelt war. Denn den Worten des Arztes zufolge könnte er vielleicht nie wieder körperlich schwer arbeiten. Das hieße auch, nie wieder fischen. Der Eingriff wäre außerdem nicht ohne Risiko. Im schlimmsten Fall könnte sein linkes Bein nach der Operation gelähmt sein. An Davids Stelle wäre ich in wahnsinnige Panik geraten. Ich zumindest hatte schreckliche Angst. Vielleicht war Kino daher gar keine so schlechte Idee.

Drei Stunden 3D-Unterhaltung und eine Maxi-Popcorn-Packung später setzten wir uns in einen Starbucks, der mir auf einmal wie eine Oase in der Wüste erschien. Wir tranken den besten Kaffee seit Wochen und wogen unsere Möglichkeiten ab. In Bezug auf eine Sache waren wir uns sofort einig: Dieser Arzt machte keinen sehr vertrauenswürdigen Eindruck auf uns. Er schien geradezu begierig darauf zu sein, diese Operation durchzuführen. Und als er in diesem Moment zum dritten Mal anrief und nachfragte, ob wir der OP nun zustimmen würden, beschlossen wir, nach Jakarta zu fliegen, um uns eine zweite Meinung einzuholen. Schließlich ging es hier nicht um ein paar entzündete Mandeln.

Wir buchten noch am selben Abend einen Flug. Über amerikanische Freunde von David bekamen wir für den nächsten Morgen einen Termin bei dem Chefarzt eines sehr renommierten Krankenhauses. Sein Name war Dr. Teddy und er machte ihm alle Ehre.

Dr. Teddy war ein herzzerreißend guter Mensch, den man eigentlich die ganze Zeit knuddeln wollte. Er begleitete uns zu allen Untersuchungen, übersetzte, wenn notwendig, und organisierte uns ein günstiges Zimmer in einer Altersresidenz direkt neben dem Krankenhaus. Die Diagnose allerdings war dieselbe: Operation unausweichlich. Dr. Teddy bot David die Möglichkeit einer Ratenzahlung an, was er gern in Anspruch nahm. Er führte einige Telefonate mit seiner Familie in Südafrika und bekam das Geld für die Operation geliehen.

David wurde noch am selben Tag eingeliefert und allen nötigen Voruntersuchungen unterzogen. Ich schob ihn in seinem blauen Kittel tapfer von Raum zu Raum und kraulte seinen Bart, der jeden Tag ein bisschen weiter wucherte. David war der einzige weiße Patient und damit eine echte Attraktion unter den Krankenschwestern. Alle anderen waren fast ausschließlich Chinesen. Dr. Teddy erklärte uns, dass das Wort »vier« im Chinesischen so ähnlich klang wie »Tod«. Daher gäbe es in diesem Krankenhaus wegen der vielen chinesischen Patienten keine vierte Etage und auch keine Zimmernummern, die eine Vier beinhalteten. Ich war einfach nur froh, dass es auch keine Kakerlaken gab und wir sogar unsere Schuhe anbehalten durften.

Gegen Mitternacht verabschiedete ich mich von David. Ich fragte ihn zum wiederholten Mal, ob ich nicht doch lieber bei ihm bleiben sollte, denn ich sah, wie die Chinesen ihre Isomatten am

Boden neben ihren Liebsten ausrollten, um dort zu campieren. Aber David bestand darauf, dass ich ordentlich untergebracht war und ihn bloß nicht mit Hühnchen und Reis aus der Tupperware fütterte. Eine Bitte hatte er allerdings doch: »Kannst du heute Nacht für mich beten?«

Als ich nachts allein in der menschenleeren Altersresidenz lag (vermutlich waren alle Bewohner kürzlich verstorben), versuchte ich mein Bestes: Ich betete. Zum ersten Mal seit sehr vielen Jahren. Ich fühlte mich wieder wie damals mit neun, als ich den lieben Gott darum bat, mir doch bitte dieses Jahr zu Weihnachten einen Schaukelstuhl zu organisieren. Den bekam ich dann auch tatsächlich, allerdings ging er noch an Heiligabend zu Bruch, als ihn meine Eltern auf sein Maximalgewicht testeten. Ich bat Gott darum, dass es diesmal anders ausgehen würde, und entschuldigte mich noch im Gebet dafür, die Gesundheit meines Freundes mit einem Schaukelstuhl zu vergleichen. Anschließend hatte ich das Gefühl, in Bezug auf das Gebet völlig versagt zu haben, und hatte noch größere Angst als zuvor.

Am nächsten Morgen war es dann so weit. Ab sechs Uhr saß ich neben David, der fix und fertig war, an seinem Krankenbett. Er schob es auf das Nichtrauchen, das ihm bestimmt zusetzte, aber eben auch als Tarnung diente, hinter der er seine Angst und Nervosität zu verbergen versuchte.

»Mach dir keine Sorgen«, sagte er, als ich fürsorglich seine Stirn abtupfte. »In ein paar Tagen bin ich hier raus und dann trage ich dich über die nächste Türschwelle. Sobald ich eine geraucht habe, versteht sich.«

Davids Optimismus in allen Ehren, aber die Türschwelle sah ich nicht kommen. Die Ärzte konnten sich seinen derart schweren Bandscheibenvorfall nicht wirklich erklären, dafür war er mit 29 Jahren einfach viel zu jung. David war der festen Überzeugung, dass er sich diesen zugezogen hatte, als er vor einigen Monaten diesen 67 Kilo schweren Napoleonfisch aus dem Ozean gezogen hatte. Vielleicht war es aber auch nicht gut gewesen, seit dem elften Lebensjahr als Automechaniker zu jobben und später Container in England zu be- und entladen. Von seiner Rugby-Karriere zur Schulzeit mal ganz abgesehen und den jahrelangen Drogenkonsum auch nicht zu vergessen.

Woran auch immer es lag, eines stand fest: David hatte mit seinem Körper ein Leben lang Raubbau getrieben und jetzt kam die Quittung. Ob nach der Operation die Schmerzen komplett verschwunden sein würden, konnte man uns nicht versprechen. Soweit wir Dr. Teddy verstanden hatten, stand nur eines fest: David sollte nie mehr in seinem Leben über fünfzig Kilo heben. Aufgrund meines aktuellen indonesischen Bootcamps lag ich derzeit knapp darunter. Die Türschwelle war also für mich noch drin. Aber ich bezweifelte schwer, dass David den nächsten großen Fisch einfach von dannen ziehen lassen würde, wenn er ihn erst mal am Haken hätte.

Punkt zwölf Uhr wurde David von einer ganzen Mannschaft verschleierter Krankenschwestern abgeholt, auf die er immer noch böse war, weil sie ihn in den frühen Morgenstunden mit einem Einlauf überfallen hatten. Bei seinem Hintern verstand er keinen Spaß. Ich begleitete ihn bis zum Operationssaal und verabschiedete mich mit einem langen Kuss. Dann schoben sie ihn davon.

David lächelte mir zu. Aber ich wusste, sobald sich die Türen zwischen uns geschlossen hätten, würde sein Lächeln erlöschen.

Mich bat man in den Warteraum. Die Operation würde circa eine Stunde dauern. Sobald David ansprechbar wäre, würden sie mich rufen. Da saß ich also, in einem fensterlosen Raum, auf einem Plastikstuhl, umringt von wartenden Chinesen, die alle gebannt auf den Fernseher an der Wand glotzten. Es lief *Hello Celebrity*. Ich war zu nervös, um mein Buch zu lesen oder gar zu schreiben, und sah auch wie gebannt auf den Fernseher, als würde mein Leben davon abhängen. Ohne dabei den Inhalt dieser lächerlichen Sendung zu verstehen.

Nach einer Stunde ohne Rückmeldung fing ich an, den Gang auf und ab zu laufen, und wechselte schließlich in das nächste Wartezimmer, in dem ein indonesischer Bollywoodfilm lief. Mir gingen schrecklich viele Gedanken durch den Kopf und zum ersten Mal in meinem Leben hatte ich wahrhaftige Angst, einen geliebten Menschen zu verlieren. Für immer.

Ich wusste, dass die Operation nicht lebensgefährlich war. Doch je mehr Zeit verging, umso mehr steigerte ich mich in den Gedanken hinein, dass es Komplikationen gegeben haben musste. Inzwischen waren schon über zwei Stunden vergangen. Als ich gerade beschlossen hatte, irgendwo nachzufragen, wurde ich gerufen. In ein drittes Wartezimmer. Dort deutete man auf einen Monitor an der Wand. Ich könnte von hier aus die Operation mitverfolgen.

Dann wurde die Tür geschlossen und ich blieb allein zurück. Ich dachte, das TV-Programm könnte nicht schlimmer werden, doch ich sollte mich gehörig getäuscht haben. Auf dem Bildschirm erschienen Bilder des Grauens: Mikroskopische Aufnahmen zeigten mir den geöffneten Rücken meines Freundes, aus dem mit Skalpell und Zange Stücke der Bandscheibe entfernt wurden. Wie aus dem Nichts kam ein Blutschwall ins Bild, der von einem Sauger hektisch bekämpft wurde. Dann wurde mir plötzlich furchtbar übel und alles um mich herum schwarz.

Die Zigarette danach

»Alles in Ordnung?«, fragte Dr. Teddy, der über mich gebeugt einen kalten Umschlag an meine Stirn presste und ein Kissen unter meinen Kopf schob.

»Ich glaub schon. Mein Kopf tut weh.«

Dr. Teddy erklärte, dass ich wohl ohnmächtig geworden sei und mit dem Kopf böse auf den Boden geknallt wäre. Dann wurde auch schon eine Liege hereingerollt.

»Geht schon wieder«, wehrte ich ab. »Wie geht es David?«

»Vermutlich besser als dir!«, lachte Dr. Teddy. »Er ist im Aufwachraum. Wir bringen dich in sein Zimmer und fahren ihn zu dir, sobald er die Augen geöffnet hat, okay?«

»Kann ich nicht gleich ...« Aber in diesem Moment wurde ich schon umverfrachtet und losgefahren, erst in den Aufzug und von der dritten Etage in die fünfte, was relativ schnell ging, da es ja keine vierte gab. In Davids Zimmer wurde ich, durch einen Vorhang getrennt, neben ein paar Chinesen in der Ecke abgestellt. Obwohl ich mich gegen die Müdigkeit zu wehren versuchte, fielen mir sofort die Augen zu.

Ich träumte, dass David und ich im Rollstuhl saßen und vor einem Tsunami davonzufahren versuchten. Als die zwanzig Meter hohe Welle gerade über unseren Köpfen einzubrechen drohte, wachte ich schweißgebadet auf.

Mein Blick ging sofort zu dem Bett neben mir, das zuvor noch nicht dagestanden hatte, und traf auf David. Da lag er, mit geöffneten Augen, und sah mich fragend an. Mein Herz machte einen Sprung vor Freude, Liebe und Erleichterung.

»Wie geht's dir? Wie fühlst du dich?«, fragte ich sofort nach.

»Wer bist du?«, fragte David.

Für den Bruchteil einer Sekunde blieb mein eben noch so freudig hüpfendes Herz fast stehen. Dann fing er an zu lächeln.

»War nur Spaß.«

»War nicht lustig!«

»Finde ich schon. Und was machst du für Sachen? Kann man nicht mal in Ruhe operiert werden, ohne dass du gleich Blödsinn anstellst?«

»Hab 'nen fiesen Film gesehen.«

»Von wegen. Du wolltest dir doch nur ein Bett in diesem wunderschönen Zimmer erschleichen.«

»Stimmt!«, sagte ich.

»Ich liebe dich«, sagte David. Dann schloss er seine Augen und schlief ein. Ich wurde schon eine Stunde später offiziell entlassen, da ich nur eine ganz leichte Gehirnerschütterung hatte, und bekam ein paar Tabletten und Ruhe verschrieben. David war erst am nächsten Tag wieder voll ansprechbar. Die Operation war einwandfrei verlaufen. Mein Patient war völlig verwundert und glücklich darüber, keine Schmerzen mehr zu haben. Wir umarmten uns und ich heulte. Natürlich.

So groß unsere Freude auch war, so schwierig wurden die nächsten Tage. David war noch für einige Tage liegend ans Bett gefesselt und daher auf die Hilfe anderer angewiesen. Noch dazu wurde er an einen Katheter angeschlossen, was ihm so gar keinen Spaß machte. Und ehrlich gesagt, mir auch nicht.

Dennoch war ich von mir selbst überrascht. Denn wenn es eine Sache gab, die ich noch nie aushalten konnte, dann waren das kranke Männer. Ich konnte Krankenhäuser, Ärzte, Spritzen, Blut, Urinbeutel, weiße Gänge und Kittel, Desinfektionsmittelgeruch, Teller in Nierenform und den Anblick von fahler Haut noch nie ertragen. In Kombination mit einem leidenden Mann, der mir nahestand, war das für mich noch viel unerträglicher. Und nicht etwa, weil sein Leid mein Mitleid erzeugt hätte. Nein. So edel war ich nicht. Ganz im Gegenteil: Ich war nicht mitfühlend. Oder zumindest nur bis zu einem gewissen Grad. Bestimmt hätte ich einem Mann nach einer Schlägerei sein blaues Auge gekühlt. Aber dann hörte es auch schon auf.

Ich konnte leidende, klagende oder wimmernde Männer einfach nicht ertragen. Ich wollte sie nicht sehen, nicht um mich haben und mich nicht um sie kümmern müssen. »Stell dich nicht so an!«, wollte ich in ihre schmerzverzerrten Gesichter schreien. »Du Weichei! Sei ein Mann! Leide und lass es dir nicht anmerken!«

Ich weiß nicht, warum ich in diesem Punkt so unmenschlich war. Ich kannte auch niemanden, dem es ähnlich ging wie mir, aber ich konnte nichts dagegen tun. Kranker Mann hieß für mich immer nur eins: nichts wie weg!

Doch bei David war das irgendwie anders. Und das, obwohl wir uns noch lange nicht so gut kannten, wie man sich in einer solchen Situation vielleicht kennen müsste. Schließlich waren wir gerade in der Anfangs-Verliebtheitsphase unserer Beziehung. Doch dafür taten wir seltsame Dinge: Ich fütterte und wusch ihn, reichte ihm die Zahnbürste, schnitt seine Zehennägel und stutzte seinen Bart. Hin und wieder schnauzte er mich an, wenn ich angeblich danebenschnitt oder ihn die überall verstreuten Barthaare kitzelten. Das Nichtrauchen setzte ihm immer mehr zu, aber ich ertrug seine

Launen wie eine echte Frau und versuchte ihn mit ein paar DVDs oder Anekdoten aus meinem Leben in der Großstadt bei Laune zu halten, die mich allerdings mehr amüsierten als ihn.

Ab und an schlich ich mich davon, um heimlich zu rauchen, was er natürlich durchschaute. Die Schwestern pumpten weiterhin Flüssigkeiten in seine Venen, verboten ihm das Rauchen und reichten ihm nierentellerweise Tabletten. Am dritten Tag nach der Operation gab es ein Korsett und die ersten Gehversuche folgten. Unser erster Weg führte uns ins Erdgeschoss, heimlich am Empfang vorbei, direkt auf den Parkplatz in den Raucherbereich. Davids Laune besserte sich schlagartig.

Nach einer Woche wurde er offiziell und aufrechten Ganges entlassen. Wir dankten den Ärzten, die aber bescheiden den Kopf schüttelten: »Dankt nicht mir, dankt Gott!«, war die gängige Antwort.

David und ich verbrachten eine weitere Woche im Moloch Jakarta und entfernten uns vom Hotelpool auf dem Dach nur, wenn unbedingt notwendig. Meistens um im Warung um die Ecke Essen zu holen. David war tatsächlich völlig schmerzfrei. Und glücklich. Wir waren glücklich. Und albern. Wir lachten über sein von den Tabletten aufgeschwollenes Gesicht, alberten im Pool oder feierten unsere privaten Hotelzimmerpartys. Mit Bier, Chips und *Asia's Next Top Model.* Zum ersten Mal waren wir völlig sorgenfrei. David war zwar auch völlig verschuldet, aber um Geld schien er sich noch nie besonders viele Gedanken gemacht zu haben und so lebten wir unbeschwert. Tatsächlich. Das Leben fühlte sich unerträglich leicht an. Wir waren gesund. Wir waren zusammen. Und wir liebten uns. Die Zukunft lag uns zu Füßen. So schien es.

Nach einer Woche ging es zurück ins Krankenhaus und Dr. Teddy bestätigte uns, was wir bereits vermutet hatten. Davids Wunde war gut verheilt. Es würde nur eine kleine Narbe zurückbleiben, die uns für immer an diese Zeit erinnern und uns ein Leben lang vor Augen halten würde, wie wichtig es war, gesund zu sein. Wir bedankten uns für alles, was Dr. Teddy für uns getan hatte, und versprachen, seine Ratschläge zu beherzigen. David müsste sich noch mindestens sechs Wochen körperlich schonen. Auch danach immer auf seine Haltung achten und schweres Heben von nun an unbedingt vermeiden. Möglicherweise sollte er darüber nachdenken, das Fischen ganz an den Haken zu hängen. Und wenn er schon dabei wäre, seine Lebensweise zu ändern, sollte er dringend überlegen, das Rauchen auch gleich aufzugeben. Auf kurz oder lang würde es ihn umbringen. So oder so. David nickte eifrig, während ich ihn skeptisch von der Seite ansah. Ich war mir sicher, dass David schon mit der Zigarette im Mund zur Welt gekommen war. Sein erstes Wort war vermutlich »Kippe« gewesen. Aber er versicherte, sobald er wieder völlig genesen wäre und genug Möglichkeiten hätte, sich abzulenken, spätestens dann würde er auch mit dem Rauchen aufhören. Ich glaubte ihm kein Wort, hielt mich aber an: »Die Liebe hofft alles.«

Vom Krankenhaus aus fuhren wir direkt zum Flughafen und nahmen das nächste Flugzeug über Medan nach Banda Aceh. In Medan verbrachten wir einen lustigen Abend. David war wie neugeboren. Er lief stolz und aufrecht durch die Straßen, trug meine Handtasche und sang vor sich hin. Am Abend gingen wir in einen chinesischen Warung, bestellten Schweinefleisch und Bier, ein wahres Festmahl, gerade für David, nach drei Jahren auf einer muslimischen Insel.

Als ich in dieser Nacht etwas beschwipst neben ihm im Doppelbett eines heruntergekommenen Hotelzimmers lag, mit meinem Kopf auf seiner Brust, konnte ich gar nicht fassen, wie glücklich ich war. Von nun an würde alles gut werden. Da war ich mir ganz sicher. Dann musste ich an Tinas Worte denken. Sie hatte recht gehabt. Natürlich. »Sonnenaufgang kann jeder!« Vielmehr hatte ich sogar das Gefühl, dass uns all das, diese Krankheit, die Reise, das Waschen und Füttern, das Hoffen und das Happy End, näher zusammengebracht hatte. Wir waren nicht nur Liebende. Wir waren Partner. Und das Allerbeste: Wir waren beste Freunde.

Die Rache des Kannibalen

Zurück auf der Insel zog ich David sofort in die Küche, wo einige Mitarbeiter beisammen auf dem Boden saßen und Gemüse schnitten oder besser gesagt: Zwei Frauen schnitten, eine schälte und die Männer standen drumherum, sahen zu, schlürften Kaffee und rauchten.

»Schaut, mein Freund ist nicht mehr kaputt!«, sagte ich etwas ungehobelt auf Indonesisch und präsentierte stolz den neuen und zugleich ganz den alten David.

»Di mana oleh-oleh?«, fragten sie, was ich zwar übersetzen konnte, aber nicht verstand. Ich sah David verständnislos an, der mir erklärte, dass sie nach Geschenken fragten.

»Ich weiß«, sagte ich. »Aber das ist irgendwie unhöflich, oder?«

»Das ist so in Indonesien. Wenn du wegfährst, musst du Geschenke mitbringen«, sagte David.

»Aha. Aber vielleicht kannst du ihnen erklären, dass wir nicht auf Hochzeitsreise oder im Urlaub waren, sondern im Krankenhaus.«

David winkte ab: »Das tut nichts zur Sache. Selbst wenn sie nur nach Banda Aceh zum Zahnarzt fahren oder ihre Familie in ihrem Heimatdorf besuchen, bringen sie immer etwas mit. Meistens Gebäck.«

Ich erklärte entschuldigend, dass wir vor lauter Operation und Blut leider nicht an Gebäck oder andere Geschenke gedacht hätten, und versprach, das nächste Mal etwas mitzubringen. Daraufhin lächelten sie und widmeten sich wieder Karotten, Kohl und Kaffee.

An unserer Hütte angekommen, gab mir David einen Kuss, nahm mich auf seine Arme und trug mich, trotz vehementen Protests meinerseits, über unsere Türschwelle. Aber anstatt uns aufs Bett zu werfen und erst einmal eine akrobatische Nummer auf der Matratze zu vollführen, fanden wir unsere Hütte in einem schrecklichen Zustand vor. Es stank nach Tierkadaver und feuchtem Holz. David meinte, das würde ich mir einbilden, bis ich den Ursprung des Übels neben der Matratze fand: eine tote Schlange.

Ich fragte David, ob es ein indonesischer Brauch wäre, eine tote Schlange im Haus zu deponieren, falls man ohne Geschenke von einer Reise zurückkam. Er meinte, die Schlange stammte vermutlich von einer Katze, die ihre Beute bei uns abgelegt hätte. Noch dazu wäre sie völlig ungefährlich beziehungsweise nicht tödlich, schon gar nicht, weil sie ja tot wäre. Aber ich war nicht zu beruhigen. Ich wollte keine Schlange neben meinem Schlafplatz. Egal ob gefährlich, harmlos, tot oder lebendig. Die Katze mochte bitte ihre Beute wieder abholen oder David sollte das Ungetüm entfernen. Und zwar umgehend. David grinste und rief: »Luuutz!« Ich fand es zwar eigentlich immer lustig, »Luuutz!« zu rufen, wenn wir zu bequem waren, etwas selbst zu tun (das hatte sich so eingespielt), aber ausnahmsweise nicht heute. Nicht bei einem toten Reptil!

Nur wenig motiviert zog David den Kadaver aus der Ecke und warf ihn in den Mülleimer neben dem Bett. Ganz automatisch griff ich danach, um den stinkenden Leichenmüll außerhalb unserer vier Wände zu entsorgen, bis mir einfiel, dass David ja wieder völlig bewegungsfähig war. Ich drückte ihm also den blauen Sack in die Hand und sagte: »Entfernen. Nicht umlagern.«

Mein Grinsen wurde von einem genervten Augenrollen und einem Griff nach der Mülltüte beantwortet. Dabei hielt ich bisher die Behauptung, dass Paare sich stritten, weil Männer den Hausmüll nicht rausbringen wollten, für ein reines Klischee. Allerdings war ich mir nicht sicher, ob eine tote Schlange unter regulären Hausmüll fiel oder nicht. Und falls nicht, ob wir dann trotzdem ein lebendiges Klischee wären oder tatsächlich Grund hätten, uns über die Entsorgung eines Tierkadavers uneinig zu sein. Ich nahm mir vor, Davids Meinung dazu einzuholen, sobald er den Corpus Delicti entsorgt hätte.

Doch dazu kam es nicht. Denn als ich, meinem feinen Geruchssinn weiter folgend, um die Ecke bog, fand ich mein sogenanntes Büro in einem traurigen, fast post-tsunamischen Zustand wieder, nämlich in Regen getränkt. Ein Blick an die Decke verriet mir, dass unser Bambusdach eher hübsch aussah als dicht war.

Der Anblick war schrecklich: Unsere Fotos blätterten von der Wand, Bücher wellten sich und der Ventilator hing von der Decke. Doch am meisten schmerzte mich das Filmplakat, das ich den weiten Weg von meinem Berliner Büro bis hierher importiert hatte und das ich jetzt auf dem Boden in einer Regenpfütze vorfand.

Ich war völlig deprimiert, denn ich liebte dieses Plakat, das eine barbusige Blondine zeigte, die nur mit Bluejeans bekleidet an einen Marterpfahl gefesselt war und von wilden Kannibalen mit langen Lanzen umringt wurde. Dazu der rote Schriftzug dieses einzigartigen Filmtitels aus dem Jahre 1981: *Die Rache der Kannibalen.* Dieses Plakat hatte mich durch die schwierigsten Termine im Büro gebracht. Dabei setzte ich mein Gegenüber immer so, dass er oder sie das Plakat hinter mir im Auge hatte. »Spekulatives

Trivialkino mit exzessiven Grausamkeiten«, kommentierte ich bei passender Gelegenheit beiläufig, ohne hinzusehen, wenn ich spürte, dass der Blick verdutzt an mir vorbei an die Wand ging. Das war der absolute Eisbrecher. Denn dieses Plakat war die unpassendste Wanddekoration, die man in einer alteingesessenen deutschen Fernsehproduktionsfirma haben konnte. Jeder Mann wäre dafür kritisiert worden. Oder hätte zumindest dafür kritisiert werden müssen. Aber hinter mir, einer blonden jungen Frau, sorgte es für nichts als Verwirrung. Dann für ein Lachen bis hin zu der Frage: »Darf ich davon ein Foto machen?« Und von da an lief alles nach Plan. Immer. Doch jetzt, jetzt lag mein Plakat hier in der Pfütze, gewellt und verblasst, und ich verstand die Botschaft. Denn hier lief nichts nach Plan. So rein gar nichts.

Ich stand in einem einzigen Trümmerhaufen. In einer verregneten, unfertigen, schmutzigen, zugigen und stinkenden Holzhütte. Unser spärliches Mobiliar bestand immer noch aus nichts außer ein paar Regalbrettern, die noch ungestrichen waren, einem Stuhl, den wir geliehen hatten, einem Badregal, das wir mangels einer Bohrmaschine nicht anbringen konnten (Pak Makmur hatte keine im Sortiment), einer unbequemen Matratze auf dem Boden und einem Bettgestell, das in Form loser Bretter hinter dem Haus gelagert war. Unser eh schon kümmerliches Werkzeug war nun völlig verrostet, ebenso wie mein Modeschmuck und mein Schweizer Taschenmesser, was mich noch mehr schmerzte als der Schmuck. Als ich dann noch das gerahmte Bild von Tina und mir als weiteren Scherbenhaufen vorfand, stürzte ich nach draußen, um David von der Katastrophe zu unterrichten. Doch kaum hatte ich die Tür aufgerissen und den ersten Schritt auf den Balkon gemacht, spürte ich das Unfassbare: Ich war auf den Müllsack mit der toten Schlange getreten, den David einfach vor der Tür abgestellt hatte. David lag daneben in der Hängematte und tat das noch viel Unfassbarere: Er rauchte eine Zigarette.

Heimweh

Ich stieß einen entsetzlich lauten Schrei aus und wich angewidert zurück, von der Schlange und David, was er offensichtlich amüsant fand. Ich nicht. Er lachte und ich fing an zu heulen. Ich war so wütend und schämte mich zugleich, sodass ich einfach loslief. Weg von ihm und dem toten Reptil, Richtung Strand. Viel mehr blieb mir auch nicht übrig.

Dort angekommen, setzte ich mich auf einen Felsen und gab mich hemmungslos meinem Tränenausbruch hin. Ich wusste nicht so genau, was plötzlich über mich kam. David war doch jetzt gesund und wir glücklich. Die Hütte ein bisschen vernachlässigt, aber reparierbar. Warum ich so völlig aus dem Häuschen war wegen verrosteten Modeschmucks, eines kaputten Filmplakats eines bescheuerten Films, den ich nicht mal gesehen hatte, und eines Bilderrahmens, den man bestimmt wieder ersetzen könnte, verstand ich selbst nicht. Aber der Anblick der Scherben über Tinas und meinem Gesicht brach mir einfach das Herz.

Und dann kam mir ein Gedanke, für den ich bisher einfach keine Zeit gehabt hatte: Ich hatte Heimweh. Daher hing ich so schrecklich an diesen wenigen, aber persönlichen Habseligkeiten, die mir helfen sollten, mich in meinem neuen Leben zu Hause zu fühlen. Schwierig genug ohne Möbel, Bett, Kühlschrank, Freunde und Familie. Dafür mit einem Freund, der sich erst nicht bewegen kann und dann zu faul ist, einen Tierkadaver zu entsorgen. Da wollte ich wenigstens ein Stück vertrautes spekulatives Trivialkino mit exzessiven Grausamkeiten in meiner Nähe wissen. Ich war sauer. Stinksauer. Und fühlte mich plötzlich schrecklich einsam und verlassen.

Dann spürte ich Davids Hand auf meiner Schulter, den ich wegen des scheißlauten Meeres nicht hatte kommen hören.

»Was ist los, mein Engel?«, fragte er in besänftigender Tonlage.

»Nichts da, mein Engel!«, schrie ich ihn an. »Was los ist? Ich hab meine Habseligkeiten von einer zweistöckigen Maisonettewohnung auf drei Regale reduziert und lebe nun seit zwei Monaten aus einem Rucksack. In einer leer stehenden Hütte. Mit toten Tieren! Unser romantischer Bungalow ist ein Scheißdesaster. Wie soll ich mich hier denn einleben oder gar zu Hause fühlen, wenn ich keines habe? Seit ich hier angekommen bin, tue ich nichts anderes, als mich um dich zu kümmern. Jetzt bist du mal dran! Ich kann nämlich nicht mehr.«

David starrte sehr lange auf den Ozean und schwieg. Dann setzte er sich neben mich, legte den Arm und mich und fing an zu reden: »Es tut mir leid. Ich habe nicht mitgedacht. Ich wollte erst eine Zigarette rauchen und zum ersten Mal den Moment genießen, auf unserem Balkon zu liegen, ohne Schmerzen dabei zu haben. Das ist alles. Kannst du das verstehen?«

Ich nickte trotzig.

»Ich geh jetzt nach oben und räume auf, okay?«

»Ich sag ja nicht, dass du das allein machen sollst. Aber jetzt, wo du dich wieder bewegen kannst, könntest du mir wenigstens mal helfen. Die letzten Wochen liefen nicht gerade so wie geplant. Du kannst nichts dafür, dass du krank warst, aber ich hatte noch keine Sekunde Zeit, hier anzukommen. Mich einzuleben. Die Menschen hier kennenzulernen. Die Sprache zu lernen. Ich habe sieben Kilo abgenommen und bin mit den Nerven am Ende.«

Dann fing ich wieder an zu heulen, sodass mir der Rotz recht unschön aus der Nase lief. David nahm mich in die Arme und entschuldigte sich erneut. Anschließend führte er mich zurück und drückte mir auf dem Weg einen Schlüssel in die Hand.

»Du gehst jetzt in Bungalow fünf, legst dich hin und wartest dort, ja?«

Das ließ ich mir nicht zweimal sagen. Zwei Minuten später lag ich auf dem nach Bügelwäsche riechenden großen Bett in Bungalow fünf. Bis plötzlich jemand an die Tür klopfte. Herein kam eine verschleierte Frau, die ich noch nie zuvor gesehen hatte. So ganz sicher war ich mir da zwar nicht, weil die Frauen für mich immer noch alle ziemlich ähnlich aussahen, aber als sie sich als Ibu Ida vorstellte und fragte, ob ich Ibu Christiane sei, bestätigte sich meine Annahme. Ich nickte artig und reichte ihr die Hand. Dann nahm sie überraschenderweise ihr Kopftuch ab und forderte mich auf, mich bis auf die Unterhose auszuziehen. Ich sah sie verwundert an, bis sie mit einem kleinen Fläschchen Öl in der Hand winkte und Davids Namen nannte.

Rasch ausgezogen, warf ich mich auf das Bett und genoss meine erste indonesische Ganzkörpermassage. Kurz bevor ich wegzudämmern drohte, forderte mich Ibu Ida auf, mich auf den Rücken zu drehen. Ich tat, wie mir geheißen, und Ibu Ida stieß einen lauten Schrei aus: »Ahhh, putih kali! Putih kali!«

Ich konnte das zwar übersetzen, es hieß »sehr weiß!«, hätte aber auch bestimmt so verstanden, dass Ibu Ida mehr als fassungslos auf meine weißen Brüste reagierte. Die gute Frau konnte sich gar nicht mehr beruhigen, mich auf die weiße Farbe meiner Haut hinzuweisen. Sie schien sich sicher zu sein, ich hätte das selbst noch nie gesehen, so begeistert zeigte sie mir ihre Entdeckung. Nicht ohne hier und da auch mal zuzukneifen, um zu sehen, ob das Weiß auch nicht abginge. Anfangs schämte ich mich ein bisschen, aber irgendwann konnte ich nicht mehr und fing einfach an zu lachen. Denn das kitzelte.

Als Ibu Ida eine Stunde später ihr Fläschchen zudrehte und ihr Kopftuch wieder aufzog, drückte sie mich ganz herzlich. Das überraschte mich. Immerhin war ich seit fast zwei Monaten von keiner Frau mehr herzlich gedrückt worden. Ich wollte mich gern noch länger an Ibu Idas Busen drücken, die Augen schließen und mir vorstellen, meine Freundin Clara zu umarmen. Die würde mir dann gleich eine heiße Schokolade kochen und die Sahne wegnaschen. Doch in diesem Moment klopfte David an die Tür, um mich abzuholen. Er bedankte sich formvollendet und versprach Ibu Ida bald wieder Bescheid zu geben, damit sie mich erneut verwöhnen könnte und etwas Geld bekam, um ihre fünf Kinder zu ernähren. Denn ihr Mann war leider ein fauler Nichtsnutz, wie ich später erfuhr.

David hatte es tatsächlich geschafft, innerhalb der letzten Stunde die schlimmsten Schäden in unserer Hütte zu beseitigen. Die Pfützen waren trocken gelegt, Räucherstäbchen angezündet, ein Moskitonetz hing von der Decke über unsere Matratze, der Ventilator wieder an der Decke, das Plakat zum Trocknen auf dem Balkon und Tina und ich wieder an der Wand, wenn auch ohne Rahmen. Außerdem hatte David Soap&Skin aufgelegt, ein paar Kerzen angezündet und mir Milo gekocht, die indonesische Variante von heißer Schokolade. Die Feine Bio Trinkschokolade war leider einer Herde Ameisen zum Opfer gefallen. Ich war wieder völlig versöhnt und schämte mich ein bisschen, dass ich so hysterisch geworden war.

»Was möchtest du jetzt machen, Christiane? Sollen wir was zu essen bestellen? Möchtest du einen Film sehen? Willst du schwimmen gehen oder lieber ein bisschen an deinem Buch schreiben?«

Ich antwortete ihm mit einem Kuss und sagte: »Pass auf, ich muss dir was total Verrücktes zeigen!« Dann zog ich mein T-Shirt über den Kopf, nahm meine Brüste in die Hände und sagte völlig erstaunt: »Putih kali!«

Als ich David unter das Moskitonetz zog, war die tote Schlange schon vergessen.

Alltag Paradies

Nach über zwei Monaten in Indonesien kehrte nun endlich das ein, was man Alltag nennen könnte. Denn der Alltag eines Insellebens unterschied sich von allem, was ich bisher kannte. Ein Alltag, der sich nicht an Uhrzeiten, Terminen, Meetings, Wochen- oder Feiertagen orientierte, sondern vielmehr am Hungergefühl, am Stand der Sonne, den Gebetsgesängen oder der vorbeifahrenden Fähre, die täglich zweimal das Resort passierte.

Endlich bekam ich die Chance, in meiner neuen Umgebung anzukommen. Endlich wurde ich mit der Monotonie konfrontiert, dich ich vorab gefürchtet, aber in den letzten Wochen so sehr herbeigesehnt hatte. Ich stellte schnell fest: Jeder Tag war gleich und seltsamerweise vollkommen anders.

Völlig losgelöst von den mir bekannten Orientierungspunkten wie dem morgendlichen Wecker, Bürozeiten, Mittagspausen oder dem Unterschied zwischen Montagen und Sonntagen, versuchte ich, mir ein gewisses Maß an Routine aufrechtzuerhalten. Warum ich das tat, weiß ich nicht genau. Aber vermutlich, weil ich mich vor Orientierungslosigkeit noch mehr fürchtete als vor Monotonie.

So machte ich es mir zur Gewohnheit, morgens vor dem Frühstück im Meer schwimmen zu gehen, wozu ich mich jeden Tag aufs Neue überwinden musste. Immer noch. Denn leider war meine Furcht vor den Untiefen des Meeres samt Bewohnern bisher nicht verschwunden. Doch der Drang, in dieses türkisfarbene, glasklare Wasser zu springen, das nun direkt vor meiner Haustür lag, war größer als die Angst. Es wäre einfach eine Sünde gewesen, es nicht zu tun. So zog ich täglich ein paar Bahnen mit meiner

Schwimmbrille, wobei ich versuchte, alles Bunte, was mit mir schwamm, zu bewundern und nicht zu fürchten. Anschließend sonnte ich mich auf dem Floß, das im Wasser trieb. Der Ort, an dem David und ich uns zum ersten Mal geküsst hatten.

Zurück an Land weckte ich meinen Freund und wir tranken zusammen Kaffee auf unserem Balkon. Dann spielten wir eine morgendliche Partie Schach. David ließ mich nur noch selten gewinnen, denn er hatte sich vorgenommen, mich so weit zu trainieren, dass ich bei meinem Heimatbesuch, der in ein paar Monaten anstehen würde, gegen meinen Vater gewann. Außerdem musste der Verlierer Zigaretten kaufen. Nach diesem Ritual besprachen wir jeden Tag aufs Neue, was wir heute tun wollten. Und was wir tun mussten. Meistens überwog das, was wir tun wollten.

In den ersten Wochen nach unserer Rückkehr arbeiteten wir weiter an unserer Hütte. Für schwere körperliche Arbeiten bestand ich darauf, Leute zu engagieren, die Bretter schleppten und sägten. David konzentrierte sich auf leichtere handwerkliche Tätigkeiten. Er brachte weitere Regale für Wasserkocher und Wasserspender an, baute uns Kerzenständer aus Samenhüllen von Kokospalmen und zeigte mir den Umgang mit einer gemeingefährlichen Klebepistole. Dank dieses Werkzeuges war ich in der Lage, sämtliche Türen und Fensterrahmen mit Muscheln zu dekorieren, die wir eifrig in den frühen Morgenstunden bei Ebbe am Strand sammelten. Hand in Hand.

Für indonesische Verhältnisse kamen wir erstaunlich schnell voran. Auch wenn man nach deutschen Verhältnissen vermutlich eher von einem Baustopp sprechen würde. Aber wir hatten ja Zeit. Keine Termine. Keine Fristen, außer eventuell meiner nach wie vor vorhandenen Ungeduld. Doch wenn ich etwas in diesem Land früh lernte, dann war es zu warten.

Schon bald musste ich mein Telefon zu Hilfe nehmen, um festzustellen, welcher Wochentag war. Freitage waren allerdings eine gute Markierung, denn das war der muslimische Sonntag und zur wichtigsten Gebetszeit zwischen zwölf und zwei Uhr, allerdings ausschließlich für Männer, war so ziemlich alles, was Spaß machte, verboten: einkaufen, schwimmen, Boot fahren, fischen. Auch arbeiten. Immerhin.

David und ich lebten in den Tag hinein, Tag für Tag. Nacht für Nacht. Anfangs verunsicherte mich diese Lebensweise, doch schon bald genoss ich es und kam mir ziemlich rebellisch vor, einfach aufzustehen, wenn mir der Sinn danach stand. Oder auch mal eine ganze Nacht aufzubleiben, wenn es für den nächsten Tag keine Verpflichtungen gab. Und die gab es nur selten.

Mit der Zeit war Davids Wunde am Rücken völlig verheilt und schon bald ging er mehrmals am Tag fischen. Oft auch nachts, abhängig von Wind, Wetter und der Strömung. Manchmal begleitete ich ihn. Das Fischen mit nichts als einem Nylonfaden, Haken und einem Stück Köder hatte eine beruhigende Wirkung auf mich und meine Ungeduld. So saßen wir bei praller Hitze mit Hut oder nachts unter dem Sternenhimmel mit einem knallroten Mond am Horizont auf Davids Nussschalen-Boot und hielten unsere Fäden ins Wasser. Dann erzählten wir uns Geschichten aus unserem Leben oder genossen schweigend die einzigartige Kulisse.

David war jedoch sehr streng, wenn es darum ging, mir verschiedene Techniken oder den Umgang mit Spule, Faden und Haken beizubringen. Er fürchtete, ich könnte mir den Haken in die Hand rammen, mich an einem stacheligen Fisch verletzen oder gar über Bord gehen. Und wenn David Angst hatte, äußerte sich das meistens in schlechter Laune, wie ich schnell feststellte. Sein ungeduldiger Befehlston verunsicherte mich dann jedes Mal derart, dass ich mir natürlich den Haken in den Finger rammte oder mir der stachelige Fisch wieder aus den Händen zurück ins Wasser flutschte.

Dann bekam auch ich schlechte Laune, legte die blöde Angelschnur beiseite und tat das, was ich wirklich gut konnte: mich sonnen. Dabei sah ich den Delfinen zu, die um unser Boot herum ihre Kunststücke vollführten. Ich konnte mich an ihrer Schönheit nicht sattsehen und bekam jedes Mal aufs Neue eine Gänsehaut, wenn sie wie aus dem Nichts in Scharen auftauchten und uns mit diversen Salti zu beeindrucken versuchten, was ihnen auch gelang.

Gab es keine Delfine, sah ich meinem Fischer zu, wie er mit Haken, Anker und Köder kämpfte. Klassische Rollenverteilung, die sich vermutlich nur an einem Ort wie diesem so par excellence leben ließ. Denn wie ein Berliner Hipster mit Hut einen Fächerfisch an einem Nylonfaden aus dem Wasser zieht, möchte ich erst noch sehen.

Da das Fischen zwar beruhigend, ich aber nach wie vor ein ungeduldiger Mensch war, wurde mir nach spätestens drei Stunden wieder langweilig. Im Besonderen, wenn die Delfine freihatten.

So blieb ich oft ohne David in unserer Hütte zurück, setzte mich an meinen Fensterplatz und schrieb. Ich genoss es, allein zu sein und David zu vermissen, mich auf ihn zu freuen, wenn er wiederkam, zum Strand zu laufen, wenn ich sein Boot schon aus der Ferne hörte, noch bevor ich es sah. Ihm dann entgegenzuschwimmen, sobald er den Anker warf. Mich am Rand hochzuziehen, um seinen Fang zu bewundern oder ihn aufzumuntern, wenn die Fische mal wieder nicht beißen wollten.

Die kleinen Fische verschenkte David an die Mitarbeiter des Resorts, die großen verkaufte er auf dem Fischmarkt. Und wir ließen uns mittags das schmecken, was die Mitarbeiter aus dem toten Fisch gezaubert hatten. Dabei spielten wir erneut eine Partie Schach, ein weiterer Markierungspunkt unseres Alltages.

Neben dem Fischen, Küssen, Schwimmen, Schreiben, Schach und meinen neu entdeckten handwerklich kreativen Aufgaben fing ich an, mich im Resort nützlich zu machen. Ich durfte zwar offiziell aufgrund meines Visums nicht arbeiten, wollte mich aber so gut wie möglich einbringen. Schließlich lebte und aß ich hier auf Kosten des Hauses. Außerdem hatte ich aufgrund des Bandscheibenvorfalls bisher kaum Zeit gefunden, mich mit den Angestellten bekannt zu machen. Und je mehr Zeit ich mit diesen verbrachte, desto besser wurde mein Indonesisch, denn hier sprach niemand Englisch außer »Hey Mister!«.

So begann ich, zusammen mit den Frauen Vorhänge aufzuhängen, mit Opa den Strand von Müll zu befreien oder abends beim Büfett die Gäste zu bedienen.

Die einheimischen Frauen waren neugierig, aber zu Beginn sehr zurückhaltend mit mir. Das mag an meiner Haut- und Haarfarbe oder vielleicht auch an meinen kurzen Hosen gelegen haben. Obwohl sie an Ausländerinnen in Bikinis gewohnt waren, war ich die Erste, die hier sesshaft wurde. Außerdem irritierte es sie, dass ich mir meine Getränke selbst holte, ihnen beim Tragen half und angestrengt versuchte, mich mit ihnen in ihrer Sprache zu unterhalten.

So wie ich es hier gelernt hatte, fragte ich sie anfangs, wie lange sie schon verheiratet wären und wie viele Kinder sie hätten. Sie wiederum fragten schüchtern, wie man so weiße Haut bekommen könnte, und schimpften schon bald mit mir, je dunkler ich wurde. Außerdem fanden sie, ich wäre für eine Frau recht groß. Mit meiner Größe von 1,58 Meter hörte ich das zum ersten Mal in meinem Leben, musste aber tatsächlich feststellen, dass ich nicht nur eine der Größten unter ihnen, sondern auch die einzige unverheiratete und kinderlose Frau im Resort war. Und das, obwohl die meisten jünger waren als ich.

Meine Haare fanden sie »kurang rapi«, also »unordentlich«, und außerdem wäre ich viel zu dünn und meine Brüste zu klein. Unsere Schönheitsideale lagen meilenweit auseinander, doch ich spürte sehr deutlich, dass sie mich, die blonde Deutsche, zwar seltsam fanden, aber irgendwie auch mochten. Sie sahen mir erstaunt zu, wenn ich die Bücher unserer Bibliothek nach Sprachen sortierte, Bungalows mit Blüten dekorierte, falls ein Flitterwochenpärchen im Anmarsch war, oder die Kokosnuss mit einer Orchidee verzierte, bevor sie eiskalt serviert wurde.

Nach einer gewissen Zeit begannen die Frauen, ihre Kopftücher abzunehmen, sobald wir allein in einem Raum waren, was ich als Zeichen der Vertrautheit auffasste. Sie zeigten mir ihr Haar und ich bewunderte es, da es so schön »ordentlich« war. Eines Morgens platzte ich in Bungalow zwölf, als Ibu Tini nur mit Jeans und Tanktop bekleidet den Boden fegte. Mir wäre das vermutlich gar nicht aufgefallen, hätte sie nicht laut aufgeschrien und mit ihren Händen versucht, ihre Schultern zu bedecken.

»Panas kali!«, stöhnte sie sofort, um mit der Hitze ihr »freizügiges« Outfit zu erklären. Ich stand vor ihr, wie immer in kurzen Jeans und Trägershirt ohne BH, und bat sie, sich wieder zu beruhigen. Schließlich wären wir hier unter uns und ich hätte schon zuvor die eine oder andere Frauenschulter gesehen. Ibu Tini lächelte verschämt. Endlich verstand hier mal jemand meinen Humor. Bevor ich ging, musste ich versprechen, niemandem zu erzählen, dass sie sich ihres Kopftuchs und ihrer Bluse entledigt hatte. Ich schwor bei Allah und nahm mir insgeheim vor, meinen Humor wieder etwas zu zügeln.

Die Gäste, die aus aller Welt hierherkamen, brachten die meiste Abwechslung in meinen Inselalltag. Ich lernte fast täglich neue Menschen kennen und meine hervorragenden Deutschkenntnisse kamen dem Resort zugute, da es hier nur so von Deutschen wimmelte. Und seltsamerweise gab es bei vielen von ihnen irgendeine Verbindung zu meinem Leben: Ich traf auf ein Pärchen aus Berlin, das bei mir um die Ecke gewohnt hatte, zwei junge Frauen aus Erlangen, die zur gleichen Zeit dort studiert hatten wie ich, eine Gruppe von Arbeitskollegen, die in meiner Heimatstadt, also da, wo es am schönsten ist, wohnten. Außerdem traf ich auf einen wirklich gut aussehenden Kerl, der mich mit meinem Namen ansprach, noch bevor ich mich vorgestellt hatte. Er meinte, er hätte mich wiedererkannt. Wir wären zusammen auf das Gymnasium gegangen, aber nicht in der gleichen Stufe gewesen. Ich war verwundert, dass mir der nie aufgefallen war.

Die Welt war ein Dorf. Oder ich der Prophet und die Gäste der Berg.

Egal, woher die Reisenden kamen, ob wir uns kannten, kennenlernten oder nicht, meine Geschichte beeindruckte und verschreckte sie zugleich. Denn natürlich wollten sie alle wissen, was ich hier tat. Sobald ich erzählte, wie und warum ich hierhergekommen wäre, schüttelten sie fasziniert den Kopf. Fast jeder Zweite sagte, er hätte auch schon öfter davon geträumt, alles hinter sich zu lassen, um irgendwo in der Ferne, vor allem in der Sonne, fernab von Outlook-Kalendern und Blackberrys zu leben. Aber auf lange Sicht, darin waren sich fast alle einig, würden sie hier vor Langeweile eingehen. Was ich denn den lieben langen Tag machen würde? Meine Antwort, dass ich Autorin wäre, daher viel schreiben würde und ansonsten mit meinem Freund fischen ginge oder eben im Resort mithalf, schien nur die wenigsten zu befriedigen.

»Aber vermisst du denn deine Freunde nicht? Das Nachtleben? Schweinebraten?« Natürlich vermisste ich das. Aber nicht so sehr, dass es mich deshalb nach Hause gezogen hätte. Daher antwortete ich meistens ausweichend, dass ich vor allem Tampons, Nagellackentferner und Sprudelwasser vermisste. Das stimmte auch, aber das nahm ich gern in Kauf. Denn wenn ich es recht bedachte, hatte ich zu Hause in Berlin weitaus mehr vermisst. Nämlich Unbeschwertheit, Sonne und vor allem Zweisamkeit. Und bei diesem Gedanken musste ich feststellen, dass ich hier nicht nur unbeschwert, sondern auch glücklich war.

Das erste Mal

Eines aber gab es doch, das ich schon vom ersten Tag an vermisste: meine Freundinnen. Ich vermisste es, mit ihnen zu reden. Und zwar nicht über Skype, sondern von Angesicht zu Angesicht. Mit ihnen bei einem schönen Glas Rotwein oder einer heißen Schokolade zusammenzusitzen. Mit ihnen rumzualbern. Mit David konnte man zwar auch rumalbern. Aber es war einfach nicht dasselbe. Ich wusste, dass er meine Freundinnen nicht ersetzen konnte, erwischte mich aber dennoch immer wieder dabei, wie ich versuchte, ihm eines unserer typischen Frauengespräche aufzudrängen. Vielleicht, um mich dadurch meinen Freundinnen näher zu fühlen. So wollte ich zum Beispiel mit David oft über Sex sprechen. Warum? Weil meine Freundinnen und ich immer irgendwie über Sex sprachen. Selbst wenn wir mit der Wirtschaftskrise, Steuererklärungen oder dem Bruttosozialprodukt begannen, am Ende landeten wir dann irgendwie doch wieder beim »Ausmalen«. Abgesehen von dieser Umschreibung, die nur dann in Kraft trat, wenn Minderjährige unter uns waren, wurde alles beim Namen genannt.

David war zwar ein begeisterter Anhänger von Sex, aber eher in der Praxis als in der Theorie. Er fürchtete sofort, irgendetwas falsch gemacht zu haben, wenn ich ihn um Stellungnahmen zu Stellungen bat oder Vorlieben erfragte. Und wie gesagt, wenn er etwas fürchtete, bekam er schlechte Laune. Frauengespräche machten ihm und mir mit ihm daher einfach keinen Spaß.

Aber ich hatte doch sonst niemanden vor Ort. Im muslimischsten Teil Indonesiens beschränkten sich private Gespräche auf Nachwuchs und Familienverhältnisse, das unschlagbare Topthema

Nummer eins. Unmittelbar gefolgt von dem Thema Essen, das auf Platz drei bis zehn rangierte. Denn auf die Fragen »Bist du verheiratet?« und »Wie viele Kinder hast du?« folgte zu neunzig Prozent die Frage: »Hast du schon gegessen?« Je nach Antwort kam dann »Warum noch nicht?« oder »Was?« beziehungsweise »Was genau?«. Dann wurde gefragt, ob es gut war und wann man wieder vorhätte zu essen. Doch ob die Ehe mit dem Vater der vier Kinder glücklich war, das Sexleben ausgefüllt oder man eventuell mal Lust hätte, mit jemand anderem zu schlafen, vielleicht sogar aus Gründen der Lust und nicht der Fortpflanzung wegen, darüber sprach man hier nicht. Hier gab es keinen Girl Talk. Dachte ich. Bis mich eines Tages Rahma anrief, die einzige Frau, die ich zu diesem Zeitpunkt stolz meine Freundin nennen durfte.

Rahma hatte ich über drei Ecken kennengelernt. Sie arbeitete für eine NGO in Banda Aceh und kannte den Freund einer Freundin von mir. Als sie erfuhr, dass ich, eine Deutsche, in ihre Nähe ziehen würde, fragte sie mich über Facebook schüchtern, ob ich ihr eine Tafel Milka-Schokolade mitbringen könnte.

Als ich Rahma eines Tages bei einem unserer diversen Krankenhausbesuche in Banda Aceh traf und ihr die versprochene und schon mehrfach geschmolzene Tafel Milka überreichte, war es Freundschaft auf den ersten Blick. Von da an trafen wir uns regelmäßig auf einen Milchshake oder Fruchtsaft oder andere aufregende Dinge, sobald ich in der Stadt war. Hilfreich dabei war, dass Rahma perfektes Englisch sprach.

Rahma, geboren und aufgewachsen in Banda Aceh, sagte mir, wo ich zum Friseur gehen könnte und wohin ich auf keinen Fall gehen dürfte. Sie wusste, wo es einen Bodyshop gab und wann dort Angebotswochen waren. Ich fand sie unglaublich süß, wie sie immer so dasaß mit ihrem farblich perfekt auf den Lippenstift abgestimmten Kopftuch und ihren Augen, die immer so weit aufgerissen waren wie die eines Kindes an Weihnachten.

Rahma hatte sich gerade verlobt und die Hochzeit mit einem muslimischen Mann stand unmittelbar bevor. Ihre Flitterwochen wollten sie auf Bali verbringen. Und genau das machte Rahma wahnsinnige Sorgen.

»Christiane, ich habe Angst!«, sagte sie, als sie an ihrem Shake schlürfte, der eigentlich schon leer war.

»Vor Bali? Oder dass du das Badezimmer nicht absperren kannst?«

»Nein, Dummerchen.«

»Vor was dann?«

»Vor ... du weißt schon was.«

Ah. Jetzt verstand ich. Es ging ums Ausmalen. Endlich. Rahma war dreißig Jahre alt und, wie ich annahm, noch Jungfrau. Denn ich wusste, dass Moslems keinen Sex vor der Ehe haben durften. Vorsichtshalber fragte ich trotzdem noch mal nach.

»Dein erstes Mal?«

Ihre Augen wurden, kaum zu glauben, noch größer. »Natürlich!«, sagte sie und sah mich streng an, als hätte ich sie eben der Prostitution beschuldigt.

»Entschuldigung. Aber weißt du, bei uns ist das anders. Wir fangen früh an. Und meistens heiraten wir nicht den ersten. Und auch nicht den zehnten. Na ja. Ich wollte nur sichergehen.«

»Ich habe so viel darüber gelesen, aber die Bücher, die es hier gibt, umschreiben alles immer nur. Sie sind sehr indirekt. Und meine Freundinnen haben gesagt, es tut weh.«

Rahma wollte also direkte Informationen zum Thema Sex. Da war sie bei mir in besten Händen, dachte ich, und versuchte, Rahma die Angst vor dem ersten Mal zu nehmen. Ich verkniff mir schweren Herzens den spontanen Ratschlag, vorab ein Gläschen Sekt zu trinken, denn natürlich durfte sie als Muslimin keinen Alkohol trinken. Auch nicht nach der Ehe. Ich konzentrierte mich also auf die Basics:

»Pass auf. Mit dem Sex ...«

»Pssst! Du musst leise reden!«

»Aber hier versteht doch eh niemand Englisch?«

»Trotzdem! S, e, x«, buchstabierte sie, »versteht hier jeder.«

»Okay. Wollen wir es von nun an ›Ausmalen‹ nennen.«

Zögerliches und verwirrtes Kopfnicken, was ich als ein Okay auffasste.

»Also, mit dem Ausmalen ist es ganz einfach. Solange es dir Spaß macht, macht es ihm auch Spaß. Das heißt, du musst eigentlich gar nichts machen, außer dich zu entspannen und zu genießen.« An dieser Stelle hätte ich zu gern gewusst, ob Selbstbefriedigung nach dem Koran auch verboten war. Aber Rahma lauschte gerade so schön gespannt, dass ich einfach fortfuhr.

»Ihr solltet euch unbedingt Zeit lassen. Gerade beim ersten Mal. Nicht sofort lospinseln. Erst eine einfache Strichzeichnung. Langsames Skizzieren, Punkt, Punkt, Komma, Strich.«

Rahma unterbrach mich erneut: »Christiane, du klingst wie ein indonesisches Aufklärungsbuch. Geht das etwas direkter?«

»Ja, entschuldige. Also, legt nicht sofort los mit dem Rein und Raus. Nehmt euch Zeit für ein Vorspiel. Lass dich von ihm streicheln. Und du streichelst ihn. Den Pinsel langsam anfeuchten ...«

Rahma verzog angewidert das Gesicht.

»Ich weiß, so ein Penis macht erst mal Angst. Aber eigentlich ist ein Penis eine ganz einfache Sache. Viel einfacher zu bedienen als ein Videorekorder. Du nimmst ihn einfach ein bisschen in die Hand und reibst ihn!«

Rahma wurde so rot wie ihr Lippenstift.

»Was ist? Du hast gesagt, ich soll direkt sein. Pass auf ...«

Ich nahm den Strohhalm aus ihrem Shake, versteckte ihn unter dem Tisch und zeigte Rahma so unauffällig wie in diesem Café nur möglich, was sie damit machen könnte, wenn der Strohhalm kein Strohhalm, sondern ein Penis wäre. Und insgeheim hoffte ich, dass dieser Strohhalm nichts, also wirklich nichts mit dem Penis ihres Zukünftigen gemeinsam hätte.

Rahma musste kichern. Ich auch. Dann unterbrach ich meine anschauliche Lehrstunde und fuhr verbal fort.

»Ist es auch sein erstes Mal?«

»Natürlich!«

»Sicher?«

»Christiane! Er ist ein anständiger Mann!«

»Okay, schon gut. Dann vergiss den Strohhalm erst mal. Vermutlich musst du gar nicht so besonders viel damit machen. Achte einfach darauf, dass er dich vorab lange streichelt. Also überall. Eben auch an den Brüsten und zwischen den Beinen. Und dann zeigst du ihm, wo es dir am besten gefällt.«

»Wie zeigen?«

»Na, du kannst ein bisschen lauter atmen, zum Beispiel. Oder seine Hand dort festhalten. Ihr müsst das ja nicht besprechen wie in der Bravo.«

»In der was?«

»Ach egal.«

»Okay. Weiter!«

»Und das macht ihr ganz lange. Also, gegenseitig eure Körper berühren, streicheln, kennenlernen. Euch anmalen.«

»Igitt!«, sagte Rahma.

»Nein, wirklich. Ein Penis ist toll. Und alles drumherum auch. Keine Angst, der beißt nicht.«

Wir kicherten.

»Und dann, wenn du das Gefühl hast, dass Streicheln irgendwie nicht mehr ausreicht, dass du Lust hast, dass du mehr willst, dann malt ihr los. Aber erst dann.«

»Und tut das dann weh?«

Ich entschied mich gegen Lügen: »Also, beim ersten Mal kann das schon wehtun. Vielleicht auch noch beim zweiten Mal. Ihr müsst einfach viel üben. Aber grundsätzlich macht Ausmalen Spaß. Sollte es zumindest. Es darf auch lustig sein. Muss sogar! Wenn irgendwas nicht sofort klappt, ist das kein Drama. Lacht zusammen. Macht Pausen, redet darüber, versucht es erneut.«

»Und wie lange dauert das?«

»Das kommt darauf an, wie viele Gemälde ...« Genervter Blick von Rahma. »Also, ich schätze, da es auch sein erstes Mal ist, nicht allzu lange. Aber wenn du ihm dann ein bisschen Pause gönnst, könnt ihr gleich noch mal loslegen. Aber schön verhüten, ja?«

»Verhüten?«

»Ja. Nehmt ein Kondom. Du willst schließlich nicht gleich schwanger werden.«

»Natürlich will ich gleich schwanger werden! Ich trinke schon seit Wochen diese Milch.«

»Was für eine Milch?«

»Die Milch, die dir hilft, schneller schwanger zu werden. Seitdem ist mein Zyklus ganz durcheinander. Ich hab so Angst, dass ich während der Flitterwochen meine Periode bekomme.«

»Selbst wenn. Ich hab immer noch mehr Lust, wenn ich meine Tage habe.«

Und da waren sie wieder, die plötzlich apfelgroßen Augen.

»Christiane, das ist nach dem Koran verboten. Und außerdem ist es gefährlich, während der Periode auszumalen!«

»Wirklich?«

»Ja, da kommt der ganze Schmutz wieder in den Körper!«

»Oh, das wusste ich nicht«, sagte ich und war mir plötzlich ziemlich sicher, einen schlechten Job gemacht zu haben. Doch dann strahlte Rahma über das ganze Gesicht und fragte: »Und es kann wirklich Spaß machen?«

»Und wie!«, gab ich begeistert zurück. »Ich liebe Ausmalen!«

Tatsächlich schien Rahma nach unserem Gespräch etwas erleichterter zu sein. Bevor wir uns verabschiedeten, drückte sie mir noch eine goldene Papierschriftrolle in die Hand. Es war die Einladung zu ihrer Hochzeit.

»Für mich?«, fragte ich erstaunt nach.

»Für dich und deinen Freund! Wir würden uns sehr freuen, wenn ihr kommt!«

Ich versprach zu kommen und nahm mir vor, noch irgendwo einen Berg Milka-Schokolade aufzutreiben. Für meine Freundin.

Brautentführung?

»Oh nein!«, war Davids erster Kommentar, als ich ihm die Hochzeitseinladung stolz unter die Nase hielt.

»Wie, oh nein?«, fragte ich verwirrt zurück.

»Eine indonesische Hochzeit? Weißt du, was das bedeutet?«

»Ich nehme an, dass eine Indonesierin und ein Indonesier heiraten? Dass sie den Bund fürs Leben eingehen. Öffentlich versprechen, sich zu lieben und zu ehren, sich treu zu sein, in guten wie in schlechten Zeiten.«

»Ja, das mag ja alles sein. Aber die Zeremonie an sich. Schau mal auf die Einladung.«

Ich versuchte, die geschnörkelte Schrift zu entziffern, wurde aber nicht schlau daraus. »Da stehen zwei verschiedene Daten. Der 24. und der 25. diesen Monats.«

»Eben!«

»Wie? Die feiern zwei Tage lang Hochzeit?«

»Zwei Tage ist richtig. Aber ich glaube, unter *feiern* verstehst du etwas anderes.«

David versuchte noch eine ganze Weile, mich zum Absagen zu überreden, aber er hatte keine Chance. Ich wollte das Spektakel trotz seiner Warnungen mit eigenen Augen sehen. Eine indonesische Hochzeit war bestimmt interessant. Außerdem hatte ich es Rahma versprochen. »Und Rahma ist schließlich meine Freundin!«, schmetterte ich David stolz entgegen.

Er verstand die Botschaft und gab nach, wenn auch ungern und unter der Bedingung, nur am zweiten Tag teilzunehmen, an dem in Rahmas Elternhaus gefeiert wurde. Ich war einverstanden und sagte Rahma für die Zeremonie am ersten Tag, die in der Moschee stattfinden sollte, ab. Sie schien darüber fast erleichtert zu sein, denn sie war nicht sicher, ob wir, die beiden »bule«, überhaupt Zutritt zur Moschee bekommen würden.

Als es so weit war, warf sich David in sein einziges Paar lange Hosen und ein weißes Hemd, das überraschenderweise keine Löcher oder Flecken hatte. Es stand ihm wirklich gut. Ich zog einen langen Rock an, bedeckte Schultern und Dekolleté mit meinem Sarong und tauschte Flipflops gegen das einzige Paar hohe Schuhe, das ich für Notfälle wie diesen eingepackt hatte. Als Hochzeitsgeschenk hatte ich tatsächlich eine XXL-Packung Milka aufgetrieben, die mir ein Gast auf Nachfrage aus Malaysia mitgebracht hatte. Außerdem hatte ich zwei große Badehandtücher besorgt, für den Strand bei der Hochzeitsreise auf Bali. David lachte sich kaputt. Er meinte, Rahma könnte bestimmt, so wie fast alle indonesischen Frauen, nicht schwimmen. Und sie würde sich bestimmt nicht auf Bali in die Sonne legen. Indonesier blieben lieber im Schatten und aßen süßes Gebäck. Und zwar angezogen, zumindest die muslimischen. Doch Davids Vorschlag, einen Umschlag mit Geld zu überreichen, fand ich zu unpersönlich. Und schließlich müssten sich auch muslimische Indonesier mal abtrocknen, oder?

Gerade als wir mit der Fähre in Banda Aceh angekommen waren und ins Becak stiegen, bekam ich eine SMS von Rahma. »Christiane, wir müssen reden! Ich hab solche Angst.« Oh je. Ich schrieb zurück, dass ich gleich da wäre und wir uns dann zu einem Mädchentalk auf dem Klo verstecken könnten. David meinte nur: »Viel Glück!«

Das Haus von Rahmas Eltern war für indonesische Verhältnisse ein richtig nobles Anwesen. Im Innenhof war ein riesiges Zeltdach gespannt, das bis zum Bersten mit Menschen gefüllt war. Frauen und Männer, in traditioneller, farbenfroher Kleidung. Für mich sahen natürlich mal wieder alle gleich aus und ich hatte große Sorge, Rahma hier nicht zu erkennen, denn ich war mir ziemlich sicher, dass sie kein weißes Brautkleid tragen würde.

Am Eingang angekommen, gab ich unsere Geschenke ab. Die Tafel Milka samt Strandhandtüchern wirkte etwas deplatziert neben der Ansammlung von prächtigen Umschlägen, die vermutlich alle mit dicken Geldscheinen gefüllt waren, und David grinste nur, als er mein verunsichertes Gesicht sah. Ich warf ihm einen »Sag jetzt bloß nichts«-Blick zu und musste selbst schmunzeln.

Kaum hatten wir den Raum der Hochzeitsgesellschaft betreten, richteten sich alle Augenpaare auf uns: die einzigen weißen Ausländer. Wir schritten durch die Reihen wie auf dem Weg zum Schafott.

Männer und Frauen saßen voneinander getrennt in verschiedenen Bereichen auf den landesüblichen Plastikstühlen. Die Männer rauchten und tranken Kaffee. In der Frauenecke wurde geschnattert und haufenweise Reis verschlungen.

»Viel Spaß, mein Engel!«, sagte David.

»Wie? Wohin gehst du?«

»Ich nach rechts, zu den Männern. Du nach links, zu den Frauen.«

»Jetzt im Ernst? Wir können nicht zusammen irgendwo sitzen?«

»Nein. Ich hatte dich gewarnt.«

»Und ich nehme an, es gibt keine Bar? Und keine Tanzfläche?«

»Nein.«

»Schon klar. Und wie kann ich Rahma finden? Ist ja schließlich ihre Hochzeit. Oder kommt sie nicht zu dieser faden Fete? Ich meine, ich könnte das verstehen.«

David grinste. »Das Brautpaar ist jetzt noch im Haus, samt Familie. Sie handeln gerade die Besitz- und Familienangelegenheiten aus. Wer welches Land bekommt, bei wem das Brautpaar wie lange wohnen wird ...«

»Wie? Die haben keine eigene Wohnung?«

»Nein. Zumindest nicht anfangs. Sie wohnen bei den Eltern. Und nachdem das erste Kind geboren wurde, suchen sie sich etwas Eigenes. Manchmal auch erst nach dem zweiten.«

»Das ist ja schrecklich!«

»Das ist Tradition.«

»Und wie lange dauern diese Verhandlungen?«

»So wie es hier aussieht, ist das ein reiches Elternhaus. Das kann schon dauern. Du solltest unbedingt die Ziege versuchen. *Kurie Kambing*. Wirklich lecker.«

Ich tat, wie mir geheißen, und mischte mich samt einem Teller Ziegenfleisch-Curry unter die Kopftücher. Aber anstatt neugierig ausgefragt zu werden wie sonst, hielt man mich hier eher auf Distanz. Erst als ich vergeblich versuchte, einen kleinen Plastikbecher mit Wasser zu öffnen, wurde mir ein Strohhalm gereicht, den mir eine Frau hilfsbereit und mit aller Wucht in den Foliendeckel rammte. Die weiße Frau, also ich, war sogar zu blöd zum Wassertrinken. Und dann noch dieses unordentliche Haar!

Da saß ich nun, nuckelte an meinem Wasser, aß scharfe Ziege, hustete und wartete vergeblich auf die Braut. Mir war langweilig. Es gab keine Musik, nur lange indonesische Reden aus irgendeinem

Lautsprecher, denen eh keiner zuzuhören schien. Ich schrieb David eine SMS, ob ich hier wohl rauchen könnte oder dann gesteinigt würde. Er schrieb zurück: »Wir treffen uns hinter dem Haus!«

David saß auf einer Bank hinter dem Haus und grinste mich schadenfroh an.

»Ja, ich weiß! Ich hätte auf dich hören sollen und meine Periode vorschieben. Bist du jetzt zufrieden?«

Er nickte: »Das nächste Mal, okay? Und wenn wir beide heiraten, zeigen wir denen mal, wie man Hochzeit feiert, ja?«

Zwei Zigaretten später verriet uns der Geräuschpegel, dass das Brautpaar nun erschienen sein musste. Wir gingen zurück und stellten uns in die hundert Meter lange Schlange, um zu gratulieren. Das Brautpaar saß auf einer Empore auf einer Art Thron. Als wir langsam nach vorn rückten, konnte ich endlich einen Blick auf Rahma erhaschen. Sie war nicht wiederzuerkennen. Ihr Gesicht war komplett weiß geschminkt. So weiß, dass sie mich an einen Zirkusclown erinnerte. Darüber lagen circa fünf weitere Schichten Make-up, gekrönt von einer Goldschicht auf Lippen und Wangen. Auf ihrem Kopf thronte eine goldene Krone, die sie einen halben Meter größer machte und mindestens sechs Kilo wiegen musste. Ihre Hände waren mit Henna verziert und ihr farbenfrohes Gewand bestand aus mehreren Schichten. Sie musste wahnsinnig schwitzen. Ihr Gesicht war angsterfüllt.

Dann sah ich mir den Bräutigam an und plötzlich hatte ich schrecklich viel Mitleid mit meiner süßen kleinen Rahma. Dieser Mann war riesig. Groß und breit. Und er sah sehr ernst aus. Ich hätte auch Angst vor ihm. Am liebsten wäre ich nach vorn gestürmt, hätte alle Indonesier mit einem Bodycheck zur Seite gerammt,

Rahma über meine Schulter geworfen und entführt. Weit weg von hier. Nach Bali mit Milka-Schokolade und Strandhandtüchern.

Doch als sie mich in der Menge entdeckte und unsere Blicke sich trafen, glaubte ich, ein Lächeln auf ihrem Gesicht zu entdecken. Zumindest irgendwie einen Ausdruck der Erleichterung. Endlich angekommen, reichten wir uns nach indonesischem Brauch die Hand, wobei sich anschließend Frauen neben der Braut und Männer neben dem Bräutigam gruppierten und für ein Gruppenfoto in die Kamera lächelten. Auch wenn David und ich die einzigen waren, die auf diesem Foto lächelten.

Nach uns waren schon die nächsten dran. Und so ging das weiter. Ewig. Als ich schon kurz davor war, unverhältnismäßig ungeduldig zu werden, stand das Brautpaar endlich auf. Rahma, untergehakt am Arm ihres Mannes, hatte sichtlich große Schwierigkeiten, sich in diesem Gewand und mit dem Klumpen Gold auf ihrem Kopf überhaupt fortzubewegen. In kleinen Gänseschritten schaffte sie es irgendwie runter von ihrem Thron, hin zu Eltern und Schwiegereltern und nieder auf den Boden. Vor ihnen kniend, reichte sie demütig wie eine Geisha die Hand und küsste die Hände der Älteren. Respekt vor den Eltern wurde in Indonesien ganz groß geschrieben. Trotz allem: Wenn das hier der glücklichste Tag ihres Lebens sein sollte, wollte ich nicht den schlimmsten sehen.

Meine Hoffnung, Rahma nun endlich zu einem Mädchentalk auf die Toilette entführen zu können, erstarb endgültig, als sie sich zurück auf den Thron schleppte, um die nächste Schar Hände zu schütteln.

»David, sag mal, wie lange geht das noch so?«, flüsterte ich so unauffällig wie möglich in sein Ohr.

»Ach, das kann noch Stunden dauern.«

»Und was passiert danach?«

»Nichts mehr.«

»Heißt, Aufklärungsunterricht auf der Toilette ist eher unwahrscheinlich?«

»Nein. Viel mehr: unmöglich.«

»Mmmh. Lass uns abhauen?«

»Nichts lieber als das.«

Ich winkte Rahma noch ein letztes Mal zu. Wir beide wussten, dass sie da jetzt allein durchmusste.

Am nächsten Morgen fragte ich per SMS sofort nach: »Wie ist das Gemälde geworden?«

Sie antwortete unverzüglich: »Ein echtes Kunstwerk.«

Ob Rahmas Ehemann nun eher ein Picasso (wenige Striche, aber jeder Strich sitzt) oder ein Warhol (immer dasselbe) war, konnte ich aus dieser Nachricht nicht erkennen, aber ich nahm an, »ein echtes Kunstwerk« war ein gutes Zeichen.

Feuchter Kehricht

Einer der Gründe, warum ich Berlin verlassen hatte, war meine Flucht vor der Unverbindlichkeit und Anonymität einer Großstadt gewesen. Dabei hatte ich allerdings nicht gewusst, wie sehr ich mich selbst schon an diese Lebensweise gewöhnt hatte. Nämlich daran, dass ich tun und lassen konnte, was ich wollte. Dass ich nachts um zwei beschließen konnte, doch noch mal um die Häuser zu ziehen oder Lutz und Vinci aus dem Bett zu klingeln und zu einer Partynacht zu überreden. Ich musste mich bei niemandem rechtfertigen, außer vielleicht bei Lutz und Vinci, falls sie überraschenderweise schon im Bett lagen.

Doch hier, auf unserer Insel, wurde mir nach den ersten Monaten plötzlich bewusst, dass, egal wo ich hinging, irgendwie alle davon wussten.

»Mau ke mana?«, »wohin gehst du«, fragten sie mich, sobald ich das Resort verließ. Ich erklärte, dass ich in die Stadt fuhr, um einzukaufen. Aber diese Erklärung reichte bei Weitem nicht aus. Was ich einkaufen würde, ob ich allein fuhr, wo David wäre, wann ich wiederkäme? Sie wollten es immer ganz genau wissen. Ich wusste, dass es eigentlich nur eine Art Small Talk war, ständig zu fragen, wohin man ginge, genauso wie ob man verheiratet war oder schon gegessen hatte. Trotzdem hatte ich unter den Small-Talk-Themen mit dieser Frage die größten Schwierigkeiten.

»Ich fahre in die Stadt, um einen Besen zu kaufen. Allein. Und ich komme wieder, sobald ich den Besen habe. Anschließend werde ich die Hütte fegen«, erklärte ich aufschlussreich und versuchte, dabei freundlich zu bleiben. Denn »Das geht dich einen feuchten

Kehricht an!« konnte ich noch nicht auf Indonesisch sagen. Abgesehen davon, dass ich mich ständig erklären musste, waren meine Möglichkeiten, das Resort zu verlassen, auch eher beschränkt. Nachts um zwei noch mal um die Häuser zu ziehen, war aus den unterschiedlichsten Gründen unmöglich. Ich war zwar inzwischen in der Lage, mit Davids Moped trotz Fußschaltung und Linksverkehr zu fahren, aber eine Insel ist nun mal eine Insel und bleibt eine Insel. Und ich ein Feigling.

Außer der Einkaufsstraße gab es nur wenige Orte, die ich aufsuchen konnte. So gab es zwar einen weiteren Strand auf der anderen Seite der Insel, der vor allem von Backpackern und Tauchern belagert wurde, doch die Fahrt dorthin dauerte eine knappe Stunde und war gespickt mit Herausforderungen: schwierige Straßenverhältnisse, zahlreiche Berge mit angriffslustigen Affen am Straßenrand, springende Ziegen und lethargische Kühe, ganz zu schweigen von unkalkulierbaren Wetterverhältnissen wie monsunartigen Regenschauern bis hin zu Steinbrüchen.

Nach Einbruch der Dunkelheit konnte ich nicht mehr fahren, weil ich kurzsichtig und nachtblind war, und selbst wenn ich rechtzeitig losfuhr, all die Hindernisse samt Affen hinter mir ließ und endlich im Taucherparadies ankam, waren die Fragen dieselben. Nur dass ich auf dieser Seite der Insel in Tücher eingehüllt vor mich hinschwitzte.

Zudem war es nicht nur das Mobilitätsproblem, das mir ein Stück meiner aus der Anonymität einer Großstadt gewohnten Freiheit raubte, es war die Sprache, die ich noch nicht so gut beherrschte, dass ich die Freiheit gehabt hätte, wirklich das zu sagen, was ich sagen wollte. Noch dazu in einer Kultur, die es als respektlos empfand, ältere Personen zu berichtigen oder ihnen gar zu widersprechen. Das war eine echte Herausforderung für ein Großmaul wie mich.

Wenn mir also der Fischer Pak Hasyim erzählte, dass ihm seine tote Mutter gestern Nacht als Geist erschienen wäre, musste ich sagen, dass das sehr interessant wäre, und nachfragen, wie es ihr so erginge. Natürlich war es mir auch nicht erlaubt, einfach aufzustehen und zu gehen, wenn sich eine ältere Person zu mir gesellte oder uneingeladen auf unserem Balkon herumstand, so wie es Pak Hasyim sehr gern tat. Ich musste warten, bis er sich wieder von selbst verabschiedete und endlich »Pulang dulu!« sagte, was so viel wie »Ich gehe jetzt nach Hause« bedeutete. Ob er dann wirklich nach Hause ging oder in das nächste Café, um seinen Fischerfreunden von dem Geist seiner toten Mutter zu erzählen, wusste ich nicht. Und ich fragte auch nicht danach, denn das, so nahm ich an, gehörte sich auch nicht.

Da die Sprache meine einzige Chance war, mir ein gewisses Maß an Handlungs- und Redefreiheit aufrechtzuerhalten, lernte ich tapfer noch mehr Vokabeln, um mein Repertoire zu erweitern. Dabei stieß ich auf eine sehr nützliche Redewendung. Auf die Frage, wohin man ginge, konnte man ganz ausweichend mit »cari angin« antworten, was so viel bedeutete wie »ich suche Wind« oder eben »ich gehe nur ein bisschen spazieren«. Und tatsächlich, als ich beim nächsten Mal wieder nach meinem Weg gefragt wurde, wandte ich meine neue Vokabel sofort an. Zu meiner Überraschung stoppte meine Antwort tatsächlich jegliche weiteren Gegenfragen. Ich war begeistert.

Auch an Tagen, an denen David und ich zusammen unterwegs waren, wurden wir ständig nach unserem Ziel gefragt. Im Besonderen, wenn wir in Banda Aceh waren, um Einkäufe zu machen oder Visa-Angelegenheiten zu klären.

»Hey Mister! Mau ke mana?«, riefen sie uns von allen Seiten zu, ganz aufgeregt, einen Ausländer zu sehen. Stolz über meine neue Redewendung blieb ich stehen und sagte sehr freundlich: »Masuk angin!« Und tatsächlich: Von da an kam kein Wort zurück. Nur eine Art verwirrtes Kopfnicken.

David sah mich schockiert an. »Weißt du, was du ihm gerade gesagt hast?«

»Klar!«, erwiderte ich stolz. »Ich suche Wind! Also, ich gehe spazieren. Das sage ich jetzt schon die ganze Zeit. Das kürzt das Geplänkel irgendwie ab.«

Daraufhin brach David in einen Lachanfall aus. Er konnte sich gar nicht mehr beruhigen, so lustig fand er meine Antwort. Als er endlich wieder Luft bekam und ich schon ziemlich sauer wurde, klärte er mich auf: »›Ich suche Wind‹ heißt *›cari angin‹*. Du hast gesagt: *›masuk angin‹*.« Oh.

»Und was heißt ›masuk angin‹?« Mir schwante Übles.

»Willst du das wirklich wissen?«

Ich nickte.

»›Masuk angin‹ bedeutet, dass Wind in deinem Körper ist. Anders ausgedrückt, dass du Durchfall hast.«

»Ach du Scheiße«, war alles, was mir dazu einfiel.

Auf diesem Umweg lernte ich die erste Hürde des Small Talks unverbindlich zu überwinden. In Bezug auf die zweite Stufe des indonesischen Small Talks, nämlich nicht das Wetter, sondern Familienverhältnisse und vor allem Kinder, das höchste Gut in Indonesien, überlegte ich mir eine neue Strategie. Ich nahm mir rebellisch die Freiheit, einfach die Wahrheit zu sagen.

So fand ich mich eines Tages im einzigen Copyshop der Stadt in folgendes Gespräch mit dem Ladeninhaber verwickelt:

»Woher kommst du?«

»Aus Deutschland, Vater.«

»Ah, Deutschland!«

»Ja, Deutschland, Vater.«

»Und du kannst Indonesisch!«

»Ein bisschen, Vater.«

»Sprichst du auch Aceh?«

»Noch nicht, Vater. Das ist sehr schwer.«

»Musst du lernen, wenn du hier lebst!«

»Werde ich versuchen, Vater.«

»Wie viele Kinder hast du?«

»Noch keine, Vater.«

»Oh. Wie alt bist du?«

»32, Vater.«

»Oh je. Warst du schon beim Arzt?«

»Warum?«

»Die können dir helfen. Wie lange bist du schon verheiratet?«

»Noch gar nicht, Vater. Aber ich habe einen Freund.«

Alle Umstehenden im Copyshop lachten sich kaputt.

»Vater, darf ich jetzt kopieren?«

In Berlin wäre dieses Gespräch vermutlich wie folgt abgelaufen:

»Woher kommst du?«

»Gerade aus dem Berghain.«

»War gut?«

»Richtig gut!«

»Und schon wieder auf deinen Beinen? Respekt.«

»Hab gar nicht gepennt. Musste zur Uni.«

»Was studierst du?«

»Sinologie und Schauspiel.«

»Cool. In welchem Semester?«

»Im vierzehnten.«

»Wie alt bist du?«

»32.«

»Hast ja noch Zeit!«

»Eben.«

»Hast du einen Freund?«

»Nichts Festes.«

»Willst du meine Nummer?«

»Nee, Mann, ich will kopieren.«

So gesehen, war Indonesien vielleicht doch nicht die schlechtere Wahl.

Ich lebte also in dem Balanceakt, niemanden vor den Kopf zu stoßen und mir dennoch kleine Freiheiten zu erhalten. Ich trug weiterhin mein »unordentliches« Haar offen, rauchte in aller Öffentlichkeit und erklärte bei passender Gelegenheit, dass es da, wo ich herkam, viele Frauen gäbe, die nicht verheiratet wären oder auch erst sehr spät Kinder bekommen würden. Dass es auch Paare gäbe, die Kinder hatten, aber nicht verheiratet waren. Dass man nur heiratete, wenn man sich wirklich liebte. Denn »Steuern sparen« konnte ich auf Indonesisch noch nicht sagen. Ich empfand meine Aufrichtigkeit als einen kleinen feministischen Beitrag zur muslimischen Kultur. Doch in einer Kultur, in der viele Frauen als Baby tatsächlich noch einer Beschneidungszeremonie (nur »ein bisschen«; wie sie mir versicherten) unterzogen wurden, war dieser Beitrag vermutlich nur ein Tropfen auf dem heißen Stein.

Meine zahlreichen Versuche, mich mit Rahma zu treffen, um die Wahrheit zum Thema Beschneidung einzuholen (»Was heißt ›nur ein bisschen‹?«) oder ihr erstes Mal bei einem Milchshake en detail nachzubesprechen, scheiterten. Rahma war seit ihrer Hochzeit »auf Tour«. Jetzt hieß es, alle Verwandten ihrerseits und seinerseits, noch dazu verteilt in ganz Indonesien, abzuklappern. Das war hier so Brauch nach der Hochzeit. Und wenn zwei indonesische Familien zusammenkamen, kann man gut und gern von sechzig engeren Angehörigen sprechen, die besucht werden wollten. Ich war mir sicher, mit Rahma in den nächsten Wochen, womöglich sogar Monaten, keinen Milchshake trinken zu können. Und dass indonesische Ehen einfach länger halten mussten, weil Indonesier vor lauter Tradition schlicht nicht zum Eheleben kamen.

Nachwuchs

Mit zunehmender Zeit, die ich in Indonesien, dem Land der Traditionen, verbrachte, stellte ich mehr und mehr einen seltsamen Charakterzug an mir fest: Ich wurde auch traditionell. Zumindest hielt ich plötzlich an Traditionen fest, die mir früher nie etwas bedeutet hatten, allerdings nur an solchen, die aus meinem Kulturkreis stammten.

Es fing damit an, dass ich David an Weihnachten anbettelte, uns einen Baum zu besorgen. David war etwas verzweifelt. Wo sollte er denn jetzt im nordwestlichsten Teil Indonesiens eine Tanne herbekommen? Natürlich: Bei Pak Makmur, dem Mann, der alles hatte außer Hammer und Bohrmaschine, dafür aber Matratzen und Weihnachtsbäume, wenn auch aus Plastik. Kaum stand die von mir mit Plastikschmuck geschmückte Plastiktanne auf unserem Balkon, bestand ich darauf, Plätzchen zu backen, obwohl ich noch nie Plätzchen gebacken hatte. Dementsprechend wurde mein Weihnachtsgebäck ein verbrannter Haufen Teig, den nicht mal die Katzen fressen wollten. David war mutiger als die Katzen, zwang sich tapfer drei Kekse runter und sagte: »Mmmh! Die sind wirklich ganz hervorragend, mein kleiner Weihnachtsengel!« Dann musste er husten und wir fingen an zu lachen. Ich schob es auf Pak Makmur, der nun mal kein Backpulver führte.

Am ersten Tag des neuen Jahres wollte ich einen Neujahrsspaziergang machen, am Valentinstag romantisch sein, an Ostern Eier färben. David tat sein Bestes, um meine Sehnsüchte nach bekannten Traditionen zu befriedigen, mich aber auch darauf hinzuweisen, wenn ich zu weit ging. Nein, er wollte nicht die komplette Insel zu Fuß umrunden, sich auch nicht von den Amerikanern diktieren lassen, wann er romantisch zu sein hätte, keine Eier am Strand verstecken und schon gleich gar nicht danach suchen. Er würde mich auch lieben, wenn ich nicht backen könnte, und war sogar bereit, einen Zahn zu verlieren, um mir das zu beweisen. Und wann käme denn jetzt dieser Scheißbaum wieder vom Balkon? Schließlich war bereits Ostern.

Er hatte es nicht leicht mit mir.

Aber damit noch lange nicht genug. Denn neben meiner ungewohnt traditionellen Ader wurde ich auch geradezu deutschaffin. Ich sang beim Nachtfischen lauthals die Nationalhymne, was in Deutschland ja nur zur WM ging, und hörte ungewohnt viel deutsche Musik. Bei Frittenbude hätte ich jedes Mal bei »Deutschland, du fühlst dich immer noch so deutsch an« losheulen können. Deutsche Musik mochte David auch, außer der Nationalhymne. Doch er liebte Rammstein. So saß er viele Nächte vor seinem Rechner und sang die Musikvideos mit Untertiteln mit, um Deutsch zu lernen. Denn er wollte zumindest schon einen gewissen Level erreicht haben, wenn er irgendwann meine Eltern kennenlernen würde. Ich war mir unsicher, ob Rammstein dafür der richtige Lehrer war, denn Sätze wie »Ich hab keine Lust«, »Ich tu dir weh«, »Du hasst mich« oder »Ich bin die Stimme aus dem Kissen« würden ihn bei meinen Eltern vermutlich nicht weit bringen. Die Sache erledigte sich Gott sei Dank von selbst, als David eines Abends seinen Computer versehentlich vom Balkon warf.

»Oh mein Gott!«, sagte ich angesichts des zerschmetterten Laptops.

»Hoppla«, sagte David. Mein Freund hing wirklich nicht besonders an materiellen Dingen. Das war besorgniserregend und sympathisch zugleich.

Im Gegensatz zu mir ahnte David schon bald, was hinter meinem plötzlich aufkommenden Patriotismus steckte: »Mein Engel, du hast Heimweh«, sagte er, als ich im Schlaf irgendetwas über Berlin murmelte.

»Ich hatte noch nie Heimweh«, gab ich zurück. »Außer mit acht Jahren im Skilager.«

»Im was?«

»Das kennst du nicht.«

Nach langer Diskussion gab ich schließlich zu, meine Freundinnen ein klitzekleines bisschen zu vermissen. Doch als ich eines Tages an einer Frau Chloé roch und heulen musste, weil das doch Tinas Parfüm war, begann David sich ernsthaft Sorgen zu machen. Und ich auch ein bisschen.

David schlug vor, dass ich doch schon früher als geplant zu Besuch nach Deutschland fliegen sollte, um ein bisschen Zeit mit meiner Familie und meinen Freundinnen zu verbringen, aber ich lehnte ab. Denn ich war mir sicher, dass eine gesunde Portion Heimweh zum Auswandern nun mal mit dazugehörte. Selbst wenn man ins Paradies zog.

Mein Problem war vor allem, dass ich in der Tat sehr viel Zeit mutterseelenallein verbrachte. Paradies hin oder her, im Alleinsein war ich nun mal nicht gut. David ging nun immer öfter die ganze Nacht über fischen. Er wollte so viel wie möglich zu seinem schmalen Resortgehalt dazuverdienen. Zum einen, um seine Operationsschulden zu begleichen. Zum anderen, um vielleicht sogar etwas zur Seite zu legen, um mir, wie er immer sagte, irgendwann das Leben zu bieten, das ich verdient hätte.

Doch obwohl David und ich zusammen von umgerechnet nur circa zweihundert Euro im Monat lebten, fehlte es mir an nichts. Wir hatten ein Dach über dem Kopf und konnten im Resort umsonst essen und trinken. Der Rest reichte aus für Zigaretten, Zahnpasta, Duschgel, Benzin und somit für den einen oder anderen Ausflug in die Umgebung. Und Einkaufszentren gab es hier sowieso nicht. Damit waren meine Grundbedürfnisse gedeckt. Ich hatte keine Sehnsüchte, zumindest keine materiellen. Abgesehen von einem eigenen Kühlschrank, den vermisste ich seltsamerweise wirklich. Und das, obwohl mein riesiger Designer-Kühlschrank in Berlin, mit Ausnahme von Nagellack, immerzu leer gestanden hatte.

Was ich wirklich vermisste, war Gesellschaft. Daher schlug ich David wiederholte Male vor, dass er öfter über Nacht zu Hause bleiben und wir eine Zeit lang von meinem Ersparten leben könnten. Doch mit diesem Vorschlag biss ich bei ihm auf Granit.

»Da, wo ich herkomme«, sagte er dann immer, »sorgt der Mann für die Frau.«

»Da, wo ich herkomme«, gab ich zurück, »herrscht Gleichberechtigung.«

»Da, wo du herkommst, malen Menschen Eier an«, sagte David und das Thema war für ihn erledigt. Für mich nicht. Denn wenn David über Nacht fischen ging, bedeutete das für mich, dass ich ab 17 Uhr allein war. Ich verbrachte die Abende und Nächte auf Skype oder mit einem Film im Bett und wenn David morgens um sieben zurückkam, schaffte er es gerade noch so, mir einen Kuss zu geben und Kaffee zu kochen, bevor er sich dann »nur kurz«

hinlegen wollte. Meistens wachte er nicht vor 16 Uhr auf. Und eine Stunde später zog er wieder los.

Da saß ich also. Allein im Paradies.

Bis David eines Tages etwas sehr Ungewöhnliches sagte, nämlich: »Komm, wir machen einen Ausflug!« Überrascht über diese ungewohnte Aufforderung meines eigentlich wenig unternehmungslustigen Freundes, ließ ich mich nicht zweimal bitten. Doch als ich auf dem Motorrad saß und in langen Klamotten vor mich hinschwitzend bemerkte, dass wir zu seinem Fischerfreund Pak Hasyim fuhren, entwich jegliche Vorfreude aus meinem aufgeregten Gemüt. Vermutlich müsste ich die nächsten Stunden wie schon so oft auf dem Boden in Pak Hasyims Wohnzimmer sitzen und mich erneut durch Familien- und Hochzeitsfotoalben blättern, während mir der Geist seiner toten Mutter über die Schulter blickte.

Als David das Motorrad abstellte, sprach mein Gesichtsausdruck Bände.

»Das ist kein schöner Ausflug!«, sagte ich trotzig.

»Vertrau mir«, sagte David und öffnete das Gartentor.

Kurze Zeit später saß ich schwitzend in Pak Hasyims Wohnzimmer auf dem Boden und rührte in dem viel zu süßen Kaffee. Als der alte Mann nach den üblichen Floskeln (»Schon gegessen? Was denn?«) den Raum verließ und mit einem Schuhkarton zurückkam, schwante mir Übles, nämlich Fotoalben. Ich warf David einen tödlichen Blick zu, doch der grinste einfach nur frech zurück.

Pak Hasyim stellte den Karton vor mir ab und dann hörte ich es: ein ganz leises »Miau!«.

»Such dir eine aus«, sagte David. »Ich dachte, etwas Gesellschaft könnte dir guttun.«

Ich warf einen Blick in den Karton und sah die drei süßesten Katzenbabys, die jemals geboren wurden. Zwei davon sahen mich verschreckt an, doch das dritte, ein schwarz-weiß gestreiftes Kätzchen mit blauen Augen, fauchte mir mit erhobener Pfote entgegen. Und prompt war ich verliebt.

»Aber du hasst Katzen!«, entgegnete ich, als ich das kleine Monster schon an meine Brust drückte.

»Stimmt«, sagte David. »Abgrundtief. Aber ich liebe dich. Und zwar aus ganzem Herzen.« Pak Hasyim, Zeuge dieses romantischen Moments, verstand zwar kein Wort, aber dennoch alles. Er grinste sein einzigartiges zahnloses Grinsen und ich war mir sicher, seine Mutter war in diesem Moment sehr stolz auf ihn.

Von der Hand in den Mund

Seit dem Tag, als Tiger bei uns einzog, hatte ich nicht nur Gesellschaft, sondern war rund um die Uhr gefordert. Mit Schmusen, Füttern, Spielen und damit, das Chaos aufzuräumen, das nachts entstand, wenn ich die verrückte Katze nicht unter Kontrolle hatte. David und ich brachten Stunden damit zu, unseren familiären Neuzugang zu beobachten. Wir sahen zu, als den tollpatschigen Gehversuchen die ersten halsbrecherischen Kletterversuche folgten, welchen Schlafplatz sie wählte und welches Spielzeug sie bevorzugte. Wir unterhielten uns über ihre Fressgewohnheiten, ihren Stuhlgang und freuten uns hysterisch, als Tiger zum ersten Mal erfolgreich die Katzentoilette aufsuchte. Diese Katze war unser Baby. Und wir mutierten langsam, aber sicher zu einem dieser bescheuerten Elternpärchen, die man aus dem Prenzlauer Berg kannte. Immerhin hatte unsere Katze keinen Doppelnamen.

Aber trotzdem war es bedenklich. Denn wenn mir noch vor wenigen Wochen jemand vorhergesagt hätte, dass ich schon bald in eine Katze vernarrt sein würde, hätte ich das entrüstet abgestritten. Ich hasste zwar keine Katzen, aber ich mochte sie auch nicht.

Doch Davids Plan ging auf. Seit dieser kleine Fellknäuel um mich herumturnte, fühlte ich mich weniger allein. Sie spielte mit dem Besen, wenn ich mal wieder das hoffnungslose Unternehmen auf mich nahm, Sand aus unserem windigen Hüttchen zu fegen. Und ich brachte ihr den Moonwalk bei und auch, sich in den eigenen Schwanz zu beißen, was ich witziger fand als sie.

Sobald ich mich an meinen Rechner setzte, um zu schreiben, schnurrte der Tiger auf meinem Schoß oder rollte sich neben dem

Bildschirm zusammen. Da war es so schön warm. Wenn sich David dann doch schweren Herzens zum Nachtfischen verabschiedete, versprach er der Katze, ihr einen frischen Fisch zu fangen.

Leider kam David allzu häufig nur mit dem Fang für die Katze zurück. »Die Fische wollten nicht beißen«, sagte er dann und rollte sich erschöpft neben der Katze auf dem Bett zusammen. Diese Tage häuften sich und ich musste dabei zusehen, wie mein Freund zunehmend frustrierter wurde, weil das Fischerglück ihn verlassen hatte. Selbst nach drei Tagen und zwei Nächten auf hoher See kam er gerade mal mit genug Fisch zurück, um seine Benzin- und Materialkosten wieder zu decken. Mal lag es an der Strömung, mal am Mond. Die Fische waren faul. Das Portemonnaie leer. Zusätzlich folgte die eine oder andere Bootsreparatur oder Pak Hasyim bat um ein paar Hunderttausend Rupien, weil irgendjemand aus seiner Familie Medikamente brauchte, vermutlich die tote Mutter. Wie dem auch sei, wir waren ziemlich pleite.

Meine Versuche, David klarzumachen, dass die Fischerei nicht nur kein Geld brachte, sondern auch für seinen operierten Rücken zu riskant wäre, schmetterte er ab. Sobald wieder Vollmond wäre oder die Strömung aus dem Osten käme, würde es wieder besser laufen.

»Hab noch etwas Geduld«, sagte er dann, wenn er auf dem Balkon saß und eine um seinen Zeh gewickelte Angelschnur mit einem Haken versah. »Bald fange ich uns einen Marlin oder vielleicht sogar einen Hai. Du wirst schon sehen.«

Die Katze und ich warfen uns einen Blick zu. Sie freute sich auf den Hai. Und ich, ich versuchte ihr keine Hoffnungen zu machen.

So lebten wir weiter in den Tag hinein. David fischte, ich schrieb und half im Resort aus. Meine Ausflüge nach Banda Aceh wurden immer seltener. Zum einen, um Geld zu sparen, und zum anderen, da es keinen wirklichen Grund mehr gab, dorthin zu fahren. Seit Rahmas Hochzeit und anschließender Tournee hatte ich nichts mehr von ihr gehört. Erst nach vielen Wochen bekam ich eine SMS. Sie war schwanger. Das war keine große Überraschung. Ich freute mich für sie. Doch zugleich wurde mir klar, dass ich jetzt eine Freundin weniger in Indonesien hatte. Und damit zugleich keine mehr.

Zum Glück wurde mein Verhältnis zu den anfangs etwas reservierten Frauen, die im Resort arbeiteten, immer besser. Anstatt nur stundenlang mit meiner Katze zu spielen, saß ich oft mit ihnen zusammen, wenn sie Gemüse schälten oder Karten spielten. Eines Tages fragten sie mich, ob ich hier noch glücklich wäre, da ich in letzter Zeit etwas traurig aussehen würde. Ich musste einen kurzen Moment nachdenken, bis ich schließlich nickte.

»Ja. Ich bin glücklich. Aber ich vermisse meine Freundinnen.«

»Oh ja, ja, ja«, sagten sie dann, was sie immer sagten, wenn sie nicht wussten, was sie antworten sollten. Nach einer ungewohnt langen Zeit des Schweigens fragte Ibu Tini, ob ich mit ihnen zusammen nach der Arbeit schwimmen gehen wollte.

»Aber ihr könnt doch gar nicht schwimmen«, gab ich verwundert zurück.

»Nein. Können wir nicht. Aber du kannst es uns beibringen, oder?« Sie sah nach Zustimmung suchend in die Runde, bis nach einem kurzen Zögern alle eifrig nickten.

»Na ja. Ich bin keine Schwimmlehrerin, aber wir können das versuchen.«

Wir trafen uns also nach der Arbeit alle am Strand. Ich im Bikini mit dem Arm voller Schwimmwesten. Mein Trupp in voller Montur.

»Wollt ihr euch nicht umziehen?«, fragte ich mit Blick auf Jeans und lange Blusen. Daraufhin nahmen sie umgehend ihre Kopftücher ab und zogen sich die Schwimmwesten über ihre Klamotten. Aha. Jetzt war mir doch ein wenig mulmig zumute. Wie sollte ich den acht Frauen in voller Montur samt Schwimmweste, noch dazu im offenen Ozean, das Schwimmen beibringen?

Doch noch bevor ich mich mit diesem Gedanken auseinandersetzen konnte, sprangen sie auch schon los. Und ich, ich sprang hinterher.

Die Frauen waren mutiger als gedacht. Ich stützte sie mit meiner Hand am Bauch, während sie die Bewegungen nachahmten, die ich ihnen vorab gezeigte hatte. Bis sie anfingen zu lachen, weil ich sie kitzelte oder sie Salzwasser in die Nase bekamen. Ich fischte Ibu Dhian aus dem Wasser und stützte Ibu Midah, die vor lauter Lachen Wasser geschluckt hatte. Dann ging ich selbst fast vor Lachen unter, als ich Ibu Tinis Schwimmversuche beobachtete, die sich darauf spezialisiert hatte, den Po immer schön aus dem Wasser zu strecken. Als ich ihr vormachte, wie das aussah, konnte sich vor lauter Lachen keiner mehr über Wasser halten. Wir hatten wahnsinnig viel Spaß. Ich konnte mich nicht erinnern, wann ich das letzte Mal so viel gelacht hatte.

Meine Schwimmtruppe und ich wurden zur Attraktion der Insel: die Ausländerin, die den einheimischen Frauen das Schwimmen beibrachte. Von nun an jeden zweiten Tag, nach Feierabend, einschließlich ihrer Kinder. Und wer zu spät kam, musste drei Liegestütze machen. Ein bisschen Disziplin musste schon sein. Schließlich war ich Deutsche.

Zugzwang

Tatsächlich wurde mein Indonesisch immer besser und ich integrierte mich mehr und mehr in die Inselgemeinschaft. Das ging so weit, dass David und ich eines Tages eingeladen wurden, an den Schach-Inselmeisterschaften teilzunehmen. Wir wären zwar die einzigen Ausländer und ich die einzige Frau, aber man würde sich freuen, uns dabeizuhaben.

Ich hatte noch nie an einer Schachmeisterschaft teilgenommen und wollte es mir schon allein deshalb nicht entgehen lassen. Denn das klang aufregend. Und »aufregend« kam in meinem momentanen Alltag nicht mehr allzu häufig vor. Doch als David und ich am nächsten Abend bei einem Vorgespräch mit viel zu süßem Kaffee im Wohnzimmer des Schachmeisters erfuhren, dass sich das Turnier über drei Tage hinziehen und außerdem auf Zeit gespielt würde, überlegte ich, einen Rückzieher zu machen.

David machte mir auf seine ihm ganz eigene Art und Weise klar, dass eine Absage sehr unhöflich und damit unmöglich wäre. Er sagte: »Vergiss es, Krautburger! Da hängen wir jetzt drin.« Wir bekamen also unsere hochgeschlossenen Schach-T-Shirts überreicht, die wir zu tragen hätten, und mein ursprünglicher Plan, mein Gegenüber mit etwas Dekolleté abzulenken, war dahin.

Der erste Tag des Turniers war alles andere als aufregend. Massen von Schachspielern saßen in einer Art Gemeinderaum versammelt auf Stühlen, die immer noch mit der Plastikschutzhülle bezogen waren. Das war hierzulande so üblich, um die Möbel zu schonen.

David und ich wurden aufgefordert, uns als Ehrengäste in die erste Reihe zu setzen. »Das ist positive Diskriminierung«, sagte ich.

»Halt die Klappe, Schatz«, sagte David.

Doch der Umstand der ersten Reihe verhinderte auch, dass wir unbemerkt durch die Hintertür auf eine Zigarette hätten verschwinden können. Wir hörten also stundenlang zu und litten. Ich, weil ich nichts verstand. David, weil er nicht rauchen konnte. Es wurde gebetet, geredet, gebetet und geredet. Mehr gebetet als geredet. Nur Schach gespielt wurde nicht. Diese Veranstaltung war schlimmer als eine indonesische Hochzeit.

Erst am nächsten Tag war es dann endlich so weit. Wir traten zu unserer ersten Partie an und ich wusste, ich hatte keine Chance. Diese Männer hier lernten Schachspielen, noch bevor sie sprechen konnten. Allerdings rechnete ich mir zwei Möglichkeiten aus, wie ich vielleicht doch eine klitzekleine Chance hätte: Erstens durch den bestehenden Regelkanon. Denn sollte mein ausgeloster Gegner nicht erscheinen, hätte ich automatisch schon gewonnen. Diese Hoffnung starb, als sich ein junger Indonesier mir gegenüber an meinen Tisch mit der Nummer zwanzig setzte. Sichtlich irritiert über Geschlecht, Haut-, Haar- und Lippenstiftfarbe (knallrot) seines Schachgegners, reichte er mir kurz angebunden die Hand, ohne mir in die Augen zu sehen. Da er nun erschienen war, blieb mir nichts anderes übrig, als mich dem Kampf zu stellen und auf Möglichkeit Nummer zwei zurückzugreifen: Ich musste ihn überraschen. Ich musste irgendetwas Ungewöhnliches tun, um ihn aus dem Konzept zu bringen. Der rote Lippenstift war ein guter Anfang, würde mich aber nicht durch das gesamte Spiel tragen.

Die Schachuhr wurde aufgedreht. Stift und Papier lagen bereit, um die eigenen Züge sowie auch die des Gegners zu notieren. Und eh ich mich versah, schlug er, der Feind, auf die Uhr. Ich war weiß und damit scheinbar am Zug, also starrte ich ewig auf die in Grundposition aufgestellten Figuren und entschied mich nach viel zu langer Zeit schließlich für die Orang-Utan-Eröffnung. Das passte nicht nur zu Sumatra, sondern entsprach auch meiner Überraschungsstrategie. Denn diese Eröffnung, die mit dem Bauernzug von b2 auf b4 begann, war alles andere als gewöhnlich, wenn auch nicht vielversprechend. Ich zog.

Schwarz zögerte. Ich sah ihn an und er machte eine kurze Kopfbewegung Richtung Uhr. Stimmt. Ich hatte vergessen zu drücken und holte das nun nach. Sofort zog er seinen Königsbauern um ein Feld nach vorn, was der klassische Insel-Eröffnungszug war. Anschließend schlug er rabiat auf die Uhr und schrieb dann in Seelenruhe unsere Züge nieder.

Da unsere Schachbretter weder mit Zahlen noch mit Buchstaben versehen waren, sah ich vom Mitschreiben ab. Es war, so wurde mir versichert, nicht obligatorisch. Diese Zählerei von eins bis acht oder von a bis h würde mich nur aus dem nicht vorhandenen Konzept bringen. Außerdem hoffte ich, es brächte ihn aus dem Konzept, wenn ich vom Mitschreiben absehen würde. Das wirkte so nonchalant. Die nächsten 15 Minuten kämpfte ich mich durch eine langwierige Eröffnung und befand mich schon sehr bald in der Defensive. Ich war permanent auf der Flucht vor seinen Angriffen. Stück für Stück verspeiste er meine Figuren und ich fraß nur selten zurück. Als ich bereits um einen Springer, einen Läufer und zwei Bauern hinten lag, entschied ich mich dafür, fünf meiner dreißig möglichen Minuten einer Raucherpause zu opfern. Wenn ihn *das* nicht irritierte, wüsste ich auch nicht mehr. Vielleicht sollte ich noch die Nationalhymne singen?

Vor der Tür traf ich auf David, der in einer Gruppe rauchender Indonesier stand. David hatte gewonnen, da sein Gegner nicht angetreten war. So ein Glückspilz. Ich erzählte ihm, wie es um meine Position stand, nämlich eher suboptimal, und tröstete mich selbst mit: »Dabei sein ist alles, oder?« David wünschte mir viel Glück und schickte mich wieder in die Schlacht.

Ich kehrte zurück an meinen Tisch, bereit, mir den finalen Todesstoß versetzen zu lassen, doch nach einigen weiteren Zügen passierte etwas Seltsames. Schwarz zog, schlug auf die Uhr und blickte mir erschrocken in die Augen. Er sah mich an. Zum ersten Mal. In diesem Moment wusste ich, dass er einen Fehler gemacht hatte. Jetzt musste ich ihn nur noch finden.

Die Zeit lief und mein Gehirn raste auf Hochtouren. Plötzlich sah ich es: ein klassischer Einzüger, den er übersehen hatte. Ich zog meinen Turm auf g8 und sein König saß in der Falle. Zwei Züge später war er schachmatt. Ich, die weiße Frau, hatte ihn geschlagen.

Er notierte den letzten Zug nicht, sondern stand auf, reichte mir kurz die Hand und verließ wortlos den Raum. Zehn Sekunden später hatte sich der Ausgang unserer Partie scheinbar schon herumgesprochen, denn es kam mir vor, als hätten alle Anwesenden plötzlich aufgehört zu atmen. Ich fühlte zig dunkle Augenpaare auf mich gerichtet und mich furchtbar schuldig. Also stand ich auf und eilte meinem Gegner hinterher. Ich zog an David vorbei und setzte mich zu dem jungen Mann, der sich auf dem Bordstein niedergelassen hatte. Er sah extrem niedergeschlagen aus.

Ich starrte eine Weile vor mich hin, kramte dann meine Schachtel Zigaretten heraus und hielt sie ihm entgegen. Er nickte und griff danach, ohne aufzusehen.

»Du hast hervorragend gespielt«, sagte ich. »Und ich hatte verdammtes Glück.«

Jetzt lachte er. Nach einem kurzen Zögern reichte er mir die Hand, sah mir in die Augen und fragte nach meinem Namen: »Siapa namamu?«

Von diesem Tag an gab es keinen Menschen mehr auf der Insel, der nicht über mich Bescheid wusste. Über die Deutsche, die mit der Orang-Utan-Eröffnung gewonnen hatte. Die Frau von David namens Christiane. Ich war bekannt. Und respektiert. Auch wenn ich in den folgenden zwei Tagen durchweg verlor.

Geisterstunde

Inzwischen war ich fast ein halbes Jahr auf unserer Insel. Ich hatte ein Buch geschrieben, das bereits veröffentlicht worden war, und arbeitete parallel an weiteren Projekten. Ich half im Resort mit und sorgte dafür, dass ein eigener Massageraum etabliert wurde, den ich einrichtete und natürlich mit Muscheln dekorierte. Ich gab nach wie vor Schwimmunterricht und schon bald konnten wir erste Erfolge verzeichnen, auch wenn Ibu Tini ihren Po immer noch nicht unter Wasser halten konnte. Ich wurde von den Angestellten längst nicht nur akzeptiert, sondern als eine von ihnen angesehen. Und: Wir hatten uns gern, auch wenn wir nicht über Sex sprachen.

Mit David kehrte das ein, was vermutlich in allen Beziehungen irgendwann einkehrt: Routine. Wir spielten weiterhin viel Schach, gingen fischen und machten ab und an Ausflüge zu Bekannten auf der anderen Seite der Insel, die wir im Laufe der Zeit kennengelernt hatten. Denn in der Tat waren wir nicht die einzigen Ausländer, die sich an diesem außergewöhnlichen Fleckchen Erde niedergelassen hatten. Die Abende verbrachten wir ansonsten meist allein in unsere Hütte, wobei wir Karten spielten oder Filme sahen, denn Filme waren unsere gemeinsamen Reisen. War uns dagegen nach Gesellschaft zumute und die Gäste sympathisch, organisierten wir Lagerfeuer mit Barbecue und Musik am Strand.

Ereignisse außerhalb dieser Routine gab es auch, wenn auch nicht allzu häufig. So wurden ab und an Gäste von Quallen gebissen, was mein persönliches Frühwarnsystem war, an diesen Tagen besser nicht ins Wasser zu gehen. Wir versorgten sie anschließend mit Essig, angerührt mit Salz, weil die meisten unter den Verwundeten nicht von ihrem Partner angepinkelt werden wollten. Obwohl das viel effektiver gewesen wäre als Essig. Als es mich allerdings dann doch einmal selbst erwischte, bevorzugte ich auch den Essig.

Andere verletzten sich an spitzen Korallen, fielen vom gemieteten Motorrad, weil sie keinen Führerschein hatten, verdarben sich den europäischen Magen oder klemmten sich den Finger im Sonnenstuhl ein. Daraufhin begleitete ich sie ins Krankenhaus, übersetzte und versorgte das plärrende Kind mit einem Eis.

Ein anderes Ereignis außerhalb der Norm war eine Gruppe Indonesier, die nach 15 Minuten wieder aus ihrem Bungalow auscheckte. Ihre Begründung lautete »Orang angin«, was »Mensch Wind« bedeutete, wie man hierzulande zu Geistern sagte. Sie beschrieben mit vor Schreck verzerrten Gesichtern, dass eine durchsichtige indonesische Frau auf dem Bett im Bungalow gesessen hätte und sie daher unter keinen Umständen hier schlafen wollten. Bestimmt die tote Mutter von Pak Hasyim, dachte ich und konnte mir ein Grinsen nicht verkneifen. Sie bezahlten den Bungalow dennoch, reisten aber umgehend ab. Als Ibu Tini der aufgebrachten Gruppe fragend hinterhersah, erzählte ich ihr lachend, was der Grund ihrer Abreise war. Ibu Tinis Gesicht verfinsterte sich sofort: »Wir dachten, die Geister wären endlich gegangen«, sagte sie kopfschüttelnd und fuhr fort, die Fenster mit Zeitungspapier zu putzen.

Jetzt verging mir schlagartig das Lachen und ich fragte etwas genauer nach: »Ibu Tini, wie meinst du das?«

»Wir haben die Geister zum letzten Mal vor drei Jahren gesehen. Eine Mutter mit zwei Kindern. Du kannst sie nicht hören, weil sie über dem Boden schweben. Aber du kannst sie sehen.«

»Ibu Tini, ich glaube nicht an Geister«, sagte ich bestürzt.

»Dann kannst du sie auch nicht sehen«, gab Ibu Tini zurück und lächelte.

Als David an diesem Tag vom Fischen zurückkam, lief ich ihm aufgebracht am Strand entgegen und erzählte ihm, dass es bei uns spukte. David rollte nur mit den Augen. Er hielt das alles für Aberglaube und Humbug. Dann rezitierte er irgendetwas aus der Bibel und das Thema Geister war für ihn erledigt. Für mich nicht.

Noch in derselben Nacht zog ein ungeheuerlicher Sturm auf. David und ich standen auf dem Balkon und sahen zu, wie die Wellen immer höher schlugen. Ich hatte Angst. David auch, allerdings um sein Boot. Und in dem Moment, als er sagte: »Ich hoffe, mein Anker hält!«, löste sich das Boot und drohte auf einen großen Felsen zuzusteuern, an dem es vermutlich in Einzelteile zerschellen würde. David sprang, so wie er war, mit nichts als Boxershorts bekleidet, in den nächtlichen Sturm hinaus. Ich sah noch, wie er sich in die dunklen Fluten stürzte und es irgendwie schaffte, sein Boot zu erklimmen und zu starten.

Dann fuhr er davon. Als ich ihm so hinterhersah, war ich heilfroh, Autorin und nicht Fischerin zu sein. Ich wusste nicht genau, wo David hinwollte, erinnerte mich aber, dass die Fischer ihre Boote bei Sturm häufig vor der Stadt ankerten, wo es windgeschützter war. Als sich der Regen nach einer Stunde gelegt hatte, beschloss ich, David ein paar warme Klamotten für die Nacht, Kaffee, Zigaretten und vor allem sein Handy zu bringen. Für Notfälle.

Ich packte also alles zusammen, zog mir etwas Langes an und verließ morgens um zwei die Hütte. In dem Moment, als ich die Tür hinter mir zusperrte, gingen alle Lichter der nächtlichen

Resortbeleuchtung aus. Stromausfall. Das war hier eigentlich nichts Außergewöhnliches, aber ausgerechnet in diesem Moment, in dem ich meine eigene Hand vor Augen nicht mehr sehen konnte, musste ich an den »Orang angin« denken, an die tote Frau mit den zwei Kindern, die hier irgendwo rumschwebten. Vermutlich um etwas zu erledigen, zu dem sie zu Lebzeiten nicht mehr gekommen waren. Denn das war es doch, was Geister taten, oder? Ich hatte plötzlich panische Angst und hoffte, in keinster Form auf ihrer To-do-Liste zu stehen. Mit klopfendem Herzen hangelte ich mich die Treppen im Dunkeln nach oben bis zum Motorrad, das natürlich wie in einem schlechten Film ausgerechnet jetzt nicht anspringen wollte. Als meine Hoffnung auf die einzig mögliche Lichtquelle gerade zu erlöschen drohte, fiel mir auf, dass ich die Zündung nicht umgedreht hatte. So wie eine dieser dummen Blondinen aus Horrorfilmen, die immer als Erstes sterben. Ich drehte den Schlüssel um, das Motorrad startete und ich brauste mit einem oscarverdächtigen Kavalierstart davon.

Trotz Nachtblindheit und Kurzsichtigkeit schaffte ich es irgendwie zum Hafen der Stadt und auf Davids Boot, mit ihm unter die Decke, geschützt von einer Regenplane. Denn eines stand fest: Ich würde heute Nacht nicht mehr zurückfahren und schon gleich gar nicht allein schlafen. Außerdem hatten wir alles, was wir brauchten: eine Decke, Zigaretten, Kaffee, den Sternenhimmel und uns.

Der Haifisch, der hat Zähne

Die Vertrautheit und Geborgenheit zwischen David und mir wuchs jeden Tag weiter. Das Portemonnaie nicht. Wir mussten nach wie vor jede Rupiah umdrehen, hatten uns aber längst daran gewöhnt. Mein Vater nicht. Doch wenigstens hatte er es aufgegeben, sich ständig darüber aufzuregen. Nur noch ab und an konnte er sich einen bissigen Kommentar über Skype leider doch nicht verkneifen. Dann ging es wieder um den Sandhügel, Leben verschwenden und meine jahrelange Ausbildung, die er schließlich finanziert hätte und die ja jetzt umsonst gewesen wäre. Gespräche dieser Art führten immer dazu, dass ich auflegte und anschließend meinen Frust an David ausließ. Meinen Chef hatte ich ja nicht mehr.

Einer der Gründe, warum ich Deutschland auch verlassen hatte, war, dass ich genug vom Leben in einer Leistungsgesellschaft hatte. Trotzdem konnte und wollte ich eine gesunde Portion Leistungsgedanken nicht ganz aufgeben. Ich hatte Erwartungen an mich selbst und auch an andere. In diesem Fall vor allem an David. Und genau diesbezüglich bekamen wir uns sehr oft in die Haare. Wiederholte Male begann ich mit David Gespräche darüber, wie er sich seine Zukunft vorstellen würde. »Unsere Zukunft«, korrigierte er mich dann sofort.

»Gut, unsere Zukunft.« Ich fragte ihn, wo wir denn leben wollten, sobald seine Bewährungsauflage vorbei wäre. Und von was wir leben sollten. Denn egal ob Indonesien, Südafrika oder Deutschland, wir bräuchten unbedingt eine Krankenversicherung. Ich klang wie mein Vater und David war von Fragen dieser Art völlig überfordert.

»Willst du denn später wieder in deinem alten Job in Südafrika arbeiten?«, fragte ich, als wir eines Tages wieder zusammen fischen waren.

»Ich weiß es nicht, mein Engel. Nach so langer Zeit Pause ist es nicht einfach, wieder einen Job als Game Ranger zu bekommen«, sagte David.

»Nach *einfach* hab ich ja auch nicht gefragt. Was wäre denn dein Plan?«

»Ich habe keinen Plan.«

»Deshalb will ich ja darüber reden. Vielleicht können wir zusammen einen Plan machen.«

»Ich glaube nicht, dass wir das jetzt schon planen können.«

»Deshalb heißt es *Plan*. Falls es nicht klappt, können wir ihn wieder verwerfen.«

»Aber warum sollen wir einen Plan machen, wenn wir ihn dann eh wieder verwerfen?«

Gespräche dieser Art nahmen meistens kein gutes Ende. Manchmal bekamen wir die Kurve und zogen uns gegenseitig auf. Er machte sich über die Deutsche in mir lustig, die immer alles planen wollte. Ich zog ihn auf, dass er beim Schach zwanzig Züge vorausdenken konnte, im Leben aber nur bis zum nächsten Kaffee. Dann küssten wir uns und schmiedeten den Plan, jetzt erst mal eine Stunde zu schmusen. So lief es, wenn es gut lief.

Überwiegend fingen wir jedoch richtig an zu streiten. Bis wir uns am Ende gegenseitig »Arschloch« nannten, David allein fischen ging und ich mit dem Moped über die Insel fuhr, wobei ich auf Deutsch lauthals vor mich hinfluchte. Ein paar Stunden später, nachdem wir uns beide abreagiert hatten und auf unseren 32

Quadratmetern gezwungenermaßen wieder aufeinandertrafen, entschuldigten wir uns beieinander und schmusten schließlich doch noch, bis die Balken krachten. Wenn auch ohne Plan. Und ohne Krankenversicherung.

Streitigkeiten dieser Art schienen mir dennoch normal zu sein. Wir gingen uns oft einfach auf die Nerven. Kein Wunder. Wir lebten nicht nur auf einer kleinen Insel, sondern auch auf engstem Raum zusammen. Unsere Möglichkeiten, uns mal aus dem Weg zu gehen oder uns mit anderer Gesellschaft abzulenken, waren mehr als begrenzt. Am schlimmsten war es, wenn wir uns auf dem Boot annervten. So wie in jener Nacht, in der wir versuchten, einen Hai zu fangen.

Wir hatten einen guten Start. Der blutige Köder, den wir nachts rund um das Boot herum ausgeworfen hatten, lockte wie geplant die Haie an. Und gegen ein Uhr nachts, nachdem der Mond aufgegangen war und die Strömung aus Osten kam, hatten wir ein Exemplar am Haken. Dass es sich bei unserem Fang eindeutig um einen Hai handeln musste, merkten wir an der wahnsinnigen Geschwindigkeit, in der sich die Angelschnur von der Spule rollte, die David gerade noch so zu fassen bekam. Nach einem mehrere Minuten andauernden Kampf zwischen Mensch und Tier war das Tier schlauer. Der Hai hatte sich im Todeskampf samt Angelschnur im Maul selbst um einen Felsen gewickelt, was es für uns unmöglich machte, ihn ins Boot zu ziehen. Unsere einzige Möglichkeit, so weit stimmten wir noch überein, lag also darin, das Boot zu starten und in einer Kreisbewegung loszufahren. Wir hatten eine Fifty-fifty-Chance, den Hai wieder zu entwickeln.

Allerdings hatte sich der Anker auf der anderen Seite so stark im Meeresgrund verhakt, dass wir diesen nicht einholen konnten. Das kam nicht gerade selten vor. In so einem Fall war es üblich, ein Ankermanöver zu fahren. Eigentlich. Aber in unserem Fall in jener Nacht unmöglich, da uns auf der anderen Seite des Bootes ja der schlaue Hai geankert hatte. Uns blieb so nichts anderes übrig, als das Ankerseil loszuschneiden, nicht ohne vorher eine Boje daran befestigt zu haben, schließlich wollten wir den Anker später wiederfinden, im besten Fall mit einem Haifisch an Bord. Als das erledigt war, blieb nur noch die Frage, ob wir nun im oder gegen den Uhrzeigersinn im Kreis fahren sollten.

Ich sagte »im«, David »gegen«. Wir fuhren gegen den Uhrzeigersinn, die Leine riss, der Hai zog von dannen und ich sagte zu allem Überfluss: »Hab ich's doch gesagt.« Den Rest der Nacht verbrachten wir damit, nach unserer weißen Boje zu suchen, die wie von den Wellen verschluckt war.

»Vermutlich hat sich die der Hai auch geschnappt«, sagte ich etwas zu fröhlich, weil ich insgeheim erleichtert war, mit keinem Hai das Boot teilen zu müssen.

»Finde ich nicht witzig«, sagte David.

»Ich finde, du nimmst das zu ernst.«

»Jetzt nehme ich das zu ernst und morgen willst du wieder wissen, wovon wir unsere Krankenversicherung bezahlen sollen.«

»Bestimmt nicht von einem Hai.«

»Christiane, ich mach das hier nicht zum Spaß.«

»Machst du schon«, sagte ich. »Sonst würdest du in einem Büro arbeiten.«

»Ich werde niemals in einem Büro arbeiten. Außerdem bin ich auf Bewährung. Ich darf nicht arbeiten.«

»Kommt dir ganz gelegen, oder?«

»Arschloch!«

»Selber Arschloch.«

Das war's dann. Für den Rest der Nacht sprachen wir kein Wort mehr miteinander. Aber immerhin hatte ich das letzte Wort.

Alles. Außer Politik.

Die nächsten Tage war die Stimmung gedrückt. Unsere Versöhnung wollte sich nicht so schnell wie sonst einstellen. Wir gingen uns so weit wie möglich aus dem Weg. Nach ein paar Tagen wusste ich gar nicht mehr so recht, weshalb wir uns eigentlich gestritten hatten. David bestimmt auch nicht. Der hatte nämlich ein Kurzzeitgedächtnis.

Würden wir in Berlin leben, hätten wir uns vermutlich einfach eine Woche lang nicht mehr angerufen, uns dann zufällig in unserem Lieblingsclub getroffen und kurzerhand Versöhnung gefeiert. Mit ein paar Gin Tonics und gemeinsamen Freunden, die uns auf die Schulter geklopft und gesagt hätten: »Ihr gehört einfach zusammen, Mann!« Oder so ähnlich.

Aber hier ging das nicht so einfach und ich bekam zunehmend schlechte Laune. Auch mangels diverser Gin Tonics. Am dritten Abend nach dem Haifisch-Eklat, wie ich ihn nannte, wenn ich mit der Katze oder meinen Freundinnen auf Skype darüber sprach, beschloss ich, mich mal wieder unter die Gäste zu mischen. Wenn auch allein. Ich setzte mich zu einer Gruppe Geschäftsmänner, denn alle anderen waren entweder Pärchen oder Russen. Nichts gegen Russen, aber in der Tourismusbranche hatte ich eben keine guten Erfahrungen mit ihnen gemacht: »Hey du, bring mir Schlüssel!«

»Wie bitte?«

»Schlüssel für Zimmer. Sofort.«

»Tut mir leid, ich arbeite hier nicht!« Und bevor mir doch noch das gedachte »Arschloch« rausrutschen würde, setzte ich mich eben zu den Herren mit den Laptops.

Wie sich bald herausstellte, gehörten die drei allerdings nicht zusammen, sondern hatten sich nur als eine Art Zweckgemeinschaft zu einem Abendessen unter Männern zusammengefunden. Und dennoch oder vielleicht gerade deshalb war meine Gesellschaft mehr als willkommen. Einer der drei Männer war Schweizer, in meinem Alter und schwer bekifft. Oder vielleicht auch einfach nur Schweizer, die wirken immer ein bisschen langsam. Der andere circa Ende dreißig, Engländer und George Clooney wie aus dem Gesicht geschnitten. Der Dritte unter ihnen Australier, Anfang fünfzig und permanent am Reden. Ich wollte ihn eigentlich fragen, ob er einen Bruder hätte, der als Reiseführer in den Blue Mountains arbeitete, kam aber nicht dazu. Er quasselte ohne Punkt und Komma von seiner Arbeit. Während er es genoss, sich selbst beim Reden zuzuhören, schliefen wir drei langsam am Tisch ein. Der Schweizer gab als Erster auf. Er wollte noch irgendwo Party machen. Ich wünschte ihm »viel Glück«, denn das würde er brauchen. George Clooney zog mit der fatalen Ausrede nach, noch einen Bericht schreiben zu müssen. Und als ich gerade darüber nachdachte, ob »Ich muss die Katze füttern« als Ausrede ausreichen würde, um dieser verbalen Folter zu entkommen, hörte der Dritte ganz plötzlich auf zu reden. Verlegen über sein plötzliches Schweigen, sagte ich etwas unüberlegt: »Du klingst etwas überarbeitet. Hast du vielleicht einen Job für mich?«

»Was kannst du denn?«, fragte er amüsiert nach.

»Alles. Außer Politik.«

Jetzt wollte er, Henry, es doch ein bisschen genauer wissen und erkundigte sich nach meinem beruflichen Hintergrund.

»Ich habe etwas studiert, womit man kein Geld verdient. Jetzt arbeite ich als Autorin, womit man auch kein Geld verdient, aber Spaß hat und keinen stundenlangen Telefonkonferenzen mehr ausgesetzt ist wie beim Fernsehen.«

»Du hast für das Fernsehen gearbeitet?«

»Ja, aber hinter der Kamera. Im Bereich Stoffentwicklung.«

»Das ist ja genial!«, rief er. »Genau so jemanden suche ich.« Dann brach er wieder in einen Redeschwall aus, von dem ich aufgrund der erhöhten Geschwindigkeit und des starken australischen Dialekts wieder kaum etwas verstand. Aber ich nickte wissend und sagte ab und an: »Fair enough!«

Eh ich mich versah, hatte ich zugesagt, zwei Tage später zu einem Vorstellungsgespräch nach Banda Aceh zu kommen. Für was, wusste ich nicht. Aber das machte es irgendwie noch ein bisschen spannender.

Als ich am nächsten Morgen Henry beim Frühstück erneut über den Weg lief, fragte er, ob ich es mir über Nacht anders überlegt hätte. Das wäre eigentlich meine Chance gewesen, noch mal genauer nachzufragen, um was es bei diesem Job gehen würde. Stattdessen sagte ich: »Ich gehöre nicht zu dieser Art von Frauen, die es sich über Nacht anders überlegen, zumindest meistens.« Dann rief mich Ibu Tini, die meine Hilfe brauchte, als sie einem Russen klarzumachen versuchte, dass es unmöglich wäre, eine weibliche Masseurin zu bekommen. Männer für Männer, Frauen für Frauen. Willkommen in Aceh.

»Ach Christina ...«, sagte Henry.

»Christiane.«

»Ja, äh, Christina. Zieh dir bitte morgen was Ordentliches an. Wir sitzen im Regierungsgebäude.«

Ich sagte »No worries« und wunderte mich, was er an »Alles. Außer Politik« wohl nicht verstanden haben konnte.

Als nach einem langen anstrengenden Tag im Paradies und einem trinkreichen Lagerfeuer am Abend am nächsten Morgen nach wenigen Stunden Schlaf erbarmungslos mein Wecker klingelte, stellte ich ihn kurzerhand aus und schlief genüsslich weiter. Bis mich David wachrüttelte, als er um sieben Uhr morgens vom Fischen zurückkam.

»Schatz? Aufwachen. Vertragen wir uns wieder?«

»Scheiße! Wie viel Uhr ist es?«

»Sieben. Ist das denn wichtig?«

»Ich hab verschlafen!«

»Hast du wieder schlecht geträumt?«

»Nein, ich muss zu einem Vorstellungsgespräch!«

»Christiane, du musst aufwachen.«

»Ich bin wach«, sagte ich und sprang aus dem Bett. »Ich muss die Morgenfähre kriegen. Zu meinem Vorstellungsgespräch. Kannst du mich fahren? Und klar vertragen wir uns wieder.«

»Was ist das für ein Job?«

»Keine Ahnung!«

»Klingt gut. Ich fahr dich. Aber ich finde, du solltest dir was anziehen.«

Sofort sprang ich in meinen schönsten Rock, ein züchtiges Oberteil und meine besten Schuhe. Goldene Flipflops.

Am Hafen angekommen, gab ich David einen Kuss. »Wünsch mir Glück!«

»Willst du den Job denn haben?«

»Das entscheide ich, wenn ich weiß, um was es geht.«

»Gute Einstellung. Ich liebe dich.«

»Ich liebe dich auch.«

»Und es tut mir leid.«

»Mir auch.«

»Mir mehr. Jetzt lauf, du Trottel!«

Ich sprang auf das Schiff und nutzte die Fahrt, um mich auf das kommende Gespräch vorzubereiten, mit einem schönen Nickerchen. Denn von meinem Vater wusste ich: Das Wichtigste ist, immer ausgeschlafen zu sein.

Ein unmoralisches Angebot

In Banda Aceh angekommen, sah ich mich hektisch nach einem Taxi um und überlegte, was »Regierungsgebäude« wohl auf Indonesisch heißen könnte. Mein Blick blieb an einem sehr ordentlich aussehenden Fahrer hängen, der seltsamerweise ein Schild in der Hand hielt, auf dem »Christina Hagn« stand.

»Hallo«, sagte ich. »Ich bin Christiane!« Dabei betonte ich das »a« in meinem Namen. Er gab mir die Hand, stellte sich als Pak Adi vor und bat mich, ihm zu folgen. Wir stiegen in einen klimatisierten Luxuswagen mit verdunkelten Scheiben. Auf der Fahrt versuchte ich, Pak Adi ein paar Informationen zu entlocken.

»Du arbeitest also für Pak Henry, Vater?«

»Ja, Mutter.«

»Noch nicht.«

»Hä?«

»Noch nicht Mutter. Was genau arbeitest du für ihn?«

»Ich bin sein Fahrer, Mutter.«

Klar. Blöde Frage. Dann wechselten wir das Thema und sprachen über seine vier Kinder.

Als wir nach dreißig Minuten schließlich abbogen und auf das majestätischste Gebäude zufuhren, das ich je in Banda Aceh gesehen hatte, wurde mir doch ein bisschen mulmig zumute. Ich folgte Pak Adi in den zweiten Stock und traf schließlich auf Henry. Er saß in einem klimatisierten Büro mit drei Sekretärinnen, die natürlich alle ein Kopftuch trugen. Henry sagte »Hi!« und musterte mich von oben bis unten. Er stellte mich kurz der Runde vor und sagte dann: »Okay, lass uns woanders hingehen.«

Henry, Pak Adi und ich fuhren in ein Café in der Nähe. Auf dem Weg erklärte mir Henry lachend, dass wir mit meinem »Entschuldigung, Hippieoutfit« das Gespräch nicht im Büro machen könnten. Schließlich würde dort die Regierung von Aceh sitzen.

»Das ist mein schönster Rock!«, sagte ich bestürzt.

Skeptischer Blick von Henry auf meinen blau gemusterten Thailandrock.

»Du trägst Flipflops.«

»Aber goldene!«

Henry erklärte mir erneut geduldig, dass ich mich in diesem Umfeld so anziehen müsste, dass meine Beine einschließlich Knöcheln und die kompletten Arme bedeckt wären. Ich wusste zwar immer noch nicht, um was es bei diesem Job ging, aber die Kleiderordnung sagte mir schon mal nicht zu.

Im Café angekommen, trafen wir auf Roland, der mir als Henrys Vorgesetzter vorgestellt wurde. Wir setzten uns, ich packte Stift und Zettel aus und versuchte mir in den nächsten drei Stunden Notizen zu machen. Ich fand heraus, dass die beiden für ein Programm arbeiteten, das in Zusammenarbeit zwischen der indonesischen und australischen Regierung entstanden war. Es ging um die Entwicklung des Erziehungswesens in der Provinz Aceh, das aufgrund des dreißigjährigen Bürgerkriegs und des anschließenden Tsunamis ziemlich am Arsch wäre. Dieses Programm würde nach nun fast vier Jahren in zwei Monaten abgeschlossen sein. Und genau daher bräuchten sie mich. Ich sollte einen Imagefilm drehen, der am Abend der Abschlusszeremonie gezeigt werden sollte. Wo Hinz und Kunz einschließlich aller Regierungschefs eingeladen wären. Dieser Film sollte natürlich innovativ, kreativ, möglichst kurz und auf keinen Fall langweilig sein. Auch wenn ihr Programm selbst furchtbar langweilig wäre, da sie nicht »im Feld«, sondern auf höchster politischer Ebene arbeiteten. Dann ging es wieder nur um schrecklich viele schwierige Wörter, die ich nicht verstand, aber notierte, um sie später nachzuschlagen: »legal framework«, »policy recommendations«, »efficiency«, »allocation« und um ganz viel »implementation«. Nach einem dreistündigen Redeschwall zweier Personen, die sich gern gegenseitig unterbrachen und dabei immer ein bisschen zankten, wer denn jetzt recht hätte, kam ich endlich auch mal zu Wort. Ich sagte: »Kann ich mal auf Toilette?«

Man nickte großzügig. Dort angekommen, wusch ich mir das Gesicht, sah in den Spiegel und beschloss, jetzt wieder nach draußen zu gehen und den ganzen Spaß abzusagen. Ich würde den beiden Herren einfach erklären, dass ich die Falsche für diesen Job wäre, weil ich nun mal wirklich nichts von Politik verstand. Mein Englisch und erst recht mein Indonesisch würden für diese Art von Tätigkeit außerdem auch nicht ausreichen. Anschließend könnte ich ins Blue Ocean Spa zur Massage gehen, für David ein paar tolle Angelhaken kaufen und nachmittags die Fähre zurück nehmen. Ins Paradies. Dort, wo es keine »efficiency« gab.

Aber es kam anders. Denn kaum hatte ich wieder Platz genommen, sagte Henry: »Jetzt lass uns mal über Geld sprechen.« Ich versuchte, ihn noch zu bremsen, aber das war aussichtslos. Als Henry mir die Summe nannte, die ich verdienen würde, war ich mir sicher, mich verhört zu haben.

»Pro Tag?«, fragte ich skeptisch nach.

»Ja. Plus Spesen natürlich. Selbstverständlich bezahlen wir deine Unterkunft, alle Reisen mit zusätzlichen Spesen, wenn du nach Jakarta oder Singapur musst. Du bekommst einen Fahrer und wir besorgen dir ein Visum. Am besten gleich für ein Jahr. Wir brauchen dich zwar nur gute zwei Monate, aber das kannst du bestimmt brauchen. Wann kannst du anfangen?« Er hielt mir seine Hand entgegen. Ich zögerte keinen Moment, schlug ein und sagte: »Sofort.«

Zurück im Büro setzten wir einen Vertrag auf und Henry gab mir einen Vorschuss über ein paar Millionen Rupiah. Für den Rest des Tages gab er mir frei und schickte mich einkaufen, um mein Hippieoutfit gegen einen ordentlichen Blazer und ein paar geschlossene Schuhe einzutauschen.

Pak Adi fuhr mich zu einem Einkaufszentrum, von dessen Existenz ich bisher keine Ahnung gehabt hatte. Abgesehen davon, dass es wie ein schlecht sortierter C&A aussah, war es für Banda-Aceh-Verhältnisse relativ modern. Sofort stürmten mehrere Verkäuferinnen auf mich zu, aufgeregt, der Ausländerin behilflich zu sein. Sie hielten mir kurze Shorts, Tanktops und sexy Unterwäsche unter die Nase. Ich war zwar überrascht, dass es so etwas hier überhaupt gab, versuchte ihnen aber zu erklären, dass ich ein Bürooutfit suchte. Sofort wurden mir Blusen, Blazer, Kostüme und Stoffhosen gereicht. Ich fackelte nicht lang und zog an Ort und Stelle das eine oder andere Teil über.

Eine Stunde später stieg ich wieder zu Pak Adi ins Auto. Beladen mit einem Paar schwarzer Ballerinas, einem grauen Blazer, einer schwarzen Stoffhose und zwei Blusen, die ich zum Preis von einer bekommen hatte. Wer hätte da Nein sagen können? Pak Adi schien sehr stolz auf mich zu sein und fuhr mich in mein Hotel, das Paradise Mountain. Ich bezog ein Appartement mit Küche, zwei Badezimmern, einem Schlaf- und einem riesigen Wohnzimmer. Vor der Tür befand sich ein Pool, in dem ich sogar, wie mir Pak Adi versicherte, im Bikini schwimmen durfte. Und das war in Banda Aceh sogar in einem Hotel die große Ausnahme.

Kurzerhand ging ich erst mal eine Runde schwimmen, anschließend duschen und landete schließlich erschöpft in Unterwäsche auf der Couch vor dem Fernseher. Ein Fernseher! Fast hatte ich vergessen, dass es diese Erfindung gab. Doch bevor ich mich durch die Kanäle zappen wollte, um doch wieder bei *Asia's Next Top Model* zu landen, gab es noch etwas Wichtiges zu erledigen. Ich musste meinen Freund anrufen und ihm erklären, dass ich, ohne es vorab mit ihm besprochen zu haben, einem wildfremden Mann zugesagt hatte, ab heute für ihn und die Regierung zu arbeiten. Dass wir uns daher in den nächsten zwei Monaten kaum zu Gesicht bekommen würden. Dass er von nun an die Hütte selbst fegen und die Katze allein füttern müsste. So weit machte ich mir keine Sorgen über seine Reaktion. Sorgen machte ich mir nur über einen Punkt: dass ich ab heute an einem Tag die Summe verdienen würde, von der wir zuvor im Monat gelebt hatten. Ich, die Frau, würde somit die Rolle des Versorgers übernehmen. Und da, wo David herkam, war das die Aufgabe des Mannes. Ich hoffte, Davids Ego wäre groß genug, damit kein Problem zu haben. Ich hoffte, David war Mann genug, eine Zeit lang die Frau zu geben.

Muss noch jemand pinkeln oder beten?

Tatsächlich brachte David mein plötzlicher Karrieresprung etwas aus der Fassung, doch im positiven Sinn. Er stand nicht nur seinen Mann, sondern gratulierte mir aus ganzem Herzen. Auch wenn er traurig darüber war, dass ich die nächsten Tage nicht nach Hause kommen würde. Und wenig begeistert, aber trotzdem bereit, von nun an den Hausmann zu geben.

Er schaffte es sogar, mir meine Bedenken zu nehmen, ob diese ganze Nummer nicht ein bisschen zu groß für mich wäre. Das tat er auf seine ganz eigene Art und Weise: »Sieh es doch mal so: Selbst wenn du es nicht hinbekommst, stirbt ja niemand. Dann haben diese Leute eben einen Haufen Geld zum Fenster rausgeworfen, doch du bist um eine Erfahrung und ein paar Tausend Euro reicher. Aber ich habe keine Zweifel, dass mein Krautburger das schafft.«

Am nächsten Morgen schickte mir David alles, was ich für die anstehende Woche brauchen würde: meinen Pass, ein paar T-Shirts, diverse Ladekabel, meine Schwimmbrille, Unterwäsche und Unterlagen, die ich vorweisen musste. Man wollte sich doch vergewissern, dass ich einen Abschluss hatte und nicht vorbestraft war.

Vom nächsten Tag an war für mich plötzlich alles anders als zuvor, denn jetzt war wieder Arbeit angesagt und der Ernst des Lebens hatte mich wieder. Er hatte sich unbemerkt von hinten angeschlichen. Ich arbeitete tagsüber im Blazer vor mich hinschwitzend im Büro an der Storyline für einen Film über ein Programm, das ich nicht verstand. Nach Feierabend recherchierte ich alles, was ich niemals gelernt hatte, aber jetzt plötzlich wissen musste. Ich holte politische Allgemeinbildung nach, ohne die ich die letzten 32 Jahre überraschenderweise wunderbar ausgekommen war. Und das alles auf Englisch. Fünf Tage später hielt ich die erste Powerpoint-Präsentation meines Lebens, noch dazu vor einem Komitee bestehend aus Indonesiern. Auf Englisch. Im Blazer. Mit Brille. Wenn schon, denn schon.

Das ging so lange gut, bis ich feststellte, dass mich niemand meiner indonesischen Kollegen so recht verstand, was ich daran merkte, dass sie irgendwann anfingen, sich ihren Blackberrys, Tageszeitungen oder dem herumstehenden Gebäck zu widmen, das hierzulande bei jeglicher Art von Meeting obligatorisch war. Ich machte eine kurze Redepause, erkundigte mich höflich, ob nun alle mit Gebäck samt Kaffee versorgt wären, und wechselte mutig, wenn auch etwas holprig ins Indonesische. Von dem Moment an, als ich anstatt »Kopf« (»kepala«) versehentlich »Kokosnuss« (»kelapa«) sagte, hatte ich endlich auch die Aufmerksamkeit der letzten Schwätzer auf meiner Seite. Denn das war ein Lacher. Von nun an hörte man mir zu. Mir, der seltsamen Deutschen, die wie aus dem Nichts plötzlich ins Team gekommen war und für indonesische Verhältnisse etwas zu viel Motivation an den Tag legte.

Als man mich gegen elf Uhr freundlich, aber bestimmt darauf hinwies, dass heute Freitag und daher in einer Stunde Jumat, also die wichtigste Gebetszeit, beginnen würde, ließ ich mich davon nicht weiter irritieren. Ich nickte freundlich, sagte: »Dann haben wir ja noch eine ganze Stunde Zeit«, und fuhr mit meiner Präsentation fort. So machte ich mir in den ersten Tagen zwar nicht nur Freunde, aber immerhin einen guten Job. Am Wochenende fuhr ich zurück auf meine Insel und verbrachte viel Zeit mit David auf seinem Boot. Selten hatte mich Fischen so sehr entspannt wie an diesen Tagen.

In der darauffolgenden Woche flog ich auch schon nach Singapur, um mein Zwölfmonatsvisum abzuholen. Damit war ich einer möglichen Zukunft mit David, falls diese in Indonesien lag, einen ganz großen Schritt näher. Anschließend flog ich nach Jakarta, um mich mit einer Produktionsfirma zu treffen und den Dreh zu organisieren.

Inzwischen war ich schon daran gewöhnt, irgendeinen Mann am Flughafen vorzufinden, der ein Schild mit meinem Namen in der Hand hielt. Das war nichts Neues mehr. Dass er diesmal allerdings nicht im Abholbereich, sondern direkt vor dem Flugzeug auf mich wartete, verwunderte mich doch ein bisschen. Möglicherweise hatten meine Arbeitgeber herausgefunden, dass ich eine Hochstaplerin war und mich mit Halbwissen durchgemogelt hatte. Aber Pak Farol, wie sich der Mann vorstellte, erklärte mir freundlich, dass er mir nur bei der Passkontrolle assistieren sollte. Anstatt also stundenlang am Immigration-Schalter anzustehen, um nach eingehender Prüfung meiner Papiere endlich die ersehnten Stempel zu bekommen, reichte Pak Farol meinen Pass hinter seinem Rücken einem Beamten zu, der diesen in viele Hände weiterreichte. Ich fragte Pak Farol sofort nach seiner Handynummer und ob ich bei Gelegenheit wieder auf ihn zukommen dürfte. Dieser Mann war eindeutig Gold wert.

Das Hotel, in dem ich untergebracht war, schaffte es, mich ein weiteres Mal zu überraschen. Das Four Seasons in Jakarta ist der Gipfel an Dekadenz. Allein die Seife im Badezimmer hätte ich mir vor zwei Wochen nicht leisten können.

Vor meinem Meeting am nächsten Morgen ging ich im Hotelpool schwimmen. Kaum hatte ich meine Runden gedreht, kam mir ein Angestellter entgegen, der mir ein Handtuch, Wasser und einen frisch gepressten Saft reichte. Ich fragte nach einem Aschenbecher, genoss meine Morgenzigarette in der Sonne und stellte fest, dass ich mir unter Entwicklungsarbeit etwas völlig anderes vorgestellt hatte. Ich Dummerchen.

Das anschließende Frühstücksbüfett bestand aus kulinarischen Köstlichkeiten aus aller Welt. Während ich Eggs Benedict aß, einen Soja Latte macchiato sowie einen frisch gepressten Ingwer-Ananas-Saft trank und mir anschließend noch ein paar chinesische Maultaschen, also Dumplings, reinpresste, brachte mir ein junger Mann einen Hocker für meine Handtasche. Ich schämte mich ein bisschen, weil meine Handtasche, die ich in einem Banda-Aceh-Souvenirshop gekauft hatte, wirklich keines Hockers würdig war.

Die Mitarbeiter der Produktionsfirma machten einen sehr organisierten Eindruck auf mich. Ich tat so, als hätte ich Ahnung, wovon ich sprach, bis ich schließlich zugab, dass unsere Aufgabe eine Odyssee war: »Leute, legen wir die Karten auf den Tisch. Dieses Programm ist stinklangweilig.« Ihre Gesichter zeigten mir, dass ich ihnen aus dem Herzen sprach. »Doch genau das darf niemand merken. Also, lasst uns das Unmögliche versuchen und einen richtig spannenden Imagefilm drehen!«

Als ich am späten Abend in meine Luxussuite zurückkehrte, fand ich einen jungen Indonesier in meinem Zimmer vor, der meine Kissen aufschüttelte.

»Schon wieder Zimmerservice?«, fragte ich irritiert über diesen Eindringling.

»Nein, Ibu Christiane. Ich decke nur ihr Bett auf.« Ich überlegte kurz, ihn zu fragen, ob er mir möglicherweise auch die Zähne putzen oder mich in den Schlaf singen könnte, sah dann aber davon ab. Ich versicherte ihm stattdessen, dass ich das in den folgenden Nächten ganz bestimmt allein schaffen würde. Ich war ja jetzt erwachsen. Dann reichte ich ihm etwas Trinkgeld und fragte nach der Möglichkeit, noch ein bisschen Nachschub von dieser tollen Seife aus dem Badezimmer zu bekommen. Ich litte nämlich ganz schrecklich an Waschzwang.

So luxuriös mein Leben von nun an auch war, gab es einen anderen Luxus, den ich einbüßte: Zeit. In fünf Tagen in Jakarta kam ich nicht einmal dazu, all meine Millionen in einem Shoppingcenter auszugeben oder wenigstens mal schön Schwein essen zu gehen. Ich holte mir nach wie vor Take-away an einem Warung, brachte es in mein Hotelzimmer und aß Nudeln oder Reis aus einer Plastikbox, während ich über meinen Dokumenten schwitzte. Ich ging niemals vor eins ins Bett und stand gegen sechs Uhr schon wieder auf. Meine Meetings begannen meist zwar nicht vor neun Uhr, aber in Jakarta musste man einen unverhältnismäßigen Zeitpuffer für Stau einplanen. Denn den gab es immer und nicht zu knapp. Ich war oft den Tränen nah, auch wegen des Staus, aber nicht nur. Denn selbst wenn ich es geschafft hatte, schwierige Sachverhalte zu übersetzen, war ich meist weit davon entfernt, sie zu verstehen, geschweige denn irgendwie kreativ in ein Filmskript zu übertragen. Der Drehstart rückte immer näher und die Organisation von zwei Teams, verteilt auf vier Provinzen von Aceh, fraß zu viel Zeit, um meiner eigentlichen Arbeit nachzugehen, nämlich das Skript zu schreiben.

So traten wir, ich und meine indonesische Filmcrew aus Jakarta, nach einer lächerlichen Vorbereitungszeit von 14 Tagen zusammen in Banda Aceh zum Dreh an. Das Team sah mich nach dem ersten Lesen des Drehbuchentwurfs etwas verunsichert an. Ich versuchte, die Motivation aufrechtzuerhalten, und verwies auf unsere zahlreichen Interviewpartner, die bestimmt ganz genau wüssten, wovon sie redeten: »Und mit etwas Glück haben wir spätestens nach Abschluss der Dreharbeiten das Programm auch verstanden. Vorsichtshalber drehen wir ganz viel Sonnenauf- und -untergang. Und Kinder. Und Tiere. Das funktioniert immer.« Zumindest im deutschen TV-Unterhaltungsprogramm.

Und genau so wurde es dann gemacht. Wir drehten Sonnenaufgänge, Kinder und Interviews. Nach Drehschluss setzte ich mich an den Rechner und passte das Drehbuch an. Ich hatte zwar selbst noch nie einen Film produziert, dachte aber immer, man müsste erst das Buch haben und dann drehen. Weit gefehlt! Diese Work-in-progress-Methode ging wunderbar auf, wenn auch gespickt mit Hindernissen. Zum einen durch unsere Sprachbarriere. Vom Regisseur über den Kameramann bis hin zum Beleuchter sprach niemand in meiner Crew wirklich gut Englisch. Wir verständigten uns mit Händen, Füßen und auf Indonesisch. Das war vor allem deshalb problematisch, weil ich nach keinem Interview wirklich beurteilen konnte, ob unser Experte auch wirklich ein Experte war oder zumindest wie einer sprach. Sobald das rote Licht der Kamera ausging, sah mich der Regisseur fragend an. Ich sagte: »Das war super. Oder?« Dann lachten wir und drehten es vorsichtshalber noch einmal.

Weitere unvorhergesehene Erschwernisse ergaben sich aus kulturellen Besonderheiten. Tatsächlich hatte ich beim Erstellen der Tagesdispos die Gebetszeiten völlig außer Acht gelassen. So kam es ab und an vor, dass ich ohne mein Team dastand, das mal eben zum Beten in die nächste Moschee verschwunden war. Und ich konnte natürlich nicht hinterher, um sie an den Ohren wieder rauszuziehen. Diese Unterbrechungen passten so überhaupt nicht in meinen Zeitplan. Schließlich einigten wir uns auf nur drei anstatt fünf Gebetszeiten, was nach dem Koran auch legitim war, denn sobald man auf Reisen, also mindestens achtzig Kilometer von zu Hause entfernt war, durfte man als gläubiger Moslem je zwei Gebetszeiten zu einer zusammenziehen. Das war fair. Gegenüber mir, dem Team, der Dispo und Allah.

Trotzdem blieb einmal der Set-Fotograf unbemerkt auf dem Klo zurück und der Tonmann vergaß mitzuschneiden, weil er Stress mit einer von seinen beiden Ehefrauen hatte. Ich riet ihm, sich auf eine Ehefrau zu beschränken und damit zugleich den Stress zu halbieren, und glaube, er dachte sogar kurz darüber nach.

Und während ich in diesem Wahnsinn feststeckte (»Alle da? Muss noch jemand pinkeln oder beten?«) und oft nicht wusste, ob ich nun weinen, lachen oder auch beten sollte, wurde ich mir einer ganz anderen Sache bewusst: Ich hatte es vermisst. Die Herausforderung. Die Anstrengung. Die Arbeit.

Die Waffen einer Frau

Auch wenn ich mich in den nächsten Wochen viele Male selbst hätte ohrfeigen wollen, dass ich nicht besser darin war, einfach im Paradies zu liegen und nichts zu tun, vor allem nach den vielen Stunden im Schneideraum, gab es neben diesem unverschämt hohen Gehalt ein weiteres Sahnehäubchen: Ich hatte meinem Vater ordentlich eins ausgewischt. Diesmal hatte er nämlich nicht recht behalten. Denn anstatt mein Leben auf einem Sandhügel zu verschwenden, hatte es mir ausgerechnet dieser Sandhügel ermöglicht, Karriere zu machen. Zumindest eine Karriere einzuschlagen, in deren Nähe ich in Deutschland niemals gekommen wäre. Nicht ohne politischen Hintergrund oder Jahre an Erfahrung in der Entwicklungshilfe. Auch wenn sich mein geplanter Heimatbesuch durch diese Anstellung um drei weitere Monate nach hinten verschob, platzte mein Vater plötzlich vor Stolz, dass seine Tochter, die eigentlich in der »Ich verdiene kein Geld«-Branche arbeitete, nun als Produzentin für die Regierung tätig war. Diesen Titel der Produzentin hatte ich nachträglich noch rausgeschlagen. Schließlich hatte ich plötzlich all jene Sorgen, die ich früher immer auf meinen Chef abwälzen konnte, und dabei nicht mal eine Assistentin, die das Denken für mich hätte übernehmen können.

David und ich sahen uns regelmäßig an den Wochenenden in unserem gemütlichen Hüttchen, eine gelungene Abwechslung zu den unpersönlichen Fünfsternehotels, in denen ich unter der Woche residierte. Zwar schlug mir dort niemand das Bett auf, dafür konnte ich es aber mit einem schönen Mann teilen. Kaum zu Hause angekommen, gab ich erst David einen Kuss und schmuste anschließend ausgiebig mit der Katze. Ich vermisste den kleinen Tiger, der ein bisschen böse mit mir war und mich regelmäßig am Strand suchte, wie mir meine Schwimmtruppe versicherte: »Cari Ibu!« – »Sie sucht die Mutter!«

Ich war wiederum ein bisschen böse mit meiner Schwimmtruppe, bei der sich ohne meine deutsche Disziplin schnell der Schlendrian eingeschlichen hatte. Doch die Ausrede, ohne mich mache es ihnen keinen Spaß, versöhnte mich sofort. Außerdem hatte ich ein schlechtes Gewissen. Schließlich war ich diejenige, die nicht mehr jeden zweiten Tag um fünf Uhr am Strand stand. Daher hatte ich es natürlich auch nicht vergessen, von meinen bisherigen Reisen »oleh-oleh«, also Geschenke, mitzubringen. Ich entschied mich allerdings gegen Gebäck und stattdessen für Schwimmflügel, die olympiaverdächtige Erfolge hervorbrachten. Ibu Tini schaffte es sogar, den Po unter Wasser zu behalten. Daraufhin gab es für jeden noch eine schöne Seife aus dem Four Seasons zur Belohnung.

In der Zeit, in der ich in Banda Aceh arbeitete, kam mich David einmal pro Woche für ein bis zwei Nächte besuchen. Ab und an überraschte er mich auch mit einem unangemeldeten Besuch, vor allem wenn ich am Telefon mal wieder danach klang, kurz vor einer stressbedingten Heulattacke zu stehen. Dann unternahmen wir romantische Becak-Fahrten im Regen, planschten zusammen im Hotelpool und sahen *Asia's Next Top Model,* wobei wir Reis und Haifisch mit den Händen aßen.

Als ich die größte Arbeit im Schneideraum hinter mir hatte, noch dazu mit dem Ergebnis mehr als zufrieden war, beschloss ich spontan, mir einen Tag freizunehmen. Diesmal wollte ich David überraschen. Anstatt wie geplant erst am Freitag von Jakarta nach Banda Aceh zu fliegen, stand ich schon einen Tag früher vor unserer Tür. Davids Boot war nicht zu sehen. Ich wusste, er war fischen und würde spätestens um 19 Uhr zurückkehren, so wie es am Donnerstag, dem Tag vor dem heiligen Jumat, vorgeschrieben war. Warum, weiß ich nicht. Aber vermutlich stand im Koran: »Donnerstags ab 19 Uhr ist Fischen verboten.«

Doch anstatt ausgiebig zu duschen, um mich anschließend in sexy Unterwäsche auf dem Bett in Warteposition zu bringen, fand ich unsere Hütte in einem außergewöhnlichen Zustand vor. Oder, wie mir in jenem Moment klar wurde, im Normalzustand, sobald ich nicht zu Hause war: Der Balkon war eine einzige Müllhalde, übersät mit benutztem Geschirr samt Essensresten und noch halbvollen Gläsern der letzten Tage, in denen sich die Ameisen tummelten. Im Inneren unserer Hütte sah es nicht viel besser aus. Die Mülleimer quollen über, die Katzentoilette stank, Klamotten lagen querbeet, genauso wie Bierdosen, Zigarettenkippen und Angelhaken. Auf unserem Bett fand ich die Katze vor, eingerollt neben einem Luftgewehr. Ich war schockiert. Und ich musste mir Luft machen. Anstatt mir das Gewehr zu schnappen und auf Fischer zu zielen, skypte ich Thomas an.

»Ein Luftgewehr?«

»Ja, ein Luftgewehr. Schau!« Ich hielt den Computer so, dass Thomas das Gewehr sehen konnte.

»Und wo ist jetzt dein Problem?«

»Mein Problem? Mein Problem ist, dass mein Freund offensichtlich ein Schwein ist. Denn er lebt in einem Saustall. Und hat eine Waffe im Bett.«

Thomas lachte sich halb kaputt: »Mach doch einfach ein paar Regeln für eure Hütte und häng sie an die Wand, so wie in Jugendherbergen. Regel Nummer eins: keine toten Schlangen neben dem Bett. Regel Nummer zwei: Keine Waffen im Bett ...«

»Ich finde das gar nicht lustig«, unterbrach ich Thomas' Regelkanon. »Ich wollte ihn doch überraschen und jetzt bin ich völlig schockiert und frustriert, diese Müllhalde vorzufinden.«

»Christiane, so leben Männer nun mal.«

»Du nicht!«

»Doch. Ich räum nur immer auf, bevor du kommst.«

»Du lügst.«

»Ja, klar lüg ich. Aber wäre ich Fischer auf Sumatra, würde ich vielleicht auch so leben. Sieh es doch mal so: Ein anderer Typ hätte vielleicht aufgeräumt. Blitzblank geputzt wie Meister Proper. Aber wer weiß, vielleicht würdest du dann bei einem Überraschungsbesuch eine nackte Frau in deinem Bett vorfinden. Und dann wiederum wäre es ganz gut, ein Gewehr griffbereit zu haben, stimmt's?«

Ich wusste, Thomas versuchte nur, mich aufzuheitern, aber mir war immer noch nicht nach Lachen zumute.

»Willst du damit sagen, David kann hausen wie ein Schwein, solange er mich nicht betrügt?«

»Nein. Das will ich nicht sagen. Oder vielleicht doch. Ich sag nur, es könnte alles schlimmer sein. Und dass es verdammt noch mal Davids Sache ist, wie er hausen will, solange du nicht da bist.« Thomas war mit seiner unerschöpflichen Geduld nun tatsächlich und vielleicht sogar zum ersten Mal am Ende: »Mensch Mucki, du kannst dir doch nicht immer nur die Rosinen rauspicken. Entweder du nimmst deinen unkonventionellen Fischer im Gesamtpaket oder du kommst zurück und suchst dir einen Mann, der im Sitzen pinkelt.«

»Pinkelst du denn im Sitzen?«

»Nur wenn meine Freundin zu Hause ist.« Jetzt musste ich doch lachen.

Thomas kannte David inzwischen schon sehr gut. Vor allem aus meinen Erzählungen. Schließlich skypten Thomas und ich mindestens zweimal pro Woche. Er war bestens informiert über unsere Auf und Abs. Und wie fast immer hatte Thomas auch heute recht. Es war ganz allein Davids Sache, wie es hier aussah, solange ich nicht hier war. Bis auf die Sache mit dem Katzenklo konnte ich ihm nichts vorwerfen. Kurzerhand schnappte ich mir einen Müllsack, entfernte das größte Chaos und hielt mich an meinen ursprünglichen Plan.

Kurz vor 19 Uhr kam David tropfnass wie immer vom Fischen zurück. Als er die Tür öffnete und mich in Unterwäsche auf dem Bett vorfand, sein Luftgewehr in meinen Händen haltend, sagte er nur: »Ach du Scheiße. Du bist zurück!« Wenn das mal keine gelungene Überraschung war.

Als David sofort loslegte, mir wahnwitzige Erklärungen für dieses Chaos zu geben, und dabei sehr behutsam versuchte, mir die Waffe aus den Händen zu nehmen, feuerte ich los. Mit den Waffen einer Frau. Ich zog ihn ins Bett, mich aus und nahm mir vor, David so zu akzeptieren, wie er war. Und in Zukunft von Überraschungsbesuchen abzusehen. Noch besser, ihm zwei Tage vorher Bescheid zu geben. Dann hatte er genug Zeit, seinen Saustall zu beseitigen. Denn er wusste, ich konnte das nicht leiden. Und David wiederum hatte mich längst so akzeptiert, wie ich war. Hut ab!

32 Jahre und 9 Monate später

Ehe wir uns versahen, stand unser einjähriges Jubiläum an. Erst waren wir uns ziemlich uneinig darüber, wann wir eigentlich zusammengekommen waren, ob es nun am Tag der Kokosnuss war oder als wir unseren Ausflug an den Wasserfall machten, vielleicht aber auch erst, als ich entschied zurückzukehren oder wir uns am Flughafen wieder in den Armen hielten. Schließlich einigten wir uns auf den Tag, an dem wir uns zum ersten Mal auf dem Floß geküsst hatten.

Wie ich noch vom Valentinstag her wusste, war David kein großer Freund davon, aufgrund eines Datums romantisch sein zu müssen. Daher überließ ich es ihm, was oder ob wir an diesem Tag etwas Besonderes zusammen unternehmen sollten. Unser Jubiläum fiel auf einen Samstag, was für mich immerhin keine Arbeit bedeutete und damit schon besonders genug war. Sollten wir einfach nur ein paar Partien Schach spielen, auf unserem Balkon die Aussicht genießen oder umgeben von Delfinen fischen, wäre das mehr, als ich mir wünschen könnte.

Und genau das taten wir dann auch. Wir spielten Schach, fuhren zum Sonnenuntergang zum Fischen hinaus und ließen uns abends den Fisch, einen Ikan Pisang, den ich versehentlich gefangen hatte, grillen. David bereitete ein Candle-Light-Dinner auf unserem Balkon vor und hatte noch dazu das Unmögliche möglich gemacht: Es gab Rotwein. Aus einer Flasche. Mit Etikett. Deutscher Qualitätswein aus der Pfalz. Ach, ich hätte weinen können vor Glück. Was ich natürlich dann auch tat und David etwas aus dem Konzept brachte.

»Ich bin gar nicht traurig!«, schluchzte ich los. »Ganz im Gegenteil.« Das stimmte auch. Ich war glücklich, nur plötzlich so emotional. Und das noch vor dem ersten Schluck Rotwein. »Es ist nur ... heute vor einem Jahr hätte ich das niemals geglaubt. Dass du und ich heute hier, mit dem Fisch und der Katze ... du weißt schon, wie ich das meine.«

David musste ein bisschen schmunzeln und gab mir einen Kuss. »Ich auch nicht, mein Engel. Aber ich bin sehr glücklich, dass es so gekommen ist. Dass du meine Freundin bist. Dass du so mutig warst und immer noch bist, mit mir zu leben. Ich bin mir sogar ziemlich sicher, der glücklichste Mann auf der ganzen Welt zu sein. Können wir jetzt endlich anstoßen?«

»Prost Schatz!«

»Prost Heulsuse!«

Wir verbrachten einen wunderschönen romantischen und lustigen Abend, tranken Wein, spielten fünf Partien Schach und sahen einen gewaltverherrlichenden Tarantino-Film. Anschließend probierten wir den riesigen Spiegel neben unserem Bett aus, den wir uns zusammen zu unserem Jubiläum gewünscht und gekauft hatten. Von nun an wollte ich jeden Tag Einjähriges feiern.

»Ein Jahr und ein Tag. Ein Jahr und zwei Tage, ein Jahr und ...«

»Das könnte schwierig werden«, unterbrach David meine Zählerei. Und zwar nicht nur mangels Rotwein aus der Flasche. Ab morgen müsste ich schließlich wieder nach Jakarta und wer wüsste schon, wie lange ich diesmal im Schneideraum festsitzen würde. Außerdem, wenn wir jeden Tag Einjähriges feiern würden, wäre es nichts Besonderes mehr und ich ziemlich sicher, spätestens bei »ein Jahr und sieben Tage«, wieder gelangweilt.

Natürlich hatte er recht und wenn ich ganz ehrlich in mich hineinhörte, hatte ich zuvor nicht nur vor lauter Glück geweint. Ich hatte auch geweint, weil ich etwas gelernt hatte. Vermutlich hatte ich in den letzten neun Monaten mehr über das Leben und vor allem über mich gelernt als in den letzten 32 Jahren. Mir war klar geworden, dass mich kein Traummann und auch keine paradiesische Insel allein glücklich machen konnten. Ich war glücklich, wenn ich erfüllt war. Und erfüllt war ich nur dann, wenn ich etwas tat, was mich herausforderte. Etwas, wobei ich mein Köpfchen anstrengen musste, unterwegs sein konnte und Menschen kennenlernte.

In wenigen Wochen würde mein Filmprojekt abgeschlossen sein und das, so wie es aussah, sehr erfolgreich. Danach stand mein wiederholt aufgeschobener Heimatbesuch an. Und über alles, was danach kommen würde, hatten wir noch nicht wirklich gesprochen. Wir hatten keinen Plan gemacht. Wir nicht. Ich allerdings schon. Denn einer Sache war ich mir nun ganz sicher: Ich bereute nichts, aber ich könnte nur wiederkommen und auch glücklich sein, wenn ich Arbeit hätte. Arbeit, die mich erfüllte und forderte. So sehr ich David auch liebte, mich liebte ich auch.

Vielleicht sogar ein bisschen mehr.

Danke an alle, die …

… mich unterstützt haben, mutig zu sein.

… mich gewarnt haben.

… mich willkommen geheißen haben (terimah kasih banyak).

… ich vermissen durfte.

… ich vermissen werde.

… verzeihen können.

… Vertrauen in mich hatten.

… keine Angst haben zu lieben.

Besonderer Dank gilt:

Brendan Rousseau, Melanie Mohr, Jennifer Kroll, Thomas Kössler, Christina Krewerth, Lutz Stiba-Delle Fontane, Vincenzo Delle Fontane, Petra Visic, Hans-Hinrich Koch, Danny Bonewitz, Eden Books, meinen Eltern.

Lust auf mehr von Christiane Hagn?

Bei Eden Books bereits erschienen:

Stevani Fuhlrott mit Christiane Hagn

WENN MICH JEMAND SUCHT - ICH BIN IM KÜHLSCHRANK!

Mein fettes Leben in 30 Diäten.

192 Seiten | 978-3-944296-05-0

Außerdem:

GLÜCK TO GO

20 kompromisslose Selbstversuche, die tägliche Dosis Glück zu finden.

288 Seiten | Schwarzkopf & Schwarzkopf | 978-3-86265-057-6

AUF MÄNNERFANG

33 verrückte, halsbrecherische und ambitionierte Versuche, den Mann fürs Leben zu finden – ein Selbstversuch.

240 Seiten | Schwarzkopf & Schwarzkopf | 978-3-86265-015-6

MEIN HERZ IST EIN IDIOT

288 Seiten | ANAIS | 978-3-89602-569-2

Mehr über Christiane Hagn erfahrt Ihr auf:

www.christianehagn.com

www.facebook.com/ChristianeHagnAutorin

IMPRESSUM

Eden Books
Ein Verlag der Edel Germany GmbH

Neumühlen 17, 22763 Hamburg
www.edenbooks.de | www.facebook.com/EdenBooksBerlin
www.edel.com
1. Auflage 2013

Einige der Personen im Text sind aus Gründen des Persönlichkeitsschutzes anonymisiert.

Projektkoordination: Nina Schumacher
Lektorat: Dana Steglich
Fotos im Innenteil: © privat
Umschlaggestaltung, Layout, Herstellung und Satz: Bon Bon Büro, Berlin
www.bonbonbuero.de
Druck und Bindung: optimal media GmbH, Glienholzweg 7,
17207 Röbel/Müritz

Printed in Germany

ISBN 978-3-944296-22-7